张广威 ◎ 著

中国新型城市化的制度设计

供 给 侧 改 革 视 角

中国财经出版传媒集团

经济科学出版社
Economic Science Press

图书在版编目（CIP）数据

中国新型城市化的制度设计：供给侧改革视角/
张广威著．—北京：经济科学出版社，2017.9
ISBN 978 -7 -5141 -8518 -8

Ⅰ．①中…　Ⅱ．①张…　Ⅲ．①城市化 - 研究 -
中国　Ⅳ．①F299.21

中国版本图书馆 CIP 数据核字（2017）第 243606 号

责任编辑：李晓杰
责任校对：王苗苗
责任印制：李　鹏

中国新型城市化的制度设计：供给侧改革视角
张广威　著
经济科学出版社出版、发行　新华书店经销
社址：北京市海淀区阜成路甲 28 号　邮编：100142
总编部电话：010 -88191217　发行部电话：010 -88191522
网址：www.esp.com.cn
电子邮件：esp@esp.com.cn
天猫网店：经济科学出版社旗舰店
网址：http://jjkxcbs.tmall.com
北京财经印刷厂印装
710×1000　16 开　14.25 印张　250000 字
2017 年 10 月第 1 版　2017 年 10 月第 1 次印刷
ISBN 978 -7 -5141 -8518 -8　定价：48.00 元
（图书出现印装问题，本社负责调换。电话：010 -88191510）

前　言

城市——亿万中国农民的梦想之舟。对于长期生活在中国农村的农民来说，进城生活是件幸福的事，因为进城可以改变人生轨迹、创造无限财富、提升生活品质、为后代创造新环境，这正是数亿进城农民努力打拼的根本动因。完成这一愿景，既需要农民个人的努力，又需要国家城市化战略的有效推进。实践表明，中国过去的城市化及城市发展的确让无数农民进入了城市，加快了城市化过程，但是并未完成市民化。当下，我国有无数游离在城市和乡村之间的“两栖性”农民工大军，有无数就地被改变成城市居民的失地农民，有无数蜗居在城市的辛劳“蚁族”群体，这些现象已揭示很多怀揣梦想的进城者在城市难以安身，繁华热闹的城市并非能创造幸福和奇迹，熙熙攘攘的城市化隐藏着或多或少的矛盾与排斥，这不得不让我们反思中国城市化的现实问题。

纵观世界城市化发展史，中国城市化是一支新生力量，不断地在中国的土壤里探索适合自己的发展路径。但由于复杂的历史背景、落后的经济基础、扭曲的制度安排和特殊的转轨时期，中国的城市化在几十年的风雨中走过了一条艰难曲折的道路，发展路径、发展格局非常独特，区域差距、城乡冲突非常尖锐，主要表现为城市化路径的跌宕性、发展速度的滞后性、人口流动的两栖性、城乡价格的剪刀差性，同时出现了城乡发展差距拉大、“城市病”集中爆发、“农村病”不断显现、城市化区域差异大、城市化社会矛盾高发等诸多问题，当前中国正进入城市自身难以解决的尴尬困境。世界发达国家成功的城市化历程表明，一些国家较好地处理了城市化与工业化、城市繁荣与农村发展、政府服务与市场引导、人口迁移与身份转换等关系，尤其是使城市化与工业化相互带动和促进。而中国城市化并未出现如此良好的现象，很值得研究。究其根源，中国城市化问题和困境的症结在于制度缺陷和经济约束。

新中国成立以来的城市化探索表明，中国城市化偏离了国家政治与经济制度的本质要求，制度缺陷因素比较突出，主要包括二元体制刚性制约，城乡户籍制度严厉封锁，土地管理制度显著缺陷，城市社会保障制度作用不力，城市就业管理制度严重缺位，城市教育管理制度严重缺位，行政区划制度不尽完善。改革开放以来，由于以经济建设为中心的经济发展体制的路径依赖，中国城市化进程中又遇到了严重的经济约束，主要表现为，农业素质总体较低；工业结构失调；服务业发展滞后；区域经济结构失衡；城市房价过高；城市群发展盲动；城市融资困难；等等。总的来看，中国城市化遇到的最大问题就是制度安排缺陷与机制缺失，必须从根本上确立推进中国城市化的制度安排，为中国城市化设计出更为科学有效的发展战略。

党的“十八大”“十七大”为中国新型城市化指明了方向，提出“按照统筹城乡、布局合理、节约土地、功能完善、以大带小的原则，促进大中小城市和小城镇协调发展”“促进工业化、信息化、城镇化、农业现代化同步发展”，从全局上对中国新型城市化提出了更高的要求，这就是，在新型城乡二元经济战略下推进中国新型城市化发展。新型城乡二元经济是由现代城市经济和现代农村经济组成的新型二元经济，它摆脱粗放城市经济和传统农村经济的发展模式，重点建设以现代农业为核心动力的现代农村，发展以先进工业和现代服务业为核心动力的现代城市。中国新型城市化的战略思路就是以新型工业化为发展基础，以城乡制度创新为先决条件，以建设现代城市与现代农村互动相融的新型城乡形态为基本任务，那么必须从制度设计上加快农业转移人口“走得出”，确保城市既能“进得去”又能“留得住”，实现以城带乡、以乡促城的城市化良好局面。

21世纪中国新型城市化最重要的是要把人的城市化贯穿始终，摒弃过去“造城”的城市化传统思路，坚持“物变”与“人变”并进，既要见到城市再造的物质积累和富庶繁华，又要看到农业转移人口的身份改变和生活改善，更加注重进城农民的福利改善，实现“见物又见人”的城市化双赢局面。

中国是典型的农业大国、农民大国和农村大国。中国城市化推进一定要处理好城市与农村的关系。城市与农村是对立统一的矛盾体，城市与农村相辅相成、相互影响，同时城市与农村又是相互独立的系统，为此，中国新型城市化推进一方面要加快现代城市的发展；另一方面要注重现代农村的发展，二者不可偏废。在实践中，我国一定要杜绝重城轻乡的陈旧做法，切实促进城乡统筹发展。

中国新型城市化发展战略的关键是构建有效的战略模式和制度体系。第一，要设计现代城市发展的战略模式，即依托现代城市网络和现代产业体系，构建以现代农业为支撑的小城镇、以现代制造业为支撑的中小城市、以现代服务业和高新技术产业为支撑的大城市的三元耦合模式，这一顶层设计模式既能建立现代农业、现代制造业、现代服务业和高新技术产业之间的产业关联，确保不同规模的城市发展具有长期的动力支撑，又能在产业关联发展的基础上促进大城市、中小城市、小城镇之间的协调发展，为中国新型城市体系的建立创造条件。第二，要从制度方面为现代城市设计有效的路径安排，关键是打破二元结构桎梏，加快城乡人口自由流动，建立城乡一体化劳动力市场，为进城人员子女教育做好服务，解决城市住有所居问题，完善城市社会保障制度，调整行政区划管理。第三，要从制度方面为现代农村发展进行有序安排，关键是创新农村土地管理，完善现代农村合作组织，积极发展现代农村金融，完善农业技术创新和推广制度，健全农村社会保障制度。第四，更需要从机制设计上对城市化进行制度创新，重点是在机制上强化城市化的战略决策，注重规划的顶层引领，保持区域和城乡协同发展，科学分摊城市化成本，完善投融资机制，强化信息传递，加大考核监督，支持社会参与，丰富城市化制度创新体系。在战略模式和制度架构下，我国应积极开辟科学有效的发展路径，有序引导农业转移人口进城、就业、安家，共享城市化文明与福利，尽快完成市民化。

城市化是一个自然历史的漫长演进过程，亦是有规律可循的期许演绎奇迹的过程。在中国新型城市化探索中，我们既不能静观其变，又不能揠苗助长，需要国家和全民依循规律、汇聚智慧、齐力共建。我作为一位学者，期待此拙著能为中国新型城市化发展助力添彩。

限于作者水平，文中仍有不足之处，请各位读者与专家批评指正。

张广威
2017 年 8 月

目录

contents

第一章

导　论

城市化是现代文明进程中的一道亮丽风景，充满着人类无穷智慧和无限财富。诺贝尔经济学奖获得者、美国哥伦比亚大学教授约瑟夫·斯蒂格利茨（Joseph Stiglitz）曾预言：21世纪初期，影响世界最大的两件事，一是新技术革命；二是中国的城市化。的确，进入21世纪中国城市化正以磅礴之势向前推进，深刻改变着城乡经济和社会结构，改变着人们的生产和生活方式，改变着人们的思维和思想方式，以空前的力量推动着全面小康社会的建设。在新的发展形势下，中国城市化担负着光荣而又艰巨的历史使命，成为世人关注和评论的焦点，当前和今后必将成为中国现代化建设中的重大研究课题。

第一节　研究背景与意义

一、研究背景

随着经济发展和工业化的推进，中国城市化步伐不断加快，特别是改革开放以来，中国城市化率从1978年的17.9%一路攀升，到1990年上升为26.4%，2000年超过36%，2010年达到50%，2015年超过56%，中国城市化仅用了30多年时间完成了西方国家200年的发展历程，可以说中国的城市化取得的成绩是令世界惊叹的。在拥有掌声和赞誉的同时，我们也看到，中国城市化进程中不断暴露出这样或那样的问题：失地农民问题不断出现，“两栖性”农民工问题日趋复杂，城市人口快速膨胀、交通拥堵、环境污染、能源资源供给不足等“城市病”不断频发，农村土地撂荒、农村老人儿童留守等“农村病”普遍显现，城乡收入差距逐步拉大，城市化引起的社会矛盾正在积累，等等。城市化老问题的长期存在和新问题的不断出现不得不让我们反思一个问题——中国的城市化到底是哪儿出了问题?

世界城市化经验告诉我们，成功城市化国家走过的是以城乡统筹为前提、以工业化为动力、以人的发展为目标的城市化道路，在表象上城市化是农村人口向城市转移的过程，而在本质上是城市化与工业化互动发展的过程，是城乡发展差距逐步缩小的过程，是人的全面发展的过程，是经济、社会与生态协调发展的过程。中国是典型的发展中国家，二元结构特征突出，城乡发展差距很大，由于我国过去长期实施的城市化和工业化战略是以“城市偏向”为主导，在传统二元制度的路径依赖下，我国二元经济结构和二元社会结构被进一步固化与锁定，过去的城市化方针和策略都难以走出封闭的二元结构的束缚，再加上制度的“先天性”缺陷和“后天性”供给不足，中国城市化运行中出现上述问题就不足为怪。针对城市存在的突出问题和矛盾，各地尽管都在千方百计化解，但在治理上基本是“头疼医头，脚疼医脚”，效果不佳。目前，城市化进程中积累的难以解决的深层次“城市病”问题正成为我国很多城市特别是大城市的心腹大患。

中国是世界上的人口大国、农业大国、二元经济大国，与发达国家的国情迥异，这就决定了中国城市化不能照搬西方发达国家的城市化模式。中国城市化必须立足本国国情，从实际出发，走中国新型城市化道路。进入21世纪，党的“十六大”提出“坚持大中小城市和小城镇协调发展，走中国新型的城镇化道路”，党的“十七大”提出“走中国新型城镇化道路，按照统筹城乡、布局合理、节约土地、功能完善、以大带小的原则，促进大中小城市和小城镇协调发展”，党的“十八大”提出“坚持走中国新型工业化、信息化、城镇化、农业现代化道路，推动信息化和工业化深度融合、工业化和城镇化良性互动、城镇化和农业现代化相互协调，促进工业化、信息化、城镇化、农业现代化同步发展”。进入21世纪后党和国家关于城市化的发展方针如同一盏指明灯，在中国现代化建设中为我国城市化指明了方向。但由于我国城市化出现的问题历史较长、层次较深、涉及面较广，具有全局性、综合性和矛盾性，如何将中国新型的城市化道路战略深入实施和具体落实仍在摸索和破题之中。中国新型城市化前景光明，而道路坎坷。“善弈者谋势”，中国新型城市化道路能否走好关键要把握好战略全局、战略方向和战略重点问题，当下，深入研究中国新型城市化发展的战略问题特别是中国新型城市化发展的战略体系很必要、很迫切。

二、研究意义

一是理论意义。本书是从战略的高度来研究城市化问题，在研究视野上融城市经济学、发展经济学、区域经济学、制度经济学、农业经济学、地理学、生态学等理论于一体，避免用单一学科理论对城市化片面分析，尽可能减少“窥豹一斑”的短视性和封闭性，这是运用综合理论来研究城市化问题，是城市化研究视野的开拓。通过对大量城市化文献研究，发现很多研究偏重农民进城，偏重城市规模和城市建设，偏重以户籍、社保、教育等为代表的社会管理滞后问题，而轻视农村和农业发展，轻视城市发展的动力支撑，轻视人口从城市回流农村，而本书摆脱传统研究思维，在研究思路和方法上既把握全局、统筹兼顾，又突出重点、弥补以往不足，对中国新型城市化发展战略进行了顶层设计，以制度分析为主线，统筹城市与农村，统筹经济、社会与生态，统筹农业、工业与服务业，运用动态和静态的方法对中国城市化的过去、现在和未来进行了分析，勾画出崭新的中国新型城市化发展战略的美好蓝图。在研究结论上，认为中国城市化问题的症结在于制度缺陷和经济约束，中国新型城市化发展首先要构建新型城乡二元结构，现代城市网路—现代产业体系三元耦合的战略模式是发展现代城市的关键，以上观点是中国新型城市化发展理论的有益探索和补充。

二是现实意义。中国新型城市化发展战略关乎国民经济社会发展全局，关乎每个城市发展的前途和命运，本书中国新型城市化发展战略研究在宏观上、长远上、全局上能够指导中国城乡经济、社会和生态的健康协调发展，将把中国城市化引入又好又快的发展轨道。中国新型城市化战略问题研究是以城市化全面转型为主要内容进行的，而当前中国正全面进入转方式、调结构的战略转型期，可以说中国新型城市化发展战略研究对加快转变发展方式的深入实践具有重要的现实意义。中国新型城市化发展是以城乡统筹发展为前提、以建设现代城市和现代农村为主要任务而推进的，在新型城乡二元制度的激励和约束下，必将推动城市带动农村、工业反哺农业的实质性突破，有效缓解我国“城市病”和“农村病”问题，有效缓解制约全面建设小康社会的农业、农村和农民问题。中国新型城市化发展战略高度重视产业对城乡发展的动力支撑，强化城市的现代制造业、高新技术产业和现代服务业发展，强化农村的现代农业发展，必将推动我国产业结构的优化和升级，有利于我国较早建成现代产业体系，有利于提高经济发展的质量和效益，进一步扩大城乡就业岗位。

第二节　研究综述与评析

关于城市化的研究文献很多，国外对城市化的集中研究是从工业革命后开始的，中国对城市化的集中研究是在改革开放后。就城市化发展战略领域相关研究来说，主要涉及城市化内涵与本质、城市化发展模式、城市化动力机制、城市化与工业化关系、城市化社会问题等，主要观点归纳如下。

一、城市化的内涵与本质

这是城市化战略研究的基本而又非常重要的问题，因为有什么样的城市化认识和决策就有什么样的城市化发展实践。关于对内涵的认识，美国诺贝尔经济获得者西蒙·库兹涅茨（Simon Kuznets）认为，“城市和乡村之间的人口分布方式的变化，即城市化的过程。”① 日本京都大学山田浩之认为，“城市化的内容，大的方面可分为以下两个：一是在经济的基础过程中的城市化；另一个是在社会文化过程（或上层建筑）中的城市化现象。”② 加拿大不列颠哥伦比亚大学约翰·弗里德曼（John Friedman）认为，城市化是一个动态、多层面的社会空间过程，至少需要考虑 7 个相互作用的层面：人口、社会、文化、经济、生态、物质、管制。③ 蔡孝箴认为，城市化是指随着工业化的发展和科学技术的革命，乡村分散的人口、劳动力和非农业经济活动不断地进行空间上的聚集而逐步地转化为城市的经济要素。④ 谢文蕙、邓卫认为，城

① ［美］西蒙·库兹涅茨：《现代经济增长》，北京经济学院出版社 1989 年版。
② 朱铁臻：《城市现代化研究》，红旗出版社 2002 年版。
③ JOHN FRIEDMANN：《中国城市化研究的四个主题》，载《现代城市研究》，2007 年第 7 期。
④ 蔡孝箴：《社会主义城市经济学》，中国财政出版社 1986 年版。

市化是由社会生产力的变革所引起的人类方式、生活方式和居住方式持续大规模改变的过程。[①] 洪银兴、陈雯认为，城市化的一个重要含义是指农村居民在城镇能够享受到城市人的物质和文化生活方式，引导农村地区的群众从旧的生活方式中摆脱出来，让更多的农村居民享受城市文明。[②] 朱铁臻认为，在现代条件下，城市化的本质是乡村城市化，是人类生产与生活方式由乡村型向城市型转化的历史过程。[③] 伍晓鹰认为，城市化的实质就是改变传统的经济发展格局，全面调整资源配置，推动产业结构进化。[④] 刘福垣认为，城市化的本质是改变农民的社会关系，化农民为市民。[⑤] 祝影认为，城市化的实质在于城市文明的传播与普及，它必然要求相应的物质与精神的支撑，因而反贫困成为城市化的主题。[⑥] 总的来看，专家对城市化的深度认识是丰富多彩的，不同的观察角度折射出不同的研究理念，可谓见仁见智。笔者汇集前人研究观点时发现，对城市化内涵与本质的研究主要体现在四个方面研究，即主要围绕产业发展变化、人口空间转移变化、人口结构变化和居民生活方式变化来研究。

二、城市化的发展模式

模式是城市化研究的一个热点和重点问题，倍受关注，争议颇多。目前我国主要存在小城镇发展模式、中等城市发展模式、大城市发展模式、大中小与小城镇协调发展模式之争。1983 年费孝通先生提出“小城镇，大问题”的高论，费氏认为“14 亿人口是有足够的地区可以分散在星罗棋布的各地小城镇里的”[⑦]，在 20 世纪 80 年代到 90 年代初我国掀起小城镇发展的热潮和追捧，其最大理由是，在数以万计的小城镇中消化掉巨大的农村富余和迁移人口，这既可以避免出现过度城市化问题，又能减少因农民长途迁移而出现的巨大交易成本，至今学界和政界还有不少人坚持此观点。中等城市模式介于大城市模式和小城镇模式之间，兼具二者优点，能避开二者缺点，不少学者主

---

① 谢文蕙、邓卫：《城市经济学》，清华大学出版社 2007 年版。
② 洪银兴、陈雯：《城市化模式新发展——江苏为例的分析》，载《经济研究》，2000 年第 3 期。
③ 朱铁臻：《城市化现代化研究》，红旗出版社 2002 年版。
④ 伍晓鹰：《人口城市化：历史、现实和选择》，载《经济研究》，1986 年第 9 期。
⑤ 刘福垣：《中国城市化的旗舰已经起航》，载《浙江经济》，2002 年第 10 期。
⑥ 祝影：《21 世纪中国城市发展的人文化方向初探》，载《河南大学学报》，2002 年第 1 期。
⑦ 费孝通：《论中国小城镇的发展》，北京市农研中心调研参考资料，1996 年第 3 期。

张以中等城市作为城市化的主导模式，主要认为：中等城市是一定区域内的经济中心，数量多，分布均衡，是联系广大农村和大小城市的桥梁，起着承上启下的纽带作用，可塑性大，社会问题少，因此发展中等城市在我国具有重要现实意义[①]。有些学者建议城市发展规模以 20 万～50 万人口的中等城市为宜，有些学者提出重点把 30 万～70 万人口的城市发展成 50 万～100 万人口的城市，来减轻大城市人口压力，还能推动农村经济发展。大城市更是大家关注的对象，它不仅是一个国家或地区现代化水平的重要标志，而且具有明显的聚集效应，投入产出效益高，对中小城市、小城镇和乡村具有很强的带动作用，因而有部分学者坚持发展大城市，有的提出重点发展 100 万～400 万人口的城市，有的提出在特大城市周边发展城市群，有的提出积极发展省会城市、副省级城市、条件好的地级市。就大城市、中等城市、小城镇单一化发展模式而言，支持的有，反对的也有，意见不一。在激烈争论的同时，有部分学者提出了大中小城市协调发展的思路，以周一星教授为典型代表，他跳出单一城市化发展模式的局限，提出多元化城镇发展模式，他认为：任何城镇不论大小，只要它的投入能够得到补偿并取得效益，它就存在着发展的可能性和合理性。我国的城镇化发展模式应根据我国的实际情况，采用大中小城市协调发展。后来，这种观点被越来越多的人接受，进入 21 世纪此观点逐渐演变成了我国城市化发展道路的指导思想。实践证明，我国大城市、中等城市、小城市单一主导的发展模式中出现过不少问题，走了不少弯路，影响了城市化进程，这种“一刀切”的做法在我国是行不通的。目前大中小城市协调发展的模式成为我国城市化发展战略，这种理念已被普遍接受，不过这仅仅是宏观上的指导理念。目前我国对大中小城市如何协调发展研究的少，需要深入探究。

三、城市化的动力机制

城市化之所以会发生和延续，关键要靠动力支撑，因此学者长期以来对城市化动力形成机制的研究孜孜以求。卡尔·马克思（Karl Marx）和弗里德里希·恩格斯（Friedrich Engels）曾站在历史的高度认为，城市和城市化的决定因素是社会分工特别是城乡分工，指出“某一民族内部的分工，首先引

① 《经济学动态》编辑部，1986。

起工商业劳动和农业劳动的分离。从而也引起城乡的分离和城乡利益的对立”。[①]“物质劳动和精神劳动的最大一次分工，就是城市和乡村的分离。城乡之间的对立是随着野蛮向文明的过渡、地方局限性向民族的过渡而开始的，它贯穿于全部文明的历史并一直延续到现在。”[②] 同时还指出“一切发达的、以商品交换为媒介的分工的基础，都是城乡的分离。可以说，社会的全部经济史，都概括为这种对立的运动”。[③] 可以看出，两位巨匠是将社会分工引起的产业发展与城乡分离和发展紧密结合一起研究的。英国经济学家威廉·配第（William Petty）与科林·克拉克（Colin Clark）都曾从产业演变的角度研究劳动力在不同产业间的转移，进而揭示了劳动力转移是在农村与城市之间、城市不同产业之间的转移，这是较早从产业演化角度研究城市化的动力机制。中国的杨重光认为，一个国家城市化的基本动因主要有两个：一是城市工业的发展和扩张产生对劳动力的巨大需求；二是农业劳动生产率的提高，农业走上集约经营，产生大量剩余劳动力，需要在农村以外寻求出路。[④] 孙中和认为，中国城市化发展的动力机制有四个：一是农村工业化的推进，尤其是乡镇企业的发展；二是比较利益驱动；三是农业剩余贡献；四是制度变迁促进。[⑤] 覃成林认为，城市化的动力机制就是市场机制，城市化的演变受市场规律的支配。可以说，市场机制主导了城市化的进程。[⑥] 刘传江认为，在诸多影响城市化发展的因素中产业结构的非农转化，经济要素在不同产业及地域间的流动，相关的制度安排与创新是影响乃至决定城市化发展的关键要素之所在。它们的共同作用形成了城市化的生成机制。[⑦] 张敦富、孙久文认为，城市化动力机制可以分解出两大基本力量，即以农业发展为代表的农村推力和由工业化与第三产业为代表的城市拉力，两种力量的协同作用，驱使城市化的发生与发展。[⑧] 动力机制是影响城市化发生和可持续发展的决定因素，以往的专家主要从分工、产业、市场、制度等不同视角对其研究，剖析得比较全面和深入。而笔者认为，城市化形成的动力机制应该从产

① 《马克思恩格斯全集》第3卷，人民出版社1972年版，第24~25页。
② 《马克思恩格斯全集》第3卷，人民出版社1972年版，第56~57页。
③ 《马克思恩格斯全集》第21卷，人民出版社1972年版，第186页。
④ 杨重光：《社会主义初期阶段城市经济的几个问题》，载《经济研究》，1987年第10期。
⑤ 孙中和：《中国城市化基本内涵和动力机制研究》，载《财经问题研究》，2001年第11期。
⑥ 饶会林、郭鸿懋：《城市经济理论前沿课题研究》，东北财经大学出版社2001年版。
⑦ 刘传江：《中国城市化的制度安排与创新》，武汉大学出版社1999年版。
⑧ 张敦富、孙久文：《中国区域城市化道路研究》，中国轻工业出版社2008年版。

业演化与城市空间演化相结合的视角研究，或许能更好地诠释城市化的动力机制。

四、城市化与工业化的关系

城市化与工业化是一对孪生兄弟，密不可分，一直是经济研究的热点问题。关于工业化与城市化关系的度量，不少学者通过计量手段进行了精确研究。美国经济学家钱纳里（H. Chenery）等人研究了1965年90个国家和地区工业化与城市化之间的关系，得出结论：人均国民生产总值越高、工业化水平越高，城市化水平就越高。周一星对137个国家和地区的城市化水平与人均国民生产总值进行分析，认为城市化水平与人均国民生产总值的对数成正比关系。许学强对151个国家和地区的数据分析，也得出相同的结论。蔡孝箴研究认为，工业化率、非农化率与城市化率之间基本上是正相关关系，第二产业、第三产业发展水平越高，城市化水平就越高，工业化率与城市化率之比基本保持一个稳定值。关于工业化与城市化的差距关系，世界经验表明，主要存在同步型、滞后型和超前型的关系。就中国研究而言，存在四种争论。第一种观点认为，中国城市化滞后经济发展、滞后工业化、滞后世界城市化平均水平，王梦奎、郑新立、陆学艺、蔡继明等坚持这一观点。第二种观点认为，由于超隐性城市化的存在，中国城市化总体水平很高，不能说是滞后工业化水平，邓宇鹏、程必定等从经济进程研究入手，认为中国的城市化率应是隐性城市化率与统计城市化率之和，测算出中国城市化率至少在60%以上。第三种观点认为，中国城市化虽有所偏离工业化但没有过多偏离工业化，主要原因在于工业化的偏差不在于城市化的偏差。比如郭克莎认为，中国的城市化并没有严重滞后于工业化，问题在于就业结构的非农化水平较低，人口城市化与就业非农化是基本一致的，并不存在严重滞后问题。[①] 第四种观点认为，工业化与城市化是基本协调发展的，这一认识和判断是基于国际经验指标和标准得到的。城市化与工业化关系是国民经济中很重要的关系，由于我国工业化与城市化发展的背景和条件不同，两个战略实施的手段不同，对二者复杂关系的不同争议也合乎情理。不过，笔者认为，就目前中国城市化种种迹象表明，中国的城市化还是严重滞后于工业化，而且工业化并未有效推动城市化发展，今后二者关系研究的

---

① 郭克莎：《城市化与工业化关系之我见》，载《光明日报》，2001年8月21日。

重点应转向工业化与城市化如何互动发展上来，特别是要加大微观领域的研究力度。

五、城市化的社会问题

随着城市化不断向高水平发展，特别是进入城市化成熟阶段和后工业城市化阶段，城市的住房、交通、教育、医疗、犯罪、贫困、种族、社保等问题集中出现，这些便成为社会发展的焦点问题。美国著名社会家刘易斯·沃思较早地认识到城市作为一个社会载体的重要性，他认为城市是由不同的异质个体组成的一个相对大、相对稠密的、相对长久的居住地（Wirth，L. 1938）①，并将城市中人与人、人与组织、组织与组织之间的社会行为组成的“城市性”理解为一种生活方式。英国城市经济学家 K. J. 巴顿（K. J. Button）对城市社会问题比较重视，其《城市经济学》重点研究了城市环境、城市住宅等问题。美国城市经济学家阿瑟·奥沙利文（Arthur O’Sullivan）对城市社会问题也高度关注，同样在其《城市经济学》中以重点篇幅研究城市住宅与贫困、城市教育与犯罪等问题。在中国，城市化正处于快速上升阶段，近年来“两栖性”农民工问题、流动人口社会保障问题、失地农民社会安置问题、城市弱势群体问题、城市老龄化问题、流动人口犯罪问题、城市住房难和就医难等问题比较突出，我国对城市化产生的社会问题的研究也开始重视起来，比如陆学艺、郑也夫、孙立平、顾朝林、周伟林等专家分别从不同视角研究由城市化产生的城市社会问题。主流观点认为，我国以经济效益为导向的城市化模式对当今城市社会建设的影响和冲击是巨大的，城市化正改变和扭曲着我国的城市社会和乡村社会，主要原因是，我国的社会建设滞后经济建设、城市社会管理滞后城市经济管理、农村社会管理滞后城市社会管理。笔者认为，在城市化与工业化浪潮的席卷之下，我国的人口结构、社会阶层结构、城乡结构、就业结构、区域结构、家庭结构正发生着深刻变化，从而导致我国的社会建设和管理体制在巨大的市场力量面前显得无力而脆弱，那么今后我国加快社会结构战略转型势在必行，加强社会建设和管理势在必行，城乡社会建设和管理应进入城市化发展战略的视野，须占据重要的位置。

---

① ［美］布莱恩·贝利：《比较城市化——20 世纪的不同道路》，商务印书馆 2008 年版。

第三节　研究思路与框架

一、研究思路

为破解中国当前城市化出现的问题和面临的困境，本书对中国城市化进行了全局把握和顶层设计，力图勾画崭新的中国新型城市化发展战略的美好蓝图。本书从回顾世界城市化发展历程入手，寻求世界发展经验，然后深入考察中国城市化发展路径，发现中国城市化在演进中出现一系列问题，其根源在于制度供给不足和经济发展约束，围绕这两大症结进行深入剖析中国城市化深层次问题。查清问题后，接着对中国新型城市化发展战略进行总体设计，提出了中国新型城市发展的战略思路、原则、任务、目标，并进一步研究中国城市化发展的战略模式、制度安排、机制设计、实施路径。本书总的研究脉络是：国外借鉴——中外比较——差别反思——问题剖析——战略设想——发展模式——制度创新——路径探索。从全文看，此研究侧重于宏观分析、制度分析和战略分析。

二、研究方法

1. 实证分析与规范分析

为解决城市化“是什么”的问题，本书采用图表、计量等方法进行实证分析，增强了城市化相关现象与问题的说服力。在城市化发展模式和制度安排上，采用规范性分析方法，围绕“以人为本”“城乡统筹”等核心价值取向，对过去城市化取得的成就进行全面审视和理性研判，对中国未来城市化道路进行了战略谋划和顶层设计。

2. 全面分析与重点分析

本书坚持“两点论”，又坚持“重点论”。对城市化战略问题研究，摒弃了局部、离散和狭隘的研究视角，坚持从城市和农村协调发展，经济、社会与生态协调发展，人口、资源与环境协调发展的战略视角入手，在全局上把握城市化问题。在提出中国新型城市化发展战略上，又坚持突出重点，特别是突出中国新型城市化发展的总体思路，突出现代城市与现代农村发展的体制机制创新，突出新型城市化发展的战略重点。

3. 横向分析与纵向分析

本书采用比较方法从横向和纵向两方面分析城市化问题。在横向上，强化中国城市化与世界城市化的比较，中国城市之间的比较，中国城市与农村之间的比较；在纵向上，强化世界城市化200多年进程中的自我比较，中国60多年城市化进程中的自我比较，城市、农村自身发展也作比较。通过比较分析，找出我国城市化发展的特点、成绩、问题及差距。

三、研究框架

本书在逻辑结构与布局上分为六部分十一章，本书写作路线见图1－1。

第一部分为第一章，是全文的导论部分，可纵览全文撰写的结构与重点。此章引出论文的研究背景、研究意义、研究评述、研究思路、研究框架、研究方法等，具有提纲挈领的作用。导论首先引出中国城市化的研究背景和意义，通过分析，认为当前很有必要对中国新型城市化发展战略问题进行深入研究。然后，对城市化发展战略问题领域进行评述，并指出某些领域的研究不足。为弥补过去中国城市化战略问题的研究不足或空白，笔者提出了一个新颖的中国新型城市化发展战略问题的研究思路和框架，展示出研究内容的逻辑关系和研究重点，提出全文的研究方法。

第二部分包括第二章和第三章。第二章寻求世界城市化发展的线索。此章追溯了世界城市化发展的起源动因、发展阶段和发展特征，通过发达国家与发展中国家城市化进程的比较，总结世界城市化的成功经验和我国的历史教训，然后对城市化本质进行再认识。重要的是，经典成功的城市化经验给我们的启示：较好地处理了城市化与工业化、城市与农村、政府与市场、人口迁移与人口转换的关系，使得工业化有效拉动城市化、城市化有效促进城市化，通过城市化的发展推动了经济社会的互动发展。第三章实证考察了我国城市化的过去与现在。中国城市化真正起步虽然较晚，但在60多年城市化考证中发现，中国既具有世界城市化的普遍共性，又具有自己的独特性，存在的问题和面临的困境令人担忧，不可忽视，难以绕开，必须解决。通过全面观察和深度透视，此章认为中国城市化进程中的问题和困境最根本上源于体制机制的不完善和供给不足，须从制度因素深入剖析才能查找存在的问题根源，才能在新型城市化战略中提出有效的发展思路和对策。

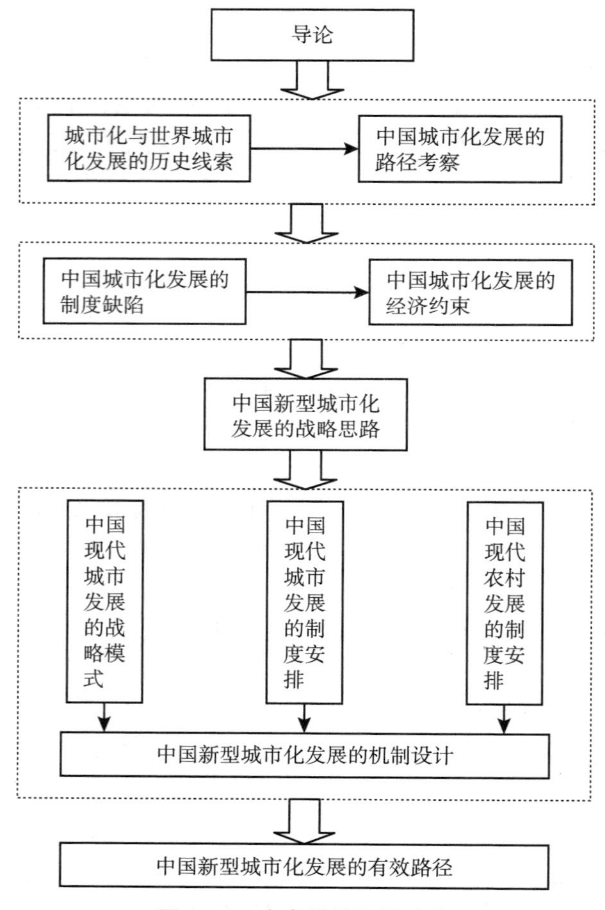

图1-1　本书写作逻辑路线

第三部分包括第四章和第五章。第四章研究影响城市化发展的制度因素。中国的政治、经济和社会制度是所有发展战略能得以实施的最大制度环境，在对我国的制度基础进行客观评价后，进一步分析了国家制度下重大方针政策与转轨时期的经济制度导向对城市化发展的影响，然后从二元体制、户籍管理、土地管理、社会保障、就业管理、教育管理、行政区划等制度领域深入剖析制约我国城市化发展的原因。第五章研究城市化发展的经济约束。由于经济结构是在演化中变动的，中国城市化发展不仅受到制度的制约，而且受原有制度框架与重大战略路径依赖下的经济约束的影响，政府与市场失灵下的经济约束既有短期的，又有长期的。由于经济约束的存在，中国城市化没有形成持续动力机制，发展动力难以持久。

第四部分为第六章。此章是中国新型城市化发展的战略思路。在回顾我国城市化发展路径、分析我国城市化发展的现实挑战基础上，在科学的理论支撑下，本章提出中国新型城市化发展的战略思路，其核心是在城乡统筹下走以人为本的具有中国特色的新型城市化道路，这就是要坚持制度优先、自由流动、产业支撑、绿色持续和协同推进的发展原则，以跨越传统二元体制陷阱为突破口，以建设现代城市和现代农村为战略任务，分别创新现代城市和现代农村发展的制度体系，加快构筑新型城乡二元关系，实现中国新型城市化发展目标。

第五部分包括第七章、第八章、第九章和第十章。第七章重点研究中国现代城市发展的战略模式。城市发展模式是城市化战略的核心问题。现代城市是中国未来城市化的主要载体，为顺应城市化发展新趋势新需求，现代城市发展既需要构筑现代城市网络，打下坚实的物质基础，又需要培育现代产业体系，形成城市网络发展的动力支撑。通过对城市网络演化和产业体系演化机理的研究，为实现大城市、中小城市、小城镇之间协调发展，实现城市吸纳更多人口就业，实现城市综合承载能力和社会保障水平的提高，须要把现代城市网络与现代产业体系进行有机耦合。以现代产业体系为支撑的现代城市网络是中国新型城市化发展的战略载体和希望所在。第八章是中国现代城市发展的制度安排。制度变迁是建设现代城市的先决因素。为落实中国新型城市化发展的战略思路和战略任务，要着力建设现代城市。这就需要以城乡统筹发展为目的，对现代城市发展进行科学战略定位，打破传统城乡二元体制的藩篱，赋予现代城市新职能新功能，重点是加快在法律法规、政绩考核、城市户籍管理、城市教育管理、城市住房管理、城市劳动就业、城市社会保障等领域的制度创新，构建现代城市发展的制度框架。第九章是中国现代农村发展的制度安排。发展现代农村是中国新型城市化发展的必要条件。现代农村发展要首先立足服务农村，顺应城市化和工业化需求，以制度变迁为切入点，以发展现代农业为动力支撑，重点是加快在农村土地管理、农村合作组织、农村金融、农业技术、农村教育、农村社会保障等领域的制度创新，构建现代农村发展战略的制度框架。第十章是中国新型城市化发展的机制设计。在现代城市和现代农村发展的制度安排架构下，重点从决策与组织、规划引领、协同发展、成本分摊、投融资、房价管控、保护与补偿、信息传递、民众参与、考核与监督等方面进行机制设计，丰富和完善新型城市化制度创新体系。

第六部分为第十一章。此章是中国新型城市化发展的推进路径。这是在中国新型城市化的战略思路框架和制度体系下，围绕战略任务和目标，谋划若干实施路径，推动中国城市化平稳发展和提质增效。

第二章

城市化与世界城市化发展的历史线索

城市化是自然历史的过程，是世界性现象，具有普遍性和规律性。从历史的长河中寻找城市化的线索是明智之举，这对于把握城市化的发展经验和客观规律、探索和解决城市化深层次问题作用重大。

第一节　城市化的概念与内涵

一、城市化

城市化概念是1867年由西班牙工程师A. 塞尔达（A. Serda）提出的，用英文urbanization表述，其基本要义是农村人口向城市迁移的过程。20世纪50年代后，随着世界城市化的普遍加快，城市化一词逐渐在全球风行。20世纪70年代“城市化”概念被引进中国，有的文献也被翻译成“城镇化”，其本意一致。城市化一词诞生后，成为一个颇受热捧的概念，因为它是跨学科、跨专业的综合性研究题目，吸引着经济、地理、社会、人口、人类、历史、规划、文化、生态等众多领域学者研究。

经济学一般从经济与农村、城市的关系出发，认为城市化是在经济增长推动下以人口迁移为特征的农村经济向城市经济的转化过程，注重城市化与城市经济结构变化关系研究，尤其偏好城市化与工业化关系分析；地理学强调城乡人文关系和地域空间结构的变化，认为城市化是农业人口向城镇人口、农村居民点形式向城镇居民点形式转化的全过程，特别强调城市化是一个地域空间变化的过程，包括城市数量的增加和城市地域的扩大；社会学以人与人之间关系网的密度、深度和广度作为研究城市的对象，认为城市化是城乡社会结构变化的过程，重点研究城乡社会结构差异、城市社会阶层结构、城市就业结构、城市人口结构等；人口学认为城市化是城市人口比重提高的过程，主要研究城市人口数量变化、城市人口结构变动、城市人口空间分布等情况，也注重分析城市化人口变化的经济社会原因及后果；人类学认为城市是社会规范的中心，城市化意味着人类乡村生活方式转变为城市生活方式的过程；历史学通常站在时空演进的战略高度，认为城市化是人类从区域文明向世界文明过渡中的社会经济现象，是社会生产力发展的必然，重点研究城市化的历史特征、经验、教训和启示。规划学着眼于农村人口进城带来城市规模扩大的趋势，重点研究城市交通、城市人口居住、城市公共设施、城市产业等方面的规划布局，通过规划让城市更好地承载人们的生产和生活，等等。每个学科对城市化的研究都有所指向，各有千秋，都能从不同角度诠释城市化问题，积极地为城市化实践提供理论支撑和发展指导。

针对城市化概念，国内外学者根据各自研究的领域和偏好都有过很多定义，此文不再综述。笔者认为，重要的是把握城市化的基本内涵。集众多智慧，提炼如下观点。(1) 城市化是城市人口增加的过程。城市化最直接的表现是农民不断地向城市转移，农村总人口不断减少，城市总人口不断增加，整个国家或地区的城市化率逐步在提高。(2) 城市化是就业结构和产业结构嬗变的过程。随着城市化的发展，长期在农村从事第一产业的人口不断转换为在城市从事第二产业、第三产业的人口，加快城乡社会就业结构的变化。同时，城市化能推动传统产业向现代产业转换升级，不断优化城乡产业结构。(3) 城市化是居民收入提高的过程。城市化能够使数万计的相对低收入的进城农民成为相对高收入群体，使原有收入水平城市居民成为更高收入群体，并进一步推动城市消费水平的提高。换句话说，城市化是居民财富积累、获得物质实惠的过程。(4) 城市化是文明提高的过程。城市化改变了传统农业社会的生产和生活方式，推动人们整体素质不断提高，生活质量和精神追求不断提高，城市文明不断彰显，并不断向农村辐射。城市化孕育了现代文明。

二、城市化的起源

城市化概念源于西方国家，而城市化从什么时候出现的仍有争议。从国外有关城市化的文献看，虽然西方学者并没有明确提出城市的出现是城市化的开始，但他们描述古代和中世纪的城市发展时，经常使用城市化一词。部分西方学者把城市的出现认为是城市化的开始。比如，英国城市经济学家巴顿认为“在公元前六千年已经开始城市化”。[①] 而有些学者不这么认为，他们认为城市化起源于工业化。美国城市经济学家阿瑟·奥沙利文（Arthur O'Sullivan）认为，“虽然在公元前3000年到公元1800年期间，城市发展迅速，但整个世界主要还是一个乡村社会。相对较低的农业生产力、商品运输的高成本（这限制了贸易总量）和集中生产相对较小的优势限制了城市化的发展。直到19世纪初期，城市人口才占世界总人口的3%。从1800年到1970年，城市人口比例增长到39%……近两个世纪迅速发展的城市化是由19世纪的工业革命引起的……”[②] 法国经济史家保罗·贝罗克（Paul Belloc）认为，“由工业革命引起的经济发展，最终造成了城市性质的根本转变”。[③] 同时，巴顿也承认，“今天城市规模的扩大和城市数量的激增，与过去的城市发展全然是两回事”。[④] 关于城市化的起源，中国学者基本赞同是源于工业化，如谢文蕙（1996）、蔡孝箴与郭鸿懋（1997）等国内城市经济学者与阿瑟·奥沙利文的观点一致，认为城市化发端于产业革命时期而非古代城市出现时期，城市化源于工业化，而不能把城市发展史看作城市化发展史，城市化具有比城市发展更具体更深刻的经济社会内涵。

第二节　世界城市化发展阶段和主要特征

一、发展阶段

从人类城市文明的出现到18世纪，5000多年的世界城市化发展水平不到3%，世界人口约250万人。而世界城市化真正起步源于工业革命，总体经历

① ［英］K. J. 巴顿：《城市经济学》，商务印书馆1984年版。

② ［美］阿瑟·奥沙利文：《城市经济学》，商务印书馆1984年版。不过，对阿瑟·奥沙利文关于工业革命发起的时期这一观点上还有分歧，主流观点认为，工业革命发生的最早时期是18世纪中叶。

③ ［法］保罗·贝罗克：《城市与经济发展》，江西人民出版社1991年版。

④ ［英］K. J. 巴顿：《城市经济学》，商务印书馆1984年版。

了缓慢起步、率先发展、全面推进三个阶段。

1. 缓慢起步阶段（1760～1850 年）

这一阶段除英国外绝大部分国家还处在工业革命前期，传统农业经济仍占社会主导地位，大规模的工业革命没有出现，世界城市发展和城市化进程非常缓慢。18 世纪世界城市化率约 3%，1850 年的城市化率仅是 6.4%，在 100 多年的时间里城市化率只提高了约 3.7 个百分点。① 而这一阶段城市化发展，世界上只有英国一枝独秀，因为英国出现了工业革命。1760 年世界工业革命首先在英国发轫，随着英国大工业兴起和圈地运动的推进，农村人口不断向城市流入，城市规模不断扩大，出现了曼彻斯特、伯明翰、格拉斯哥、利物浦等新兴大工业城市。在工业化的推动下，英国城市化水平不断提高，城市化率由 1750 年的 25% 提高到 1801 年的 33.8%、1851 年的 50.2%，英国基本步入了城市社会。②

2. 率先发展阶段（1851～1950 年）

1850 年后工业革命大规模爆发，率先席卷了欧洲和北美地区，这些地区较早进入了工业时代，法国、德国、美国等国家较早完成了工业革命。在工业化的推动下，欧美等国家的城市实现快速发展，城市人口比重大幅提高，城市化进程加速，世界城市化进入了局部地区率先发展期。世界城市化率从 1850 年的 6.4%，提高到 1900 年的 13.6%，1950 年达到 29.1%。这 100 年主要是发达国家城市化发展的黄金时期，1950 年发达国家城市人口比重达到 51.8%，基本实现了城市化，比如，美国 1850 年城市化率为 15%，1900 年提高到 40%，1950 年达到 64%。德国 1871 年城市率 36.1%，1910 年达到 60%，1950 年达到 68.1%。法国 1931 年达到 50%，1946 年达到 53.2%，1950 年达到 55.2%。1950 年英国城市化水平达到 82%。图 2－1 为世界城市化发展水平。

3. 全面推进阶段（1951 年至今）

1950 年后，随着发展中国家独立，不少国家纷纷走上工业兴国的道路，世界工业化进入空前发展期，世界城市化普遍获得发展动力，城市化水平由 1950 年的 29.1% 提高到 1980 年的 39.1%，2005 年达到 48.6%，2008 年城市化水平首

---

①② 陈甬军、景普秋、陈爱民：《中国城市化道路新论》，商务印书馆 2009 年版。

次超过50%，2014年世界城市化水平达到54%，城市人口39亿人，世界进入普遍繁荣的城市时代。这一阶段发展中国家城市化正蒸蒸日上，增速加快，成为世界城市化发展的主导力量，而发达国家城市化增速趋缓，城市化率基本都在70%以上，进入高度城市化发展阶段。表2－1为世界城市化发展阶段的情况。

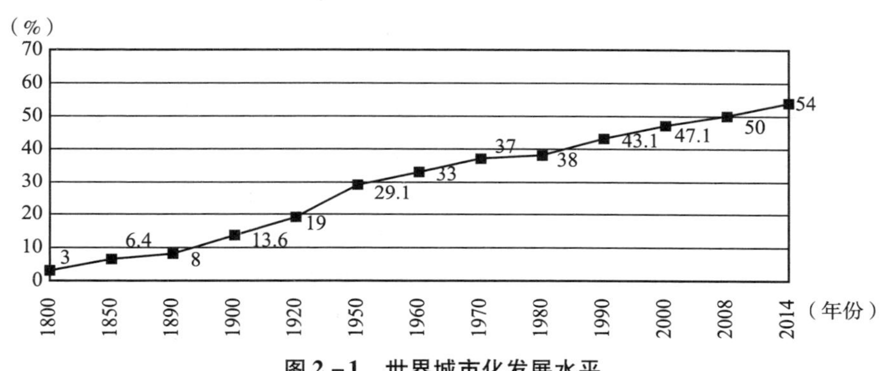

图2－1　世界城市化发展水平

资料来源：1950年之前数据来源于胡欣、江小群：《城市经济学》，立信会计出版社2005年版；1950年之后数据来源联合国人口署。

表2－1　　世界城市化发展阶段

阶段	时间	主要国家	主要特点	世界城市化水平
缓慢起步	1760～1850年	英国	世界总体水平较低；英国实现基本城市化	3%～6.4%
率先发展	1851～1950年	除英国外的发达国家	世界总体水平有所提高；发达国家实现基本城市化	6.4%～29.1%
全面推进	1951年至今	发展中国家	世界总体接近基本城市化；发达国家进入高度城市化；发展中国家城市化速度加快	29.1%～55%

资料来源：参考陈甬军、景普秋、陈爱民：《中国城市化道路新论》，商务印书馆2009年版。

二、主要特征

1. 城市化速度不断加快

从城市化的历史演进看，世界城市化水平不断在上升，并且随着时间的推移每一发展阶段的速度呈递增态势。1800～1850 年世界城市化的速度年均增长 0.08%，1850～1900 年的速度年均增长 0.14%，1900～1950 年的速度年均增长 0.29%，1950～1970 年的速度年均增长 0.46%，1970～1990 年的速度年均增长 0.63%。从大的时间跨度看，1800～1900 年世界城市化率提高了 10.6 个百分点，1900～2000 年世界城市化率提高了 33.5 个百分点。①

2. 城市化发展呈不平衡性

由于各国的发展条件不同，世界城市化水平具有明显的地区差异性，发达国家城市化水平较高，发展中国家城市化水平较低。工业革命时期，发展中国家的城市化水平与发达国家的城市化水平基本接近，而 19 世纪中叶之后随着欧美国家工业的兴起，推动了发达国家城市化速度大大超过了发展中国家。19 世纪后期，随着发达国家的城市化速度放慢，世界城市化的重心开始由发达国家转向亚洲、非洲等发展中国家。当前，北美地区城市化水平总体在 82% 左右，欧洲、大洋洲、拉美和加勒比海地区在 75% 左右，亚洲大部分地区在 48% 左右，非洲大部分地区在 40% 左右，而南亚和非洲撒哈拉地区在 30% 左右，世界区域城市化发展差距较大甚至悬殊，最高水平竟然是最低水平的两倍还多。

3. 大城市发展起主导作用

在世界城市化加速发展阶段，大城市成为城市化的主要载体。根据统计资料显示，1950 年以来，全球 100 万人口以上的城市数量增长速度都高于 100 万人口以下的城市数量增长速度。以 100 万城市人口为例，1850 年全世界仅 3 座，1870 年 7 座，1900 年 13 座，1950 年 115 座，1980 年达到 234 座，目前超过 300 座。从 1900 年到 1980 年，大城市人口增加的速度等于全世界人口增加的 3 倍，等于城市人口增加的 1.5 倍。目前，世界上出现了一批规模不等的世界级、跨国级、国家级、区域级城市。② 根据《世界移民报告 2015》，全世界超大城市的数量从 1990 年的 10 个增长到 28 个，人口规模达到 4.53 亿人，占世界城市人口总数的 12%，主要分布在亚洲、北美、拉丁美洲，这些城市都是城市群的核心和区域经济的“引擎”。

---

① 世界城市化阶段性增速与变化幅度是根据世界城市化率历史数据计算所得。

② 倪鹏飞：《中国新型城市化道路》，社会科学文献出版社 2010 年版。

4. 多类型城市化并存发展

两百多年城市化史显示，世界城市化呈现同步型、过渡型、滞后型等发展类型。（1）同步型城市化。主要指城市化与工业化发展相互协调发展，农村人口城市化的数量与经济发展提供的城市就业量大体平衡，城市化发展与农业提供的剩余产品基本适应。大部分发达国家的城市化基本属于这种类型，比如英国、法国、德国、美国、意大利、加拿大、日本、韩国等基本是同步型城市化国家。这是一种比较理想的城市化模式。（2）过渡型城市化。是指城市化水平明显超过工业化和经济发展水平的现象，城市人口规模超出城市承载力。大量农村人口涌进大中城市，城市人口过度增长，城市建设和经济发展赶不上人口城市化的速度，农村人口迁移之后没有现实相适应的职业转换。这是一种以牺牲农业发展为代价、造成严重“城市病”、不利于经济和社会健康发展的畸形城市化。比如，阿根廷、巴西、哥伦比亚、委内瑞拉、墨西哥、马来西亚、菲律宾、阿尔及利亚、土耳其、南非等国家属于这种发展模式。（3）滞后型城市化。是指城市化水平落后于工业化和经济发展水平的城市化现象。滞后型城市化常常是城市的集聚效益和规模效益不能很好地发挥，工业化和农业现代化进程受阻，引发诸如工业乡土化、农业副业化、离农人口“两栖化”、小城镇发展无序化、生态环境恶化等现象，其根源在于政府对城市化的过多干预。比如，印度、印度尼西亚、泰国、巴基斯坦、孟加拉国、斯里兰卡、埃及、苏丹、尼日利亚、加纳等国家属于这种发展类型。

5. 城市网络成为城市化的高级形态

城市网络是城市化发展新的载体形式，它不仅包括城市间的实体联系网络，还包括城市之间虚拟联系网络。20 世纪 50 年代以来，随着信息化、全球化的发展，特别是信息网络、现代交通、一体市场的发展，传统、单一、等级型城市发展模式逐步向现代、多中心、网络型城市转变，在以城市群或城市带的依托下，很多国家都有几个完善的城市网络体系，成为城市化经济发展的高级形态，在经济发展、城市化推进中发挥着重要作用。比如，20 世纪 80 年代电信业被广泛应用后，纽约、伦敦、东京、法兰克福、圣保罗、香港、悉尼等城市的中心商务区或国际商务中心得到了快速发展，对所在国的经济乃至全球经济起到了重要引领作用。再如，美国的纽约—波士顿—华盛顿城市网络区，聚集了美国 25% 的人口，它不仅是美国最大的商业贸易中心，也是世界上最大的国际金融中心，对美国经济的支撑和带动作用举足轻重。

第三节　世界城市化发展的基本经验

一、重视工业化推动

自工业革命开始后，城市化与工业化如同孪生兄弟，结伴而行，关系非常密切。据测算，发达国家 1820～1950 年的工业化与城市化的相关系数为 +0.997 这样高的相关度。① 在工业化进程中，发达国家几乎都采取了轻工业化——重工业化——高加工度化的战略，这种战略安排既符合产业比较优势的转换次序，又在城市化初期吸纳大量农村剩余劳动力，有力拉动了城市化发展，并与城市化形成了相互促进的好局面。发达国家两百多年的经济史揭示，随着科技的进步，工业化催生了城市的发展和繁荣，加速了农村人口向城市迁移，成为城市化发展的核心动力，毫不夸张地说，没有工业化就没有城市化。同时我们也看到，由于薄弱的经济基础和不同的历史遗留问题，绝大多数发展中国家都采取了优先发展重工业的战略，在工业化初期资本和技术密集型的重工业对吸纳农村剩余劳动力有限，不利于城市化进程，这成为城市化滞后的一个主要因素。可见，加快城市化必须实施工业化战略，而选择什么样的工业化战略更为重要。

二、重视城乡人口自由流动

世界上绝大多数国家在加快城市化阶段取消了对人口自由迁徙的限制，实现了劳动力自由流动。以英国为例，在工业革命以前，英国人口流动受到旧时法律和交通条件的限制，比如有 1601 年的《济贫法》和 1962 年的《定居法》。法律允许居民在收获季节暂时流动，但限制长期流动。随着工业革命的推进，为适应工业对外来劳动力的需要，1795～1846 年，英国政府多次对《贫民迁移法》等进行修改，放宽对人口迁移的限制，1865 年会议通过《联邦

① 张敦富、孙久文：《中国区域城市化道路研究》，中国轻工业出版社 2008 年版。

负担法》，限制定居地实际上已经不可能了，英国实现了人口的自由迁移。再如美国，南北战争前美国北部基本完成了工业化，城市发展比较快，而美国南部仍以庄园经济为主，盛行农奴制，劳动力自由流动少，城市发展相对缓慢。南北战争后，美国允许劳动力在南北间自由流动，南北经济交流障碍消除，南部的城市也迅速发展起来，19 世纪 60 年代到 20 世纪初是美国城市化发展的最快时期。

三、重视发展农业

发达国家较早地认识到，农业是城市化的基础。城市化不仅需要工业的支撑，也需要农业的支撑，通过发展现代农业来提高农业劳动生产率，这不仅可以为城市提供经济剩余，还能提供富余的劳动生产力。实践表明，多数发达国家较好地处理了工业化、城市化与农业发展的关系。英国通过提高耕作技术和选用优良品种，使劳动生产率得到提高，保证了城市化发展。1700 年，英国一个农业劳动生产力只能养活 1.7 个人，到 1800 年能养活 2.5 个人。美国通过推广农业机械化和发展集约经营，较早实现了农业的现代化。1820 年美国一个农业劳动力能供养 4.1 人（包括自己在内），1990 年为 7.0 人，1920 年达到 8.3 人，提高了一倍，1950 年比 1920 年又增加了近一倍，达到 15.5 人，到 1964 年，一个农民能养活 33 人。①

四、重视城乡协调发展

发达国家在推进城市化的同时，都比较重视城乡协调发展。从城市化进程看，发达国家的城乡一体化是伴随着工业化实现的，在人口和生产要素由农村向城市集聚的同时，先进生产要素和先进文化也不断由城镇向农村辐射，城乡逐步走向交融。比如，法国巴黎除了通过在巴黎附近建立卫星城、鼓励工业分散、发展落后地区的办法外，还推动城乡均衡发展，在国家预算中专列“农村发展整治基金”，拨出巨款对衰退的农村地区进行整顿、改造，补贴农业、增加农民收入，缩小城乡差距。再如，日本和韩国，这两个国家在加速城市化时期，为防止城乡差距扩大，都很注重城乡协调发展，按

① 王章辉、黄柯可：《欧美农村劳动力的转移与城市化》，社会科学出版社 1999 年版。

照城乡一体化的理念谋划农村发展。从 20 世纪 70 年代开始，日本就实施了“村镇综合建设示范工程”，在改善农村道路、公共设施的同时，重点考虑与城市的对接，以便利城市公共服务和基础设施向农村延伸；韩国的新村运动将重点放在改善农村生活环境等基础设施建设上，确保农村享有城市同质的基础设施。

五、重视城市战略规划

成功的城市化经验表明，在城市化进入快速发展时期，一些国家高度重视城市规划的战略引导，较早建立起了科学的城市规划体系，并以法律法规确立其权威地位。英国很早就把城市规划作为一项政府的职能，1909 年通过了第一部涉及城市规划的法律（Housing Town Planning ete. Act，1909），1947 年还颁布了《城乡规划法》。美国是一个联邦制国家，全国没有统一的空间规划，城市的各项法规均设在州的授权法的基础之上，州政府具有很大的城市发展规划权。1916 年纽约市通过了“区划条例”（Zoning Regulation），并向全国推行，到 1926 年全国大多数城市都有自己的区划条例。区划法规是美国城市开发的重要依据。德国是很重视城市规划的国家，较早颁布的《德邦建设法典》是德国城市规划的法律主体。德国的空间规划由联邦范围内的土地利用规划、各州的州域规划、各专区的区域规划、市镇的建设规划组成，这四个层级的规划组成了德国科学严密的规划体系和规划运行机制，对城市发展具有很好的引领作用。日本、韩国城市化的飞速发展以及成功的城市管理也主要得益于政府高起点的规划引导。

六、重视完善社会保障制度

由于物质条件和政治制度的不同，不少发达国家在城市化进程中都建立起了良好的社会保障制度。德国在城市化进程中曾出现过大批流动人口，为解决农村人口大量进城而引发的一系列社会不稳定因素，德国建立了包容性强的社会保障制度，对外来流动人口基本不排斥和歧视，极大促进了城市化发展。德国统一之前，建立了地区性社会保障制度，重点规定要照料穷人，其中以 1855 年的“穷人权力法规”最为出名。德国统一后，对穷人的捐助制度逐步变成全国规范性的社会保障制度，比如 1883 年到 1894 年短短十余年，德国先后通过了《疾病保险法》《意外灾难保险》《老年和残疾保险法》和《失业保险法》。英国也是重视社会保障的国家，比如1946年出台了《国民保险法》，建立了面向全社会的福利体系，规定每个公民一律投保并按不同类别分别领取养老金、工业伤残补助、儿童补助、家庭补助、妇产补助、失业补助和附加补助等。日本在20世纪60年代、韩国在20世纪80年代都建立了统一的社会保障制度。

七、小结

实践表明，一些发达国家闯出了既成功又具有代表性的城市化道路，这就是工业化有效拉动城市化、城市化有效促进城市化，实现了经济与社会良性互动发展。笔者认为，这一经典的城市化道路具有共性，这就是较好地处理了人口迁移与人口转换、城市化与工业化、城市与农村、政府与市场的关系。一是人口迁移与身份转换关系。成功的城市化表明，人口由农村向城市的迁移聚集不是城市化的终结，而是开始，只有迁移人口在职业、社保、医疗、教育、住房等方面获得所需，才能真正实现"市民化"，这是城市化的关键所在。二是工业化与城市化关系。工业化与城市化相互依存、相互促进，二者又具有同步、滞后、超前的关系，只有工业化和城市化协同发展，才能高效加快城市化进程。三是城市与农村关系。城市化的财富和文明是城乡居民共同创造的，城市化的主体是所有城乡居民，客体既包括城市也包括农村，在主体改造客体的过程，城市和农村处于平等的地位，只有在城乡协调融合和相互支持的关系中才能顺利推进城市化。四是政府与市场关系。城市化是自然历史的产物，是经济动力特别是市场机制推动的结果，具有天然的随机性、盲动性和无序性，政府要有超前的思维和有效的政策来引导城市化，使"有形的手"和"无形的手"有机结合，才能有效、公平地推进城市化。

第四节　世界城市化发展的典型问题

城市化是一把"双刃剑"，既能促进经济社会的发展与繁荣，又能对经济社会发展带来困难和问题。

一、城市郊区化问题

城市郊区化是城市化高度发展的产物，主要表现为人口、工业、商业等先后从城市中心区向郊区迁移，中心区人口数量绝对下降。以美国为例，20世纪50年代以来，美国为缓解中心城市环境、交通、治安等状况恶化的问题，就采取了扩散型城市战略，鼓励中高收入阶层向郊区转移居住，并出台了不少优惠政策引导居住郊区化。1970年美国郊区人口超过了中心城市的人口，尽管美国是地广人稀的国家，在现实中也出了不少问题。一方面，产生了严重的城市蔓延问题，随着低层低密度住宅、大型停车场、购物中心等设施的建设，大量森林、农田、空地被占用，尤其是土地浪费严重；基础设施建设投资巨大；小汽车占主导的交通方式使能源消耗大量增加，空气污染严重。另一方面，又造成中心城市日趋衰败，经济持续低迷；房屋破旧不堪，基础设施因无力维修日渐老化；城市犯罪、种族冲突等社会现象层出不穷。城市郊区化问题不仅在美国有，在其他发达国家和发展中国家同样存在。目前，大多发达国家和一些发展中国家还在热衷于郊区化，然而郊区化所带来的问题不容忽视。

二、城市失业与城市贫困问题

在世界城市化进程中，出现了不少城市失业者，加重了城市的贫困，这种现象主要发生在拉丁美洲、非洲、南亚、加勒比地区等发展中地区。这些地区由于实施了超前型城市化战略，大量农村人口涌进城市，城市就业市场短期内难以吸纳大量外来人口，造成了新增城市失业人口，城市出现了大量的贫民窟。以巴西为例，巴西的城市化率在1960年为56%，20世纪80年代达到68%，2008年已经达到86%，这一水平几乎与有着250年工业化历史的英国相差无几，这种超前城市化发展战略给巴西带了城市人口高度膨胀、城市失业严重、城市环境恶化，特别是城市经济发展所创造的就业机会不能满足不断扩张的城市人口的就业需求，1998年以来巴西的失业率基本在10%左右，由于失业与贫困相伴而生，巴西出现了大量贫民和贫民窟，1987年巴西有2500万人居住在贫民窟，预计到2020年巴西将有5500万人居住在贫民窟，占全国总人口的25%。[①] 城市失业和城市贫困不仅是城市化进程中出现的难题，也成为世界性难题。

三、“大城市病”问题

随着大城市化、大都市化的发展，人口、产业、住房在大城市过度密集，在很多国家和地区都出现了交通拥堵、通勤时间长、水电供应紧张、环境污染加重、房地产价格高涨等“大城市病”，大大降低了城市聚集带来的经济社会效益，出现了负的外部性。以日本为例，第二次世界大战之后日本走的是高度集中式的城市化道路，人口向大城市集中，尤其是东京、名古屋、大阪三大都市区就集聚了全国1/4以上的人口，由于城市人口密度过大，20世纪60年代后日本三大都市区出现了交通堵塞、住房拥挤等严重问题，城市大量汽车尾气、垃圾和工业污染明显降低了居住环境，出现了明显的“热岛现象”。人口过度密集和生活质量下降问题至今未得到有效解决。目前，无论在发达国家还是在发展中国家“大城市病”是城市化进程中都要面临的难题。

四、城乡差距拉大问题

城乡发展差距拉大现象主要出现在发展中国家。由于发展中国家存在典型的城乡二元结构，第二次世界大战后为迅速扭转经济落后局面，发展中国家在“城市偏好”“重工业优先”等非均衡发展战略推动下，城市经济得到了快速发展，然而农村经济发展缓慢，传统农业占据主导，城乡居民收入差距仍然较大。比如，在非洲撒哈拉以南地区的城乡差距现状几乎是20世纪80年代原貌，农村比较落后。在亚洲，由于在城市化和工业化的带动下，非农产业飞速发展，很多城市越来越繁荣，而农业和农村发展依旧缓慢，目前仍有60%的人口居住在农村，很多人还处在贫困状态。发达国家成功的城市化是城乡双赢发展的城市化，而大多发展中国家的城市化加速了城乡差距的扩大，使城市的繁荣建立在农村的落后与贫困之上，这一问题非常严重。

---

① 周志伟：《巴西城市化问题及城市治理》，载《中国金融》，2010年第4期。

第五节　城市化的本质

纵观世界城市化历史长河，无论发达国家还是发展中国家都表明，城市化是农业社会向工业社会、农村社会向城市社会发展的进程，是人类社会走向现代文明的必由之路，城市化规律是不以人的意志而转移的。因此，城市化无不影响着人们的生产和生活方式，无不改变着经济和社会结构，认识城市化的本质非常必要，对于科学把握城市化规律和指导实践极其重要。关于城市化的本质，多是见仁见智。基于历史经验、典型问题和对现实的思考，笔者认为，城市化的本质主要体现如下。

一、城市化是人口迁移的过程

城市化一个是复杂的动态系统工程，表现为人口在城市与农村之间的空间迁移，或聚集，或分散，或有规律性，或无规律性。人口的空间迁移是城市化的重要内容和内涵表现。在本质上，城市化是人口的迁移，没有人口的迁移就没有城市化。

二、城市化是城乡协调的过程

城市和农村是对立统一的矛盾体，是城市化的两大客体，二者如影随形，不能分割。城市化既需要源源不断地从农村向城市配给人口、土地等要素，又需要加大城市支持农村、工业反哺农业的力度，使城市生活更美好，使农村生活更殷实，城乡发展更协调。在本质上，城市化意味着城乡协调发展，城乡严重分离不是全面的、真正的城市化。

三、城市化是人本发展的过程

人的发展是所有发展的归宿点，是一切经济社会活动的动力源泉。城市化能够创造巨大的物质和精神财富，从人的发展的观点看，福利的改善最终要体现在人的身上，特别是更多地体现在进城农民身上。随着城市化的发展，人们的生存和发展条件应不断改善，收入和消费水平不断提高，生产和生活方式不断文明，幸福感和价值感不断增强。在本质上，城市化是人的发展过程，人的发展是城市化发展的根本目的，没有人的改善和发展的城市化是虚假的城市化。

第三章

中国城市化发展的路径考察

在复杂的历史背景、低效的制度安排和特殊的转轨体制下，中国城市化走过了一条艰难曲折的发展路径。与世界城市化发展相比，中国城市化既具有世界城市化的一般特征，又具有中国的独特性，成绩与问题共存，问题不容忽视，须要深入剖析。

第一节 中国城市化的历史准备

中国是世界上著名的文明古国之一，据考证，城市的出现距今有5000多年的历史。在古代城市起源和起步时期，特别是夏、商、周时期，为了军事防御，出现了不少城堡，在历史文献中被称为“城”或“城邑”，这就是我国最早城市的雏形。到春秋战国时期，人们为了生产和生活，在城堡周围形成了交易商品的市场，正是由于这种城与市的结合，这一时期我国才出现了真正意义上的城市。战国时代七国都城都是当时的大城市，既是工商业发达的经济中心，又是政治文化中心。自秦朝统一全国后，在中央集权统治下，随着经济社会发展我国城市数量和规模开始较快增加，出现了行政中心城市、手工业集中城市、商业集中城市，汉朝长安人口曾超过40万人，唐朝鼎盛时期的长安超过100万人，南宋的临安人口最多达到150万人，明清时期北京、南京和苏州三市的人口都超过100万人。封建时代的中国城市曾创造了同期世界城市文明史发展的辉煌和顶峰，中国历代都城人口在当时世界城市人口的纪录中都是最高的，这个纪录一直延续到19世纪40年代的鸦片战争时期。

从工业化启动的视角看，鸦片战争是中国城市化的分水岭。1840年之前，中国一直是传统的农业社会，农村和农业占据经济的主导，在这个漫长的以农业经济为主导的历史进程中中国没有出现工业革命，也没出现城市化。不过，中国封建社会城市的诞生、发展、繁荣创造了优秀的农耕文明，积累了大量物质财富，为城市化的发展打下了坚实的基础。鸦片战争后，帝国主义的铁蹄踏入中国的大门，中国迅速沦为半殖民地半封建社会，外国资本主义工业推动了中国近代工业的兴起，中国的城市化开始萌芽。由于外国资本主义是侵略性的，中国的城市化出现了畸形，在大肆侵略中帝国主义国家仅带动上海、天津、大连、哈尔滨、青岛等少部分城市发展，并控制为其服务，而中国大多数城市都发展缓慢。在接下来的军阀统治、国民党统治时期，由于战争频发、社会动荡，很多城市不断遭到严重破坏。整个近代，中国的城市发展基本处于衰落、萎缩和畸形发展状态。根据美国著名人类学家、中国学大师施坚雅（G. W. Skinner）教授的精心研究，他推算出 1843 年中国的城市化比率为 5.1%。[①] 按照施教授的观点，从鸦片战争到新中国解放近 110 年的时间中我国的城市化率仅提高了 5.5 个百分点。可以基本判断，中国的城市化发端于 19 世纪 40 年代，即使这样，比世界城市化最早的英国还晚了 80 年。在一个世纪的艰难摸索中，中国的城市化远远滞后于西方发达国家，而真正能看到城市化变化的还是在新中国成立之后。

第二节　中国城市化的发展路径

一、中国城市化的特点及成就

新中国成立后，我国城市化破茧启动，在 60 多年的进程中城市化带来了巨大变化，城市建设日新月异，城市规模不断扩大，城市结构日趋合理，城市经济在国民经济中的重要作用日益显著。

1. 城市化水平总体不断提高

在新中国成立初期城市人口比重比较低，1949 年只有 10.6%，低于当时

① 施坚雅：《城市史研究》（1），天津教育出版社 1989 年版。

世界水平 28 个百分点，低于发展中国家水平 16 个百分点。随着我国经济建设加快，特别是改革开放 30 多年的全面大发展，我国城市化实现了快速发展，2008 年全国城镇人口达 6.07 亿人，城市化率达到 45.68%，比 1978 年提高 28 个百分点，改革开放以来年均增长 0.9%，是世界上 30 年间城市化率增长最快的国家之一。2010 年我国城市化率达到 49.95%，城镇人口达到 6.698 亿人，2015 年城市化率达到 56.1%，城镇人口达到 7.712 亿人。1949 年全国城镇人口 0.5765 亿人，到 2015 年的 66 年间我国城镇人口共增加了 7.136 亿人，从农村向城镇迁移人数之多世界罕见。城市数量也有大的变化，由新中国成立前的 132 个增加到 2009 年的 658 个，新增加城市 526 个。[①] 城市化增长速度快、城市数量变化大是新中国成立以来城市化发展的最大特点。

2. 城市规模与结构日趋合理

新中国成立初期，我国大城市寥寥无几，1949 年在 132 个城市中 100 万人口以上城市仅有 10 个，中等城市 6 个，没有特大城市，大中城市较少，小城市占主导[②]。到 1978 年，我国城市增加了 61 个，主要是大中城市数量增多，其中，特大城市增加 2 个，大城市增加 17 个，中等城市增加 29 个，小城市增加 13 个。改革开放后，随着城市化的加快，大中小城市和小城镇规模不断壮大，城市数量有大的增长，特别是小城镇数量迅速增长。经过 30 多年快速发展，到 2010 年末全国共有建制镇 19410 个，比 1978 年增加 17237 个，小城镇人口占城镇总人口的比重由 1978 年的 20% 上升到 45% 以上；在 658 个城市中，增加 6 个超大城市，增加 8 个特大城市，增加 97 个大城市，增加 103 个中等城市，增加 251 个小城市。[③] 从我国城市结构看，超大城市数量占全部城市数量比重为 0.9%，特大城市占比为 1.5%，大城市占比为 18.8%，中等城市占比为 21%，小城市占比为 57.8%，各级规模的城市都有，而且中小城市比重占到 78.8%，超大城市到小城市所占比重大小呈金字塔状，当前的城市

① 国家统计局：《中国统计年鉴》（2016），中国统计出版社 2016 年版。

② 按照 2014 年 10 月《国务院关于调整城市规模划分标准的通知》，我国城市规模进行了新的调整，以城区常住人口为统计口径，将城市划分为五类七档。城区常住人口 50 万以下的城市为小城市，其中 20 万以上 50 万以下的城市为Ⅰ型小城市，20 万以下的城市为Ⅱ型小城市；城区常住人口 50 万以上 100 万以下的城市为中等城市；城区常住人口 100 万以上 500 万以下的城市为大城市，其中 300 万以上 500 万以下的城市为Ⅰ型大城市，100 万以上 300 万以下的城市为Ⅱ型大城市；城区常住人口 500 万以上 1000 万以下的城市为特大城市；城区常住人口 1000 万以上的城市为超大城市。

③ 国家统计局：《中国统计年鉴》（2011），中国统计出版社 2011 年版。

体系结构比1949年和1978年的更优化合理（见表3－1）。

表3－1　中国城市规模与结构变化情况　单位：个

城市规模	1949年	1978年	1978年比1949年增加数量	2010年	2010年比1978年增加数量
城市数量合计	132	193	61	658	465
1000万以上人口	0	0	0	6	6
500万～1000万人口	0	2	2	10	8
100万～500万人口	10	27	17	124	97
50万～100万人口	6	35	29	138	103
50万人口以下	116	129	13	380	251

资料来源：2010年城市人口数据由全国第六次人口普查数据整理计算得到。

3. 城市经济结构呈现高级化

在工业化带动下，城市经济不仅实现了快速发展，而且产业结构不断优化。目前，特别是近十几年来，城市服务业的迅速发展推动了城市产业结构向高级化发展。2008年全国地级以上城市（不包括市辖县）第一、第二、第三产业的增加值分别为5931亿元、94343.5亿元和86005亿元，城市第一、第二、第三产业增加值结构比为3.2∶50.6∶46.2，与1990年的6.6∶60.4∶33的城市三次产业结构相比，第一产业比重下降3.4个百分点，第二产业比重下降9.8个百分点，第三产业比重上升13.2个百分点。[①] 目前我国部分城市以服务业为主导，比如2015年北京市三次产业比为0.7∶21.4∶77.9，上海市三次产业占比为0.4∶31.8∶67.8。[②] 同时，随着城市居民收入水平的不断提高，城市居民消费支出不断扩大，消费水平和层级逐渐提高，城镇居民家庭的恩格尔指数由1978年的57.5%逐步降低到当前的35%～36%。目前，我国城市消费结构中不再以食物为主，城市消费结构正由实物型消费向服务型消费过渡。

① 国家统计局网：《城市社会经济发展日新月异》，http：//www.stats.gov.cn/ztjc/ztfx/qzxzgcl60zn/200909/t20090917_68642.html。

② 数据来源于北京市和上海市2015年国民经济和社会发展统计公报。

4. 城市群发展迅速

随着经济一体化地加快发展，我国区域经济由单一城市主导逐渐演变为多中心城市支撑的发展格局，以特大城市为带动、多中心城市为支撑的城市体系不断完善，城市群、都市圈成为我国城市化发展的重要载体。长三角、珠三角、京津冀、闽南厦漳泉三角地带的城市群日臻强大，山东半岛、辽中南、中原、长江中游、长株潭、川渝、关中等城市群不断壮大，尤其是我国东部沿海地区的城市群密布，聚集着全国压倒多数的人口规模和经济总量。比如，2014年长三角城市群 GDP 总量达到了 10.6 万亿元，占全国经济总量的 15%；珠三角城市群 GDP 达到 7.8 万亿元，占全国的 12%；京津冀城市群 GDP 达到 6.6 万亿元，占全国的 10.4%；成渝城市群 GDP 达到 3.7 万亿元，占全国的 6%；长江中游城市群 GDP 达到 4.5 万亿元，占全国的 7%；这五大城市群的经济总量占据了全国经济的半壁江山，具有举足轻重的作用。①

5. 城市建设成效明显

随着城市经济发展和人口规模扩大，我国城市建成区面积不断扩大，住房条件不断改善，城市交通、供水、供热、供气、供电、绿化、电信等基础设施体系不断完善，城市现代化水平比改革开放初期大幅提高。2014 年我国城市建成区面积 49772.6 平方公里，比 2010 年增加 9714.6 平方公里，比 2005 年增加 17251.9 平方公里，比 1990 年增加 36916.6 平方公里，是 1990 年的 3.8 倍。2014 年城市人均居住建筑面积达到 34.5 平方米，比 1978 年增加 27.8 平方米；2014 年城市用水普及率达到 97.6%，城市燃气普及率 94.6%，城市每万人拥有公共交通车辆 13 标台，分别比 1990 年增加 49.6%、75.5% 和 10.7 标台。②

二、中国城市化发展的实证分析

根据国内外研究表明，城市化与经济增长之间具有密切的关系。下面，

---

① 新华网：《城市群绘就中国区域经济新版图》，http://news.xinhuanet.com/finance/2015-11/19/c_128444650.htm。

② 国家统计局：《中国统计年鉴》（2015），中国统计出版社 2015 年版。

用实证手段研究我国城市化与经济增长之间的关系。改革开放前30年，由于受政治等因素严重影响，我国城市化水平和经济增长都处于上下震荡阶段，波动很大，难以探究二者规律性关系，那么此处重点研究我国1978年后的数据。城市化水平指标选取城市化率（单位:%），即城镇人口占总人口的比重，用UR标记；经济增长指标选取人均国内生产总值（单位：元/人），用PG标记，这一指标可以较合理地反映经济增长的人均水平，可大大减少人口规模因素的影响。UR与PG将构成两个时间序列数据，数据见表3－2。为剔除物价变动影响、消除时间序列引起的异方差性，对两个指标取自然对数，分别用LnUR、LnPG标记（见表3－2）。此部分实证过程借助Eviews7.2软件进行计量分析。

表3－2　　1978～2014年中国城市化率、人均GDP及其一阶差分值

年份	UR	PG	LnUR	LnPG	ΔLnUR	ΔLnPG
1978	17.92	382	2.885917	5.945421	—	—
1979	18.96	420	2.942331	6.040255	0.056414	0.094834
1980	19.39	464	2.964757	6.139885	0.022426	0.099630
1981	20.16	493	3.003700	6.200509	0.038943	0.060625
1982	21.13	529	3.050694	6.270988	0.046993	0.070479
1983	21.62	584	3.073619	6.369901	0.022925	0.098913
1984	23.01	697	3.135929	6.546785	0.06231	0.176884
1985	23.71	860	3.165897	6.756932	0.029968	0.210147
1986	24.52	966	3.199489	6.873164	0.033592	0.116231
1987	25.32	1116	3.231595	7.017506	0.032105	0.144342
1988	25.81	1371	3.250762	7.223296	0.019167	0.205790
1989	26.21	1528	3.266141	7.331715	0.015379	0.108419
1990	26.41	1654	3.273743	7.410952	0.007602	0.079237
1991	26.94	1903	3.293612	7.551187	0.019869	0.140235
1992	27.46	2324	3.312730	7.751045	0.019118	0.199858
1993	27.99	3015	3.331847	8.011355	0.019117	0.260310
1994	28.51	4066	3.350255	8.310415	0.018408	0.29906

续表

年份	UR	PG	LnUR	LnPG	ΔLnUR	ΔLnPG
1995	29.04	5074	3.368674	8.531885	0.018419	0.22147
1996	30.48	5878	3.417071	8.678972	0.048397	0.147087
1997	31.91	6457	3.462919	8.77292	0.045849	0.093948
1998	33.35	6835	3.507058	8.829812	0.044138	0.056892
1999	34.78	7199	3.549043	8.881697	0.041985	0.051886
2000	36.22	7902	3.589611	8.974871	0.040569	0.093174
2001	37.66	8670	3.628599	9.067624	0.038987	0.092753
2002	39.09	9450	3.665867	9.15377	0.037268	0.086146
2003	40.53	10600	3.702042	9.268609	0.036176	0.114839
2004	41.76	12400	3.731939	9.425452	0.029897	0.156842
2005	42.99	14259	3.760968	9.565144	0.029029	0.139692
2006	44.34	16602	3.791887	9.717278	0.03092	0.152135
2007	45.89	20337	3.826247	9.920197	0.03436	0.202919
2008	46.99	23912	3.849935	10.08214	0.023688	0.161939
2009	48.34	25963	3.878259	10.16443	0.028325	0.082292
2010	49.95	30567	3.911023	10.32768	0.032763	0.163249
2011	51.27	36018	3.937106	10.49177	0.026083	0.164098
2012	52.57	39544	3.962146	10.58517	0.02504	0.093395
2013	53.73	43320	3.983972	10.67637	0.021826	0.0912
2014	54.77	46629	4.003143	10.74998	0.019171	0.073608

注：以上数据由《中国统计年鉴》（2015）的城市化率和人均 GDP 基础上计量整理而得。

1. 平稳性检验

由于选取的城市化率和人均 GDP 两个变量都是时间序列数据，若寻找二者的关系须要观察是否能够协整，只有两个相同单整阶数的两个变量才有可能存在协整关系。那么，首先对两个变量进行平稳性检验。本文选用 ADF 方法检验变量的平稳性问题。

通过对 LnUR 和 LnPG 进行 ADF 检验，结果显示，LnUR 和 LnPG 的 ADF

检验值都大于显著性水平 10% 的临界值，表明 LnUR 和 LnPG 都呈现非平稳性；然后，对 LnUR、LnPG 两个时间序列分别做一阶差分 ΔLnUR、ΔLnPG，再进行 ADF 检验，结果显示，ΔLnUR 的检验值 -3.730270 小于显著水平 1% 下的临界值 -3.670170，ΔLnPG 的检验值 -3.779267 小于显著水平 1% 下的临界值 -3.653730，表明 ΔLnUR 和 ΔLnPG 序列都表现出平稳性，ΔLnUR 和 ΔLnPG 都具有一阶单整，即 LnUR - I（1），LnPG - I（1），满足协整的条件。主要数据和结果见表 3-2 和表 3-3。

表 3-3　　中国城市化水平与人均 GDP 系列 ADF 检验结果

变量	检验形式（C，T，L）	ADF 检验值	临界值			结论
			1%	5%	10%	
LnUR	（C，T，2）	-2.853275	-4.252879	-3.548490	-3.207094	不平稳
ΔLnUR	（C，0，5）	-3.730270	-3.670170	-2.963972	-2.621007	平稳
LnPG	（C，T，5）	-1.575222	-4.284580	-3.562882	-3.215267	不平稳
ΔLnPG	（C，0，3）	-3.779267	-3.653730	-2.957110	-2.617434	平稳

注：①Δ 为一阶差分运算。②检验形式（C，T，L）中的 C、T、L 分别为模型中的常数项、时间趋势、滞后阶数。③滞后期的选择以赤池信息准则（AIC）为依据。

2. 协整分析

由于 Enger - Granger 是检验两变量的协整关系有效方法，此处采用 EG 两步法：先协整回归方程，再检验残差的平稳性。

第一步，建立回归模型，如方程（1），其中 LnUR 是被解释变量，LnPG 是解释变量，μ 为随机扰动项。

$$LnUR_t = \alpha + \beta LnPG_t + \mu_t \qquad (1)$$

利用普通最小二乘法（OLS）对方程进行回归，估计结果如下：

$$LnUR = 1.655389 + 0.216432LnPG$$

$$t = (35.31524) \quad (39.25909)$$

$$R^2 = 0.977796,\ \overline{R}^2 = 0.977161,\ F = 1541.276,\ DW = 0.160710$$

对方程（1）进行检验：拟合优度与修正的拟合优度都大于 0.977，表明所建立模型对样本数据拟合很好；由于样本数是 37，解释变量 1 个，可查 $F_{0.05}(1, 35) < F = 1541.276$，$t_{0.025}(35) < t = 39.25909$，经检验可知，人均 GDP

对城市化水平的影响是显著的。

第二步，对方程残差项进行 ADF 检验，结果显示（见表 3－4），ADF 检验值为－1.455905，小于显著性水平 5% 的临界值，表明残差序列 ε_t 不存在单位根，为平稳序列，即 $\varepsilon_t - I(0)$。

表 3－4　　残差项 ADF 检验结果

变量	检验形式（C，T，L）	ADF 检验值	临界值			结论
			1%	5%	10%	
ε	（0，0，0）	－3.143693	－3.639407	－2.951125	－2.614300	平稳

EG 两步法表明，LnUR 与 LnPG 之间的确存在协整关系，即我国改革开放后城市化与经济增长存在着长期动态均衡关系。回归结果显示，从长期看我国经济增长与城市化之间呈正相变动关系，人均 GDP 每变动 1%，城市化率将同方向变动 0.216 个百分点。

3. 误差修正模型分析

由于 LnUR 与 LnPG 存在协整关系，两个时间序列变量存在误差修正机制，可以通过建立误差修正模型来反映短期偏离长期均衡的修正过程。基本思路是，先建立长期关系模型，通过水平变量和 OLS 法估计出时间序列变量的关系，然后建立误差修正方程，将长期关系模型中各变量以一阶差分形式重新加以构造，并将长期关系模型所形成的残差序列作为解释变量引入，对短期动态关系进行逐项检验。

构建误差修正模型如下：

$$\Delta LnUR_t = \alpha + \beta \Delta LnPG + \gamma e_{t-1} + \varepsilon_t \tag{2}$$

$$\Delta LnUR_t = 0.038441 - 0.055802 \Delta LnPG_t - 0.069414 e_{t-1}$$

$$t = (8.135511 \quad 1.721422 \quad 1.814304)$$

$$R^2 = 0.171019, \quad DW = 1.429042$$

方程（2）的估计结果表明，我国城市化变化不仅取决于人均 GDP 增加值的变化，还取决于前一期城市化水平对均衡水平的偏离，误差修正项 e_{t-1} 估计系数为－0.069，体现了对偏差的修正，当短期波动偏离长期均衡时，将以－0.069 的力度将非均衡状态拉回均衡状态。这表明，LnUR 与 LnPG 相互协整的时间序列存在误差修正机制，能够进行短期调节。

4. 格兰杰因果关系检验

通过协整检验可以发现变量序列之间是否存在长期均衡关系，但不能确定变量之间是否具有因果关系。所谓因果关系是指变量之间的依赖性，作为结果的变量是由作为原因的变量所决定的，原因变量的变化引起结果变量的变化。此处采用格兰杰因果（Granger）关系检验去寻找我国城市化与人均 GDP 之间的因果关系。格兰杰因果关系检验本质上是检验一个变量的滞后变量是否可以引入到其他变量方程中，一个变量如果受到其他变量的滞后影响，则称它们具有格兰杰因果关系。下面构建我国城市化水平与人均 GDP 之间的格兰杰因果关系模型，如方程（3）：

$$\begin{cases} LnUR_t = \sum_{i=1}^{k} \alpha_i LnUR_{t-i} + \sum_{i=1}^{k} \beta_i LnPG_{t-i} + \varepsilon_{1t} \\ LnPG_t = \sum_{i=1}^{k} \alpha_i LnPG_{t-i} + \sum_{i=1}^{k} \beta_i LnPG_{t-i} + \varepsilon_{2t} \end{cases} \tag{3}$$

方程（3）中下标 t 为年度，k 为最大滞后阶数，ε_t 为白噪声。通过建立向量自回归模型（VAR），然后进行格兰杰因果检验。选取滞后 8 期，结果见表 3 - 5。

表 3 - 5　　中国城市化率与人均 GDP 之间的格兰杰因果检验结果

因果关系假定	滞后期数	F 统计值	P 值
LnUR 不是 LnPG 的格兰杰原因	1	0. 21478	0. 6461
LnPG 不是 LnUR 的格兰杰原因	1	3. 08183	0. 0885
LnUR 不是 LnPG 的格兰杰原因	2	1. 33900	0. 2773
LnPG 不是 LnUR 的格兰杰原因	2	3. 31667	0. 0500
LnUR 不是 LnPG 的格兰杰原因	3	3. 71743	0. 0233
LnPG 不是 LnUR 的格兰杰原因	3	3. 27802	0. 0362
LnUR 不是 LnPG 的格兰杰原因	4	1. 79764	0. 1623
LnPG 不是 LnUR 的格兰杰原因	4	2. 91513	0. 0425
LnUR 不是 LnPG 的格兰杰原因	5	2. 57949	0. 0571

续表

因果关系假定	滞后期数	F 统计值	P 值
LnPG 不是 LnUR 的格兰杰原因	5	1.29541	0.3034
LnUR 不是 LnPG 的格兰杰原因	6	1.96134	0.1253
LnPG 不是 LnUR 的格兰杰原因	6	2.62456	0.0524
LnUR 不是 LnPG 的格兰杰原因	7	1.69298	0.1854
LnPG 不是 LnUR 的格兰杰原因	7	4.95080	0.0045
LnUR 不是 LnPG 的格兰杰原因	8	2.25238	0.0991
LnPG 不是 LnUR 的格兰杰原因	8	3.28406	0.0315

表3-5中显示，LnPG不是LnUR的格兰杰原因的概率在第1、第2、第3、第4期分别是8.9%、5%、3.6%、4.3%，都小于10%，第6~第8期的概率也都小于10%，第5期的概率是30.3%，表明我国经济增长对城市化的提高效应滞后1年后就显现，经济增长是城市化发展的原因，具有显著推动作用；LnUR不是LnPG的格兰杰原因的概率在第1、第2、第4、第6、第7期分别是64.6%、27.7%、16.2%、12.5%、18.5%，第3、第5期的概率分别为2.3%、5.7%，表明城市化对经济增长有一定推动作用，但并不显著。

5. 脉冲响应分析

脉冲响应分析方法是一种因果性分析方法。脉冲响应分析不关注一个变量的变化对另一个变量的影响如何，而是分析一个变量对其他变量带来的影响，或者说模型受到某种冲击时对系统的动态影响状况。图3-1、图3-2、图3-3、图3-4给出了我国城市化、人均GDP增加值在一个标准差冲击下的脉冲响应图形。下图的横轴是冲击作用的时期数，纵轴是我国城市率或人均GDP增加值变化情况。

图3-1显示，是城市化对自身冲击的脉冲响应图，受到自身冲击后第1期就有响应，上升到0.9%，到第5期达到1.4%，第5期后冲击效应逐渐衰减，到第10期减小到0.4%。图3-2显示，是人均GDP对自身冲击的脉冲响应图，受到自身冲击后第1期就有响应，上升到3.8%，随后逐步上升，第6期到最高为6.7%，之后较快衰减，到第10期减小为1.5%。

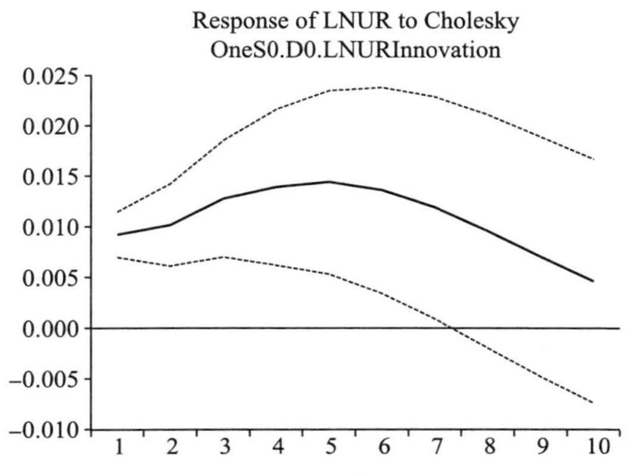

图 3-1　中国城市化对自身脉冲的响应

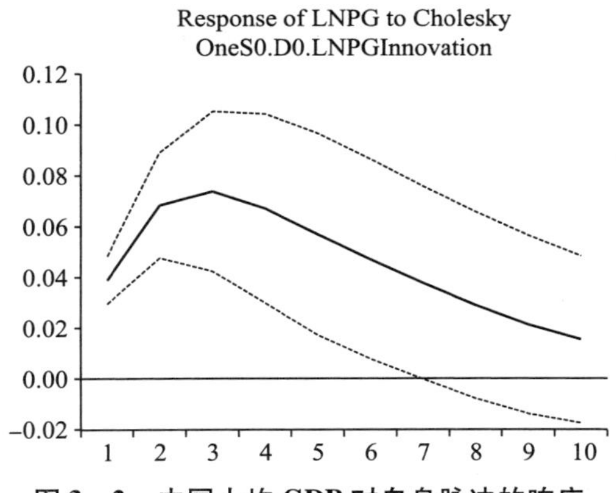

图 3-2　中国人均 GDP 对自身脉冲的响应

图 3-3 显示，当本期对城市化一个标准差冲击后，经济增长产生较大响应，呈现“上升——下降——上升”的波动过程，前 3 期为正向变化，第 2 期响应凸显，然后不断下落，从第 3 期到第 8 期产生负向变化，第 5 期负面响应最大，第 8 期之后为正向变化，这表明城市化对经济增长既有正面冲击效应，又有显著的负向冲击效应。图 3-4 显示，当本期对人均 GDP 增加值一个标准差冲击后，城市化有显著反应，呈先小幅度先下降后快速上升趋势，第 1 期没反应，第 2、第 3、第 4 期为小幅度负向冲击反应，第 4 期之后为正向反应，且产生显著冲击效应，第 10 期冲击最大。这表明经济增长初期并未对城市化

产生正向冲击，经过短期过渡后正向冲击效果越来越明显。以上结论与格兰杰因果检验结论基本相一致。

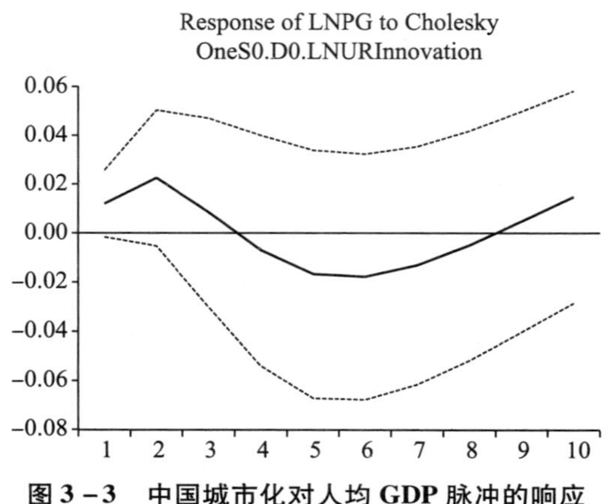

图 3－3　中国城市化对人均 GDP 脉冲的响应

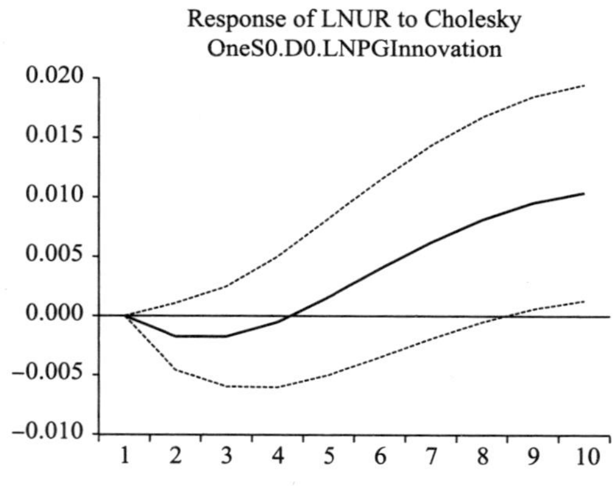

图 3－4　中国人均 GDP 对城市化脉冲的响应

6. 方差分解

方差分解是分析每个结构冲击对变量变化的贡献度，进一步评价不同结构冲击的重要性。根据方差分解理论模型，利用分析软件对我国城市化率和人均 GDP 增加值的预测均方差进行分解，结果见表 3－6。

表 3-6 中国城市化率和人均 GDP 的预测均方差分解结果

时期	我国城市率的方差分解			我国人均 GDP 的方差分解		
	均方误差（S. E.）	城市化率占比（%）	人均 GDP（%）	均方误差（S. E.）	城市化率占比（%）	人均 GDP 占比（%）
1	0.009200	100.0000	0.000000	0.040661	8.680934	91.31907
2	0.013811	98.41721	1.582794	0.082622	9.526999	90.47300
3	0.018879	98.30978	1.690223	0.111073	5.858146	94.14185
4	0.023444	98.85726	1.142744	0.129903	4.573255	95.42675
5	0.027556	98.82458	1.175416	0.142782	5.151834	94.84817
6	0.030980	97.42301	2.576987	0.151379	5.962834	94.03717
7	0.033756	94.44181	5.558192	0.156555	6.274675	93.72533
8	0.036007	90.04805	9.951946	0.159284	6.160140	93.83986
9	0.037901	84.71012	15.28988	0.160762	6.132976	93.86702
10	0.039565	79.09927	20.90073	0.162178	6.863189	93.13681

从我国城市化水平波动看，第 1 期只受自身波动影响，人均 GDP 对城市化的冲击从第 2 期开始，0 到第 2 期就上升到 1.58%，一直到第 5 期基本保持 1.1% ~1.7% 低幅波动，从第 5 期后逐渐上升，到第 10 期达到 20.9%；同期，城市化受自身波动冲击影响减弱，随后第 2 期稍微下降，第 2 期到第 5 期后相对稳定，在 98% ~99% 波动，第 6 期后逐步下降，一直到第 10 期减少到 79.1%，这与脉冲响应分析的结果基本一致。从我国人均 GDP 波动看，第 1 期就受到自身波动和城市化冲击，即受自身波动影响大于城市化的影响，第 1 期达到 91.3%，随后人均 GDP 呈小幅上升态势，第 7 期后基本稳定，处于 93% ~94%；同期，人均 GDP 受城市化的影响稍有下降，第 7 期后基本稳定，处于 7% ~8%。可判断，经济增长对城市化的正向冲击效应大于城市化对经济增长的负向冲击效应，因此，我国经济增长是我国城市化波动的主要原因。

7. 主要结论

（1）城市化与经济增长之间呈正相关关系。通过对城市化率、人均 GDP 的自然对数 LnUR、LnPG 进行一阶差分后，时间序列变得平稳，经过协整分析后，发现 1978 ~2014 年我国城市化与经济增长之间保持长期均衡关系，二者呈正相关关系，我国经济增长率每提高 1%，城市化率将提高 0.216%。

（2）城市化与经济增长之间相互影响的正负作用机制同时存在。根据脉冲图像分析，经济增长对城市化的冲击影响有 3 期为负向影响，之后较快变为正向影响；城市化对经济的冲击的第 3 ~ 第 8 期为负向影响，且影响幅度较大，其他期为正向影响，这表明无论经济增长对城市化还是城市化对经济增长的影响都不能形成十足的正向冲击，各自反作用的力量都存在。主要原因在于，我国产业结构在一定程度上制约农村人口向城市转移，城乡二元结构和城市管理体制反过来制约产业经济增长。

（3）经济增长对城市化的推动作用显著。根据格兰杰因果检验、脉冲函数响应分析、方差分解分析，发现我国城市化的波动主要由经济增长产生，经济增长能较显著地推动城市化发展，而城市化对推动经济增长有一定促进作用，效果不明显，就是说，经济增长对城市化的推动作用显著大于城市化对经济的推动作用。

第三节　中国城市化的独特性

在取得成就的同时，也清醒地看到，中国城市化与世界成功的城市化道路相比，现象非同寻常，路径非常独特，问题不容忽视。

一、城市化路径的跌宕性

尽管我国城市化发展总体呈上升态势，但走过的历程比较曲折，大致经历了起步（1949 ~1957 年）、震荡（1958 ~1965 年）、停滞（1966 ~1978 年）、加速（1979 ~1995 年）、盲动（1996 ~2005 年）、稳步（2006 年至今）6 个发展阶段，这 60 余年的发展路径可谓跌宕起伏。（1）起步阶段，指城市化发轫上升时期。1949 年全国仅有 132 个城市，城市化率 10.6%，随着我国“一五”时期 156 项重点工程的建设，全国出现一批新的工矿城市，到 1957 年末城市发展到 176 个，城市化率达到 15.41%。（2）震荡阶段，指城市化受“大跃进”、大调整影响进入上下波动时期。1958 年我国发动了“大跃进”运动，在经济和城市建设上追求快速度、大规模，三年间我国城市数量由 1958 年初的

176 个增加到 1961 年的 208 个，城市化率提高到 19.29%；由于“大跃进”期间的盲目激进发展，1961 年全国进入 4 年的调整期，撤销和降级了一大批城市，停缓建大批建设项目，动员 2500 万左右职工回农村，到 1965 年全国城市比 1961 年减少 39 个，城市化率下降到 18.0%。[①]（3）停滞阶段，指城市化受“文化大革命”影响进入徘徊时期。1966～1976 年历时 10 年的“文化大革命”，这段时间我国城市化步伐几乎停滞，出现了非正常的逆城市化现象，全国有 1500 万城镇知识青年“上山下乡”，2000 万职工、医生及其家属下放农村，1500 万城镇居民迁往农村，到 1976 年全国城市 188 个，比 1966 年仅增 12 个，而城市化率为 17.44%，低于 1966 年 0.42%，到 1978 年有 193 个城市，城市化率为 17.92%。[②]（4）加速阶段，指城市化进入突破发展时期。1978 年我国实施了改革开放战略，城市化迎来了发展的春天，市场经济开始起航，乡镇企业异军突起，大量农民纷纷进城务工，尤其是农村城市化发展较快，到 1995 年全国城市 640 个，比 1978 年多 447 个，城市化率是 29.04%，比 1978 年提高 11.1 个百分点。（5）盲动阶段，指城市化进入冒进发展时期。20 世纪 90 年代在经济国际化浪潮的推动下，全国经济开发区大规模崛起，工业化发展加快，城市规模快速扩张，到 2005 年全国有 661 个城市，城市化率达到 43%，10 年提高了近 14%，然而这一阶段土地城市化过快，土地、水、矿产、能源等资源粗放消耗，环境受到不同程度污染，这 10 年我国城市化呈现过快、过热的势头，城市化率年均增长 1.4 个百分点。（6）稳步阶段，指城市化进入理性发展期。2006 年以后，国家对城市化突出问题进行了及时控制，严把土地、资金、项目“闸门”，城市化速度有所放缓，呈稳步上升趋势，2008 年城市化率达到 46.99%，2010 年达到 49.95%，2012 年达到 52.57%，2014 年达到 54.77%，2015 年达到 56.1%。[③] 与世界普遍城市化发展规律相比，我国的城市化与众不同，发展轨迹波折起伏，呈现非规律性，偏离了世界城市化发展的规律。

二、城市化速度的滞后性

经过新中国 3 年经济恢复，1952 年我国工业产业比重为 17.6%，城市人

①② 陆大道：《中国区域发展报告：城镇化进程及空间扩张》，商务印书馆 2007 年版。

③ 城市化率来自 2009～2016 年《中国统计年鉴》。

口比重为12.46%，城市化和工业化水平开始出现差距。我国“一五”计划开始实施重工业化发展战略，重工业逐渐在国民经济中上升为主导地位，而由于重工业吸纳就业人口少，再加上政治运动、错误方针的影响，之后20多年中我国城市化缓慢前行，一直滞后于工业化水平（见图3－5），到1979年工业化和城市化水平差距最大，此时工业化率为43.6%，城市化率不足19%。改革开放后，随着农村城市化加速，城市化水平和工业化水平差距逐渐缩小，到2003年城市化率和工业化率持平，达到45%水平，随后城市化率超过工业化率，2008年城市化率达到46.99%，2009年达到48.34%，高过工业化率。①不过，近年我国出现县改市、市改区、镇改街道办、村改居的现象多，大量农民被就地“市民化”，在统计上这些人一般被划分为城镇居民，尽管未实现完全的城市化，但城市化率着实地快速上升，城市化水平虚高，“伪城市化”现象明显存在。2011年中央农村工作领导小组副组长陈锡文认为，中国的城市化率被严重高估，我国目前6亿多城镇人口中，至少有2亿人没有享受到市民的权利，也就是说我国的城市化率至少虚高14.5%。另外，根据研究，城市化率与工业化率之间的合理比例范围是1.4～2.5∶1②，而我国60余年来这一比例基本是0.43～1.36∶1。因而可基本判断，我国城市化水平严重滞后工业化水平。

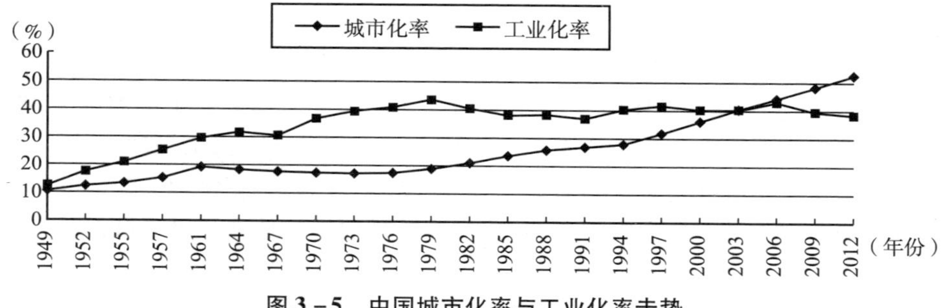

图3－5　中国城市化率与工业化率走势

资料来源：根据《中国统计年鉴》（2013）计算得出。

① 当年工业化率是根据2015年《中国统计年鉴》中当年工业增加值占国内生产总值的比重而得。

② 张宪平、石涛：《我国目前城市化典型特点分析及对策研究》，载《经济学动态》，2003年第4期。

我国城市化滞后于工业化的另一大原因是第二产业吸纳劳动力增长缓慢。改革开放以来我国工业化实现了较快发展，但重工业比重高、调整慢，对吸引更多劳动力就业是不利因素。根据对我国 1981 ~2014 年三次产业就业结构分析（见表 3 -7），从事第二产业劳动力数量尽管不断增加，但第二产业就业比重一直低幅度增长，33 年发展中仅提高 11.6%，而第三产业就业比重同期提高了 27%，第三产业成为我国近一段时期劳动力转移的主要领域。从世界工业化经验看，工业化中期阶段第二产业是吸纳劳动力的主要领域，而处于工业化中期的中国在第二产业的劳动力转移上贡献较小，1981 ~2014 年的 33 年中我国第二、第三产业转移就业人口分别为 23099 万人、31364 万人，第三产业转移人口多于第二产业 8265 万人。

表 3 -7　　1981 ~2014 年中国三次产业就业结构

时间＼就业比重	第一产业就业比重（%）	第二产业就业比重（%）	第三产业就业比重（%）
1981 年	68.1	18.3	13.6
1986 年	60.9	21.9	17.2
1991 年	59.7	21.4	18.9
1996 年	50.5	23.5	26.0
2001 年	50.0	23.3	27.7
2006 年	42.6	25.2	32.2
2011 年	34.8	39.5	35.7
2014 年	29.5	29.9	40.6

资料来源：根据《中国统计年鉴》（2015）计算得出。

三、城市化人口的两栖性

随着我国工业化加快，农业劳动生产率不断提高，我国有数万计的农民摆脱农业进城从事非农产业，成为一支创造无数财富、推动城市发展的新型劳动大军。然而，由于我国严格的户籍、就业、社保、住房等制度性高墙阻隔，这支从农村转移出的劳动大军不能被城市完全承认，难以被“市民化”，万般无奈地成为往返于城乡之间的“候鸟”，在城乡夹缝中不断游离栖迁，由此诞生了拥有双重身份的中国式“农民工”——亦工亦农，亦城亦乡。“农民工”在本质上是两栖性工人，人和工作在城市，根和保障在农村，情境比较特殊。国际发展经验显示，城市化的主体是农民，而我国城市化的主体是农民工，就是说我国的城市化是农民工的城市化，为此，正是由于其独特的两栖性，不少学者把我国的城市化称为“半城市化”，即不完整的、没有进行完的城市化。成功的城市化经验表明，城市化的根本内容是外来劳动力进城从业、转变身份、同城同权、定居发展的过程，而我国城市化最本质的问题是，农民转换了职业，却没有转变身份。目前，我国大约有1.5亿~1.9亿富余农村劳动力。根据国家统计局2005年进行1%抽样调查，我国流动人口为14735万人，超过全国总人口的10%，跨省流动人口4779万人，其中主体为农民工。根据第六次全国人口普查结果显示，与2000年第五次全国人口普查相比，2010年居住地与户口登记地所在的乡镇街道不一致且离开户口登记地半年以上的人口增加1.17亿人，增长81%。① 2014年我国农民工27395万人，其中外出农民工有16821万人；跨省流动的农民工7867万人，省内流动的8954万人。分区域看，中西部地区的外出农民工流动较多，西部地区的外出农民工5353万人，有53.7%跨省流动；中部地区的外出农民工6467万人，有62.8%跨省流动；东部地区的外出农民工5001万人，有18.3%跨省流动。② 在制度约束下产生的两栖性城市化群体，不仅增加了经济交易成本、加重了路径依赖，而且扭曲了城市化模式、异化了社会结构。我国两栖性城市化人口的出现看似工业化和城市化的产物，却违背了世界工业化和城市化的规律。

四、城乡价格的“剪刀差”性

“剪刀差”最初反映的是工业产品与农产品的不等价交换问题——工业产品价格高于其实际价值，农业产品价格低于其实际价值，在物价上涨中工业产品上涨幅度快于农业产品，下降过程中又慢于农业产品，形成鲜明的

① 国家统计局：《第六次全国人口普查主要数据发布》，http://www.stats.gov.cn/ztjc/zdtjgz/zgrkpc/dlcrkpc/dcrkpcyw/201104/t20110428_69407.htm。

② 国家统计局：《2014年全国农民工监测调查报告》，http://www.stats.gov.cn/tjsj/zxfb/201504/t20150429_797821.html。

"剪刀差"特征。"剪刀差"是我国长期遗留的政治经济问题。鸦片战争以后，帝国主义为剥削中国，利用扩大"剪刀差"的办法来剥削农民，不断提高工业品销售价格，降低农产品收购价格，长期以来我国工农产品形成了"剪刀差"的价格格局；新中国成立后，为促进经济赶超发展，我国采取超常规工业化战略来积累工业资本，进一步固化了工业产品与农业产品的价格比例，"剪刀差"问题不仅没有缓解反而加大；改革开放初期，我国曾用改革的办法努力解决工农业产品"剪刀差"问题，一段时期内缩小了工农产品的价格，但在长期工业经济主导下的全国价格体系难以改变"剪刀差"的格局，农产品的价格水平依然偏低，同时，老百姓潜移默化地形成了对"城高乡低"的物价共识。根据资料统计，1952～1978 年的 26 年间，国家通过工农业产品不等价交换的形式从农业中转移资金 3917 亿元，以税收等形式转移资金 935 亿元，两项合计 4850 多亿元，扣除同期国家财政支农资金，农业净流出资金为 3120 亿元。[①] 随着经济结构的演化，工农产品价格的"剪刀差"后来扩大到土地价格、工资"剪刀差"上来。20 世纪 90 年代后，随着城市化的加快，在土地财政的利益驱动下，我国农村和农业集体用地转化为建设用地过程中也出现了"剪刀差"问题，农民在土地征用中处于价格补偿的劣势，政府和企业处于土地利益的优势。在工资上，尽管价格主要由市场来决定，但在行政体制的安排下，农民工工资与城市职工工资存在着严重的"剪刀差"，差距呈拉大之势，而且城市规模越大、行政级别越高，城市工资水平总体就偏高，城乡工资"剪刀差"越大，这就是农民热衷于进大城市务工的最主要原因。2014 我国外出农民工中流入地级以上城市的农民工 10885 万人，占总数的 64. 7%，而流入小城镇的农民工 5864 人，占 34. 9%；其中，外出农民 8. 1% 流入直辖市，22. 4% 流入省会城市，34. 2% 流入地级市；其中，跨省流动农民工 77% 流入地级以上大城市，省内流动农民工 53. 9% 流入地级以上大城市。[②] 可以基本判断，我国地级市以上的城市工资普遍高于小城镇水平。"剪刀差"是中国经济的特性，这一问题的根源是城乡分治与工农差别在价格上的反映，它不但扭曲了我国市场价格体系、固化了城乡二元关系，而且大大阻碍我国城市化进程、削弱了工业化的持久动力。

---

① 佟光霁：《闭锁与破解——中国城镇化进程中的城乡协调研究》，科学出版社 2010 年版。

② 数据来自国家统计局发布的《2014 年全国农民工监测调查报告》。

第四节　中国城市化的问题与困境

我国城市化的独特性是我国城市化发展中深层次问题的集中影射。尽管我国城市化正进入发展的“黄金期”，但同时也进入了问题的高发期，存在的困境难以绕过，必须要警觉和正视。

一、城乡发展差距逐步拉大

世界经典的城市化国家在推进城市化的同时，对农村发展非常重视，并采取有效办法来缩小城乡发展差距。我国是典型的城乡差距较大的二元经济国家，尽管多年来我国对农村和农业问题高度重视，但是城乡发展的差距并没扭转，反而有拉大的趋势。下面，用二元对比系数①来分析我国城乡二元结构的变动情况。根据对我国 1952 ~ 2012 年农业、非农业主要数据计算整理显示（见表 3 – 8），我国农业比较劳动生产率小于 1，基本在 0. 25 ~ 0. 6，新中国成立后有所下降，但比较平稳，变化幅度小。我国非农业部门的比较劳动生产率大于 1，一直大于农业比较劳动生产率，新中国成立后总体也在下降，改革开放前下降的稍快些，改革开放后下降的稍慢些。通过对我国二元对比系数变化的观察（见图 3 – 6），新中国成立初期我国城乡二元对比系数为 0. 2016，到改革开放前，二元对比系数不断下降，说明这一时期我国的城乡差距不断在扩大；改革开放后，到 20 世纪 90 年代末，我国二元对比系数呈上升趋势，1984 年达到 0. 2659 的峰值，系数总体高于新中国成立初期，表明我国城乡发展差距在改革开放后 20 年左右的时间是不断缩小的；而进入 21 世纪后，我国二元对比系数趋于下降态势，系数都低于 0. 2，最低达到 2003 年的 0. 1522，表明目前我国城乡差距比新中国初期的差距还大。纵览 60 余年，我国的城乡二元对比系数好像基本没有变动，接近 0. 2 的水平。从国际经验看，发展中国家的二元对比系数基本在 0. 31 ~ 0. 45，发达国家的基本在 0. 52 ~ 0. 86，而我国目前的二元对比系数远低于发展中国家的平均水平，无论与一般发展中国家比还

① 二元对比系数，是农业比较劳动生产率与非农业比较劳动生产率的比率。一般情况，二元对比系数越小，城乡发展差距越大；二元对比系数越大，城乡发展差距越小。

是与发达国家相比，我国城乡结构的二元特征比较强烈。

表 3-8　　1952～2012 年中国城乡二元结构主要指标

年份	农业占 GDP 的比重（%）	农业劳动就业比重（%）	农业比较劳动生产率	非农业劳动比较劳动生产率	二元对比系数（%）
1952	50.5	83.5	0.6048	3.000	20.16
1957	40.3	81.2	0.4963	3.176	15.63
1962	39.4	82.1	0.4799	3.386	14.18
1965	37.9	81.6	0.4645	3.375	13.76
1970	35.2	80.8	0.4356	3.375	12.91
1975	32.4	77.2	0.4197	2.965	14.16
1978	28.12	70.5	0.4000	2.434	16.44
1980	30.2	68.7	0.4396	2.230	19.71
1981	31.9	68.1	0.4684	2.135	21.94
1982	33.4	68.1	0.4905	2.088	23.49
1983	33.2	67.1	0.4948	2.030	24.37
1984	32.1	64.0	0.5016	1.886	26.59
1985	28.4	62.4	0.4551	1.904	23.90
1986	27.2	60.9	0.4466	1.862	23.99
1987	26.8	60.0	0.4467	1.830	24.41
1988	25.7	59.3	0.4334	1.826	23.74
1989	25.1	60.1	0.4176	1.877	22.25
1990	27.1	60.1	0.4509	1.827	24.68
1991	24.5	59.7	0.4104	1.873	21.91
1992	21.8	58.5	0.3727	1.884	19.78
1993	19.7	56.4	0.3493	1.842	18.96
1994	19.8	54.3	0.3646	1.755	20.80
1995	19.9	52.2	0.3810	1.676	22.75
1996	19.7	50.5	0.3901	1.622	24.05

续表

年份	农业占 GDP 的比重（%）	农业劳动就业比重（%）	农业比较劳动生产率	非农业劳动比较劳动生产率	二元对比系数（%）
1997	18.3	49.9	0.3667	1.631	22.48
1998	17.6	49.8	0.3534	1.641	21.53
1999	16.5	50.1	0.3293	1.673	19.68
2000	15.1	50.0	0.3020	1.498	20.16
2001	14.4	50.0	0.2880	1.712	16.82
2002	13.7	50.0	0.2740	1.726	15.88
2003	12.8	49.1	0.2607	1.713	15.22
2004	13.4	46.9	0.2857	1.631	17.52
2005	12.2	44.8	0.2723	1.590	17.12
2006	11.3	42.6	0.2653	1.545	17.17
2007	10.8	40.8	0.2647	1.507	17.56
2008	10.7	39.6	0.2702	1.478	18.28
2009	10.3	38.1	0.2703	1.449	18.65
2010	10.1	36.7	0.2752	1.411	19.50
2011	10.0	34.8	0.2874	1.424	20.18
2012	10.1	33.6	0.3006	1.354	22.20

资料来源：①1978 年之后数据来自《中国统计年鉴》（2013）、《中国统计年鉴》（2009），并整理计算。②1978 年之前农业占 GDP 的数据来自论文：李勋来、李国平：《我国二元经济结构刚性及其软化与消解》，载《西安交通大学学报》（社会科学版），2006 年第 1 期。

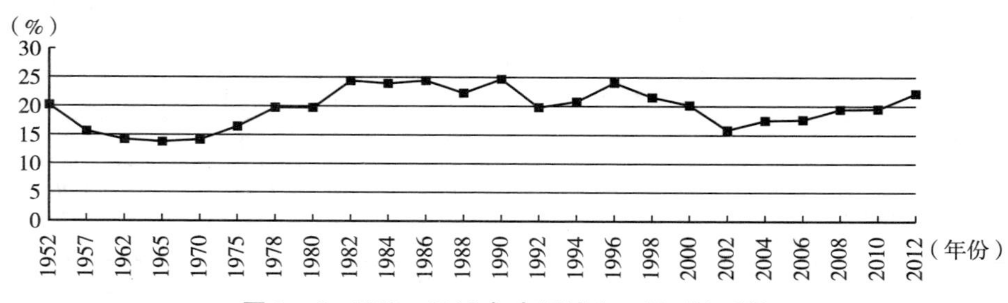

图 3-6　1952~2012 年中国城乡二元对比系数

资料来源：根据表 3-8 绘制。

城乡居民收入也是反映城乡关系的一项重要指标。从城乡收入差的绝对值看，1978 年我国城乡居民人均收入的绝对差额是 209.8 元，之后逐步扩大，2002 年差额超过 5000 元，2008 年差额超过 1 万元，2012 年差额超过 1.5 万元，2014 年差额达到 19489 元，尤其近十年城乡居民人均收入差距越来越大。从城乡人均收入比看，从改革开放初的 2.57，扩大到 2000 年的 2.79，再扩大到 2009 年的 3.33，2009 年之后城乡收入比有所缩小，但基本在 3.0 左右，城乡收入比值曲线经历了降升起伏，总体呈拉大之势（见表 3－9、图 3－7）。实际上，如果加上城市居民享受的各种福利、补贴等，城乡居民人均收入比还要大得多。国际研究表明，中国的城乡收入差距水平在世界上属于收入差距最大的经济体之一。陈斌开、林毅夫认为，由于中国城市化水平严重滞后于世界城市化水平和中国经济发展水平，从而导致城乡收入差距居高不下，要想改善城乡收入分配结构需要以推进城市化为主要抓手。

表 3－9　　1978～2014 年中国城乡居民人均收入主要指标

年份	城镇居民家庭人均可支配收入（元）	农村居民家庭人均纯收入（元）	城乡居民人均收入绝对差距（元）	城乡居民人均收入比
1978	343.4	133.6	209.8	2.57
1980	477.6	191.3	286.3	2.50
1985	739.1	397.6	341.5	1.86
1990	1510.2	686.3	823.9	2.20
1995	4283.0	1577.7	2705.3	2.71
1996	4838.9	1926.1	2912.8	2.51
1997	5160.3	2090.1	3070.2	2.47
1998	5425.1	2162.0	3263.1	2.51
1999	5854.0	2210.3	3643.7	2.65
2000	6280.0	2253.4	4026.6	2.79
2001	6859.6	2366.4	4493.2	2.89
2002	7702.8	2475.6	5227.2	3.11
2003	8472.2	2622.2	5850.0	3.23
2004	9421.6	2936.4	6485.2	3.21

续表

年份	城镇居民家庭人均可支配收入（元）	农村居民家庭人均纯收入（元）	城乡居民人均收入绝对差距（元）	城乡居民人均收入比
2005	10493.0	3254.9	7238.1	3.22
2006	11759.5	3587.0	8172.5	3.28
2007	13785.8	4140.4	9645.4	3.30
2008	15780.8	4760.6	11020.2	3.31
2009	17174.7	5153.2	12021.5	3.33
2010	19109.8	5919.0	13190.8	3.23
2011	21809.8	6977.3	14832.5	3.13
2012	24564.7	7916.6	16648.1	3.10
2013	26955.1	8895.9	18059.2	3.03
2014	29381.0	9892.0	19489.0	2.97

资料来源：根据《中国统计年鉴》（2015）相关数据计算整理。

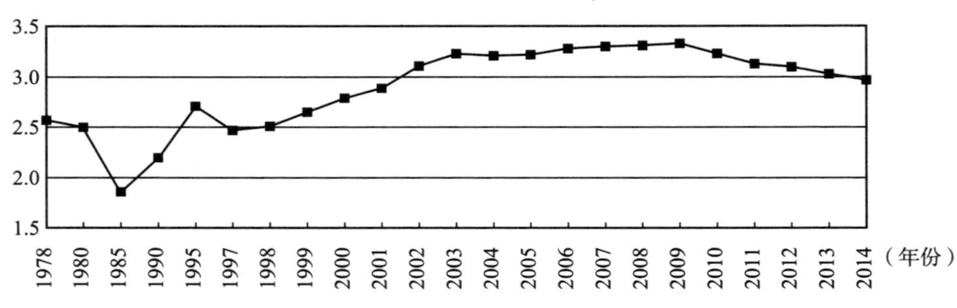

图 3－7　1978～2009 年中国城乡人均收入比

资料来源：根据表 3－9 绘制。

基于以上主要指标观察，随着我国城市化和工业化的推进，城乡经济发展都在增量上有进步和突破，但是城乡发展差距上并没有扭转，城乡二元结构特征依然显著，城乡失衡的格局基本没有改变，这表明，我国城市化带动了城市的发展与繁荣，而根本未带动农村的快速发展，工业对农业反哺的力度还不够，长期对农业的投入成效并不显著。如果城乡二元差距继续拉大，将进一步延缓现代农业的发展，势必加重农村的落后与贫困，间接影响城市和城市非农产业的发展，将积累更多的城乡对立与矛盾，严重影响国民经济的健康持续发展。当前，我国失衡的城乡二元结构正成为城市化和工业化快速推进中的最大障碍，经济社会领域的诸多发展战略都不自觉地陷入这个二元结构的包围圈之中。

二、“城市病”集中爆发

同世界其他大城市一样，近几年我国的“城市病”开始集中显现，进入爆发期。当前，市区人口在200万人以上的城市或多或少都出现了“城市病”，其中，直辖市、省会城市、计划单列市及沿海大城市表现的比较突出，不仅出现交通拥堵、水电供给紧张、房价高涨、环境污染等常见问题，还出现了城市犯罪率升高、城市贫困、城市就医、入托难等新的问题。比如，北京市随着外来人口的增多，2015年常住人口已超过2170万人，给城市带来了巨大压力。早在2010年北京市政协形成的《关于促进首都人口与资源环境协调发展的建议案》指出，交通拥堵是困扰北京市生产和生活的首要“城市病”问题，尽管这些年北京的公共交通发展很快，但新增交通供给能力很快被人口增量所抵消；能源供给也很紧张，北京市98%的能源靠外地调入，尤其是水资源更紧张，北京市实际年均用水超出年均可利用水资源；垃圾处理也处于超负荷运行状态。我国“城市病”中交通拥堵问题是首当其冲。根据《2015年度中国主要城市交通分析报告》①，从城市拥堵程度的分布来看，比较明显的特点是经济发达和人口密集的地区拥堵越严重，尤其是京津冀、长三角、珠三角的经济区拥堵最突出。抽样观测的45个大城市，测算出城市高峰拥堵延时指数②是2.06，平均车速22.61公里/小时；而北京驾车出行的上班族通勤要花费畅通条件下2倍的时间才能到达目的地，拥堵时间成本全国最高。尽管各大城市进行治理堵车现象，但治标不治本，主要是由于人口进城速度增长、汽车数量增长等因素，导致城市堵车现象未缓解，还有加重趋势。

“城市病”具有蔓延性，往往以人口快速膨胀和空间拥挤为标志，会直接

① 该研究报告由高德软件有限公司高德地图交通大数据团队撰写，以高德地图交通大数据发布平台、数据开放平台、阿里云ODPS及相关数据为基础研究形成。

② 拥堵延时指数=交通拥堵通过的旅行时间/自由流通过的旅行时间。

引发交通问题，进一步蔓延到生态环境、住房紧张、能源紧张、城市失业、城市安全等一系列问题。从短期看，“城市病”是由于城市人口快速增长导致的城市管理问题，而从长期看城市病正演变成社会问题、生态问题甚至政治问题。“城市病”不仅增加了人们的出行和生活成本，而且使城市的生活质量和幸福指数逐渐下降，有很多城市居民经常提出“大城市是否宜居?”“生活在大城市还有多少幸福感?”这样的质疑。“城市病”虽然是世界性问题，当前阶段在我国集中爆发，至少说明我国早期在城市化战略决策上存在失偏，对“城市病”重视不够，城市的规划、建设和管理工作投入不足，导致我国多数大城市对“城市病”先天性免疫力低下。

三、“农村病”不断显现

随着千百万农民进城，我国在出现“城市病”的同时，在农村也出现了“农村病”。根据《2014 年农民工监测调查报告》，2014 年我国农民工 27395 万人，其中男性占 67%，女性占 33%。分年龄段看，农民工以青壮年为主，平均年龄到 38. 3 岁，16 ~20 岁占 3. 5%，21 ~30 岁占 30. 2%，31 ~40 岁占 22. 8%，41 ~50 岁占 26. 4%，50 岁以上的农民工占 17. 1%。这表明由于大批青壮年农民工外出打工或进城安居，农村出现了青壮年劳动力过度流失，劳动力以中老年为主，农村留守的基本是老幼妇孺，“空巢村”就这样逐渐地形成。正是由于大量“空巢村”的出现，很多农村的农地常年撂荒而减产，农业生产发展缓慢甚至衰减，养老扶幼成为新的农村家庭问题，农村社会治安环境比较薄弱，农村党组织老化涣散，新型农民培育缺少人力来源，等等。比如，根据吴敏（2016）驻村工作调研报告，匀都村位于贵州省江口县桃映镇，全村共 451 户，近 1700 人，全村 50 岁以下的青壮年，95% 左右外出务工，40 岁以上的主要集中于省内，28 岁以下主要去浙江沿海打工。全村 60 岁以人口占到总人数的约 22% 以上，其中留守老人占到 40%，外出务工人员子女留守在家的情况每家都存在，老龄化、空巢化问题较严重。① 根据段成荣等（2013）研究，2010 年全国留守儿童有 6972. 75 万人，其中农村留守儿童规模达 6102. 55 万人，农村留守儿童高度集中在川、豫、皖、粤、湘等劳务输出大省，这 5 个省份留守儿童在全国留守儿童总量中所占比达到 43. 64%，且农村

① 吴敏：《破解农村空巢化、老龄化的对策与建议》，载《知行铜仁》，2016 年第 1 期。

留守儿童占该省农村儿童的比重已经超过50%，农村留守儿童中高达46.74%的孩子父母都外出，这些儿童的生活大部分由祖父母照料，而父母角色的缺失对儿童的成长极为不利。①

土地撂荒也是“农村病”的一个典型问题。以四川省巴山市为例，2014年上半年巴山统计局随机抽取25个乡（镇）77个村（社），共调查耕地面积1.55万亩，而撂荒耕地0.16万亩，占总耕地面积的10.32%，其中，恩阳区撂荒耕地161.02亩，占调查总耕地面积的17.4%；南江县撂荒耕地164.98亩，占调查总耕地面积的32.94%，问题较严重。根据调研，撂荒的一个主要原因是农村缺乏劳动力。随着大量农村劳动力进城务工，巴山市农村从事农业生产的劳动力仅占总劳动力总数的35%左右，且大部分留守劳动力在60岁以上，其中60～70岁的占在家劳动力的50%以上。② 随着城市化的加快，我国越来越多的农民被吸引进城，从而导致农民工输出地区普遍出现“空巢村”现象，无论对发展现代农业还是建设现代农村都是非常严峻的挑战。毋庸置疑的是，我国今后城市化推进绝不以牺牲“空巢村”为代价。

四、区域城市化发展差异

中国是世界上区域差距比较凸显的国家，城市化水平同样具有明显的区域差异性。从城市分布看，2014年我国东部和东北地区城市最多，共有307个，中西部城市较少，中部城市168个，西部城市178个，尤其是西部省区的地级市、县级市稀少，城市聚集度低，人口密度分布很不均且较低。从城市化水平看，我国城市化总体水平自东向西下降，2014年东部地区城镇人口33200万人，城市化率是63.64%，东北地区城镇人口6677万人，城市化率是60.83%，中部地区城镇人口18056万人，城市化率是49.79%，西部地区城镇人口17461万人，城市化率是47.4%，东部地区城市化水平明显高出全国水平约9个百分点，东北地区高于全国约5个百分点，而中西部地区城市化率都低于全国水平5～7个百分点（见表3－10）。其中，东部的长三角、珠三角、京津唐、山东半岛、辽东半岛等区域城市化水平较高，中部的武汉、中原、长株

① 段成荣：《我国农村留守儿童生存和发展基本状况》，载《人口学刊》，2013年第3期。

② 巴中市统计局：《巴中市关于农村耕地撂荒情况的调查报告》，http://www.sc.stats.gov.cn/tjxx/tjfx/sz/201407/t20140704_20856.html。

潭、关中、成渝等区域城市化水平稍高。从各省市城市化水平看，2014 年我国城市化率超过 80% 的为第一梯队，是上海（89.6%）、北京（86.4%）、天津（82.3%）三个直辖市；城市化率在 60% ~70% 的部分东部省为第二梯队，包括广东（68%）、辽宁（67.1%）、江苏（65.2%）、浙江（64.9%）、福建（61.8%）；城市化率在 50% ~60% 的部分东部、中部和西部省区市为第三梯队，包括重庆（59.6%）、黑龙江（58%）、湖北（55.7%）、山东（55%）、吉林（54.8%）、山西（53.8%）、海南（53.8%）、宁夏（53.6%）、陕西（52.6%）、江西（50.2%）省市；城市化率在 40% ~50% 的省区为第四梯队，包括青海（49.8%）、河北（49.3%）、湖南（49.3%）、安徽（49.2%）、四川（46.3%）、新疆（46.1%）、广西（46%）、河南（45.2%）、云南（41.7%）、甘肃（41.7%）、贵州（40%）；最后一个梯队是城市化率不足 30% 的西藏自治区（25.8%）。①

表 3－10　　2014 年中国城市空间结构主要指标

指标 \ 地区	东部地区	中部地区	西部地区	东北地区
总人口（万人）	52169	36262	36839	10976
城镇人口（万人）	33200	18056	17461	6677
城市化率（%）	63.64	49.79	47.40	60.83
城市总量（个）	219	168	178	88
总面积（万 km^2）	91.6	102.8	686.7	78.8

资料来源：根据《中国统计年鉴》（2015）相关数据计算整理。

从人口区域分布看，根据《中国统计年鉴》（2015）的数据，2014 年东部地区常住人口占全国总人口的 38.3%，中部地区占 26.6%，西部地区占 27%，东北地区占 8.1%，与 2000 年全国第五次人口普查数据比，东部地区人口比重呈上升态势，中部、西部、东北地区人口比重都处于下降态势。2014 年排在前五位的常住人口大省分别是广东省（10724 万人）、山东省（9789 万人）、河南省（9436 万人）、四川省（8140 万人）和江苏省（7960 万人）。由于我国人口不断

① 各省区城市化率来自 2015 年中国统计年鉴。

向东部沿海地区聚集，加速了东部与中西部间的城市化发展差距拉大，导致了我国人口在区域分布上严重失衡，这成为当前我国人口结构的一大问题。

五、社会矛盾进入多发期

改革开放以来，我国经济快速增长的同时社会领域的问题开始增多，近几年进入了社会矛盾多发期，特别是由于城市化引起的社会矛盾更加引人关注。根据我国著名社会学家陆学艺研究，如果按居住地和身份划分，我国非农户籍并住在城镇的人口占1/3，进城的农民工和离土不离乡的农民工及其家属占1/3，住在农村务农的农民占1/3。从我国社会矛盾和问题产生的原因及其当事人看，2/3的矛盾产生在第二个1/3的人群体中。2008年公安机关立案的刑事案件488.5万起，其中盗窃、诈骗、抢劫三项侵财案占80.85%，而这些侵财案件中70%以上发生在城市和城乡接合部，在这些案件中抓获的犯罪人70%以上是流动人员，在这些抓获的犯罪流动人员中70%以上是农民工，而且这些被盗窃、被诈骗、被抢劫的受害人70%以上也是农民工。[①] 这四个70%以上的事实可以揭示，我国大部分社会问题和矛盾的产生的主要深层次原因来源于不合理的城乡二元结构、不合理的城乡户籍体制。由于这些不合理体制的存在，我国城市化进程中的失地、失业和失房问题成为引发我国近一段时期社会矛盾的主要原因，成为社会关注的焦点。尽管各地都高度重视并积极治理“三失”问题，但是一系列本源问题没有根治，城市化中积累的社会对立关系和矛盾难以化解。长期以来，由于我国部分领域的社会公平和正义不能实现，民众尤其是弱势群体积压了强烈的社会不满情绪和仇富仇强心态，再加上我国法律及体制不健全、国民素质不高等因素，不断激发和误导一些人铤而走险、以身试法，给社会产生不稳定因素。社会矛盾往往源于利益分配不均，而正是由于我国城市化进程中重大利益关系的协调不均衡，加重了我国城乡、区域、不同群体间的对立关系，导致了社会矛盾的不断频发。

六、小结

美国经济学家道格拉斯·诺思认为，“历史是重要的。其重要性不仅在于

① 陆学艺：《中国城市化路径的再检视》，载《北京日报》，2011年5月23日。

我们可以从历史中获取知识，还在于种种社会制度的连续性把现在、未来与过去连结在一起。”① 纵观我国 60 多年的城市化轨迹，我国城市化既有世界城市化发展的共性，也有中国自己的个性，中国独特曲折的城市化进程已经揭示，中国并未走上发达国家那样的经典城市化道路。究其症结，原因很多，但笔者认为制度因素最为突出，可以说中国过去的城市化是中国现代化进程中经历的一场深刻的制度变迁过程，其中遇到的巨大阻力、出现的重大问题、暗藏的深层次矛盾都无不与制度因素密切相关，无不与制度演化框架下的经济约束密切相关。为破解中国城市化出现的重大难题，尽快走出面临的困境，急需从制度视角研究中国城市化的过去与现在，寻觅问题的根本原由。

① ［美］道格拉斯 · C. 诺斯：《制度、制度变迁与经济绩效》，格致出版社 2008 年版。

第四章

中国城市化发展的制度约束

中国城市化的道路、方针、特征、问题在根源上几乎无不是中国制度的产物，而城市化进程中的独特现象和突出问题也几乎是中国制度缺陷的集中表现。美国经济学家道格拉斯·诺思认为，“制度变迁决定了人类历史中的社会演化方式，因而是理解历史变迁的关键”，“尽管我们生活在一个制度变迁速率甚快的世界中，但变迁在边际上可能宛如冰川移动般缓慢，以至于我们须以历史学家的眼光观察问题，方能察觉。”① 正如道格拉斯·诺思所言，影响中国城市化发展的制度缺陷须从复杂的中国历史变迁中才能透视。中国城市化存在的制度问题既有“先天性”制度供给缺失，又有“后天性”制度供给不足。

第一节　中国城市化发展的制度基础

一、政治制度相关基础

政治制度是一国的立国制度，是国家的制度之基，贯穿国家建立和发展的始终。政治制度是关于国家权力的性质组织、分配、运作等方面的规范法度，主要是指国体和政体的统一。中国是发展中国家，政治文明建设是过去、当前和今后国家建设的重要任务，在过去60多年国家建设中我国的制度环境能折

① ［美］道格拉斯·C. 诺斯：《制度、制度变迁与经济绩效》，格致出版社2008年版。

射出不同视角的政治色彩。从国体和政体看，中国的国体是工人阶级领导的、以工农联盟为基础的人民民主专政的社会主义国家，政体是人民代表大会制，这就表明我国民主政治的根本意图：社会发展的目的要代表广大人民的意愿，为了广大人民创造财富，社会发展要以工农为支撑并且工农不能分离。列宁认为，政治是经济的最集中的表现。然而，从城市化的视角看，几十年来我国城市化发展并未完全体现城乡人民的集中意志，城市化推进中缺乏工农合作意志，缺少农民的集中意愿。从历史事件看，新中国成立后一段很长的时间内我国的发展路线是以政治路线为纲目，期间我国出现过“大跃进”运动、人民公社化运动、“三线建设”“文化大革命”等历史，这些虽不是政治制度建设的内在需求，但严重影响和动摇了我国的政治制度基础，扰乱了正常的生产和生活，阻碍了经济发展和城市建设。从政绩考核看，改革开放后我国迅速把发展放在经济建设这个中心任务上来，所有省市突出抓经济发展，所有政绩考核突出经济指标，通过制度设计和制度考核形成了中国特色的激励机制和约束机制。实践表明，长期以来我国自觉或不自觉地形成了重城市、轻农村，重经济、轻社会，重速度、轻质量，重建设、轻规划，重发展、轻治理的考核导向，特别在经济领域存在着重工业、轻农业，重投资、轻消费，重出口、轻进口的考核导向。政绩考核是发展的“指挥棒”，却又是“双刃剑”，正是由于我国过去偏激的制度考核，诚然实现了经济的快速发展和城市的进步繁荣，却助长了经济结构、社会结构、城乡结构的失衡。总之，由于政府机构自身存在有限理性、知识局限、官僚政治、意识形态刚性、集团利益冲突，一些强制性制度安排违背了一致同意原则，国家建设中的政府行为难以完全符合国家政治制度的意图。不可否认，浓厚的行政制度环境长期影响着我国城市化加快发展的进程。

二、经济制度相关基础

从我国经济制度变迁看，新中国成立后我国经历了由计划经济体制向市场经济体制过渡，基本形成了社会市场经济体制。在计划经济时期，我国所有的经济活动都由政府下指令、作计划来实施。在城市，工业、服务业生产完全靠计划手段来指导和管理，在农村，实施人民公社制的生产组织，尽管计划经济制度曾在历史上创造了不少业绩，但计划的体制机制极大降低了生产的效率、挫伤了众多劳动者的生产积极性、导致了众多资源的浪费甚至毁灭，严重束缚了经济发展活力，无论城市还是农村都为低效的计划经济体制机制付出了代价。在市场经济体制时期，这一阶段是计划经济向市场经济过渡过程，我国采用改革开放的手段推动经济渐进式转变。为创造市场化的微观经济基础，我国率先在农村实施改革，打破了人民公社制度，实行了家庭联产承包责任制度，即农户以家庭为单位向集体组织承包土地等生产资料和生产任务的农业生产责任制，这一制度不但发挥了集体统一经营的优越性，而且调动了农民的生产积极性，使传统农业经济实现大的发展和跨越。接着，20 世纪 80 年代中期我国又开始了以市场为导向的经济体制改革，不断扩大国有企业经营自主权，积极发展壮大非公有制企业。为创造市场化的宏观经济基础，我国从改革价格管理体系入手，不断理顺城乡价格关系，完善反映市场价值的价格体系。同时，我国开始注重加强宏观经济调控，运用金融、财政、行政等手段应对出现的经济非正常波动。经过十几年的摸索，党的“十四大”提出了我国经济体制改革的目标是建立社会主义市场经济体制。在国家宏观经济调控下市场对资源配置的决定性作用逐渐显现，我国市场经济体制改革不断接轨国际、面向城乡，朝着完全市场化的方向转变。但是，经济体制转轨非朝夕之功，是一个长期的制度变迁过程。目前，我国处于社会主义初级阶段，经济社会发展仍面临着诸多体制性障碍，市场经济体制还不完善，比如，国有企业改制不彻底，城乡收入分配制度不合理，一体化的金融市场远没有建立，准确反映市场需求的价格体系存在不少缺陷，以城市为重点的投资体制基本没变，面向农村的流通市场比较封闭，家庭联产承包责任制遇到了新的挑战，以上问题的主要原因在于，我国滞后的经济体制改革推进较慢，新的经济体制供给不足，政府干预微观经济事务仍然较多。

三、社会制度相关基础

中国封建社会长达2000 多年，尽管王朝更替、历史变迁，但封建社会的意识传承和农耕社会结构长期未变。20 世纪以前，我国是典型的农业社会，农民、农业、农村处于整个社会结构的主导地位，农村是社会经济活动的中心，社会生产和生活方式相对稳定，城乡二元结构比较稳定。随着近代工业及商业的出现，尤其是西方帝国主义列强进入中国后，城乡分工逐步细化，城乡贸易经济交流范围扩大，城乡人口流动频繁，同时，城市殖民者、统治阶级对农村的剥削更加残酷，加上连续多年战乱，整个 19 世纪中叶到 20 世纪中叶，中国农村的落后和城市的繁荣形成了鲜明对比，城乡社会服务、教育卫生、生活水平和收入水平等方面的差距越来越大，形成严重的城乡二元社会结构。[①]新中国成立后，为缓解城乡关系、缩小社会差别，我国实施了一系列措施，但是被新中国初期的重工业战略和限制农民流入城市战略安排所阻隔，为推进这种战略安排顺利实施，我国设置分配、产权、教育、就业、社保、价格等配套互补的制度手段，形成了支撑城乡二元格局发展的社会制度网络，将我国长期形成的城乡二元社会结构进一步固化，使农村社会更加封闭与滞后。改革开放后，我国经济体制率先转轨，城乡结构、人口结构、就业结构、社会阶层结构等社会结构开始转型，即由传统农村社会向现代城市社会开始转型，不过刚性的城乡二元结构并未松动，城乡社会发展差距仍然很大，总的表现是，社会发展水平滞后于经济发展水平，农村社会发展水平滞后于城市社会发展水平。正是由于我国漫长的城乡社会结构变迁并未改变城乡二元社会分治的根本格局，农村社会群体变得更加弱势、谦卑、落后，城市社会群体变得更加强势、高傲、先进。在反差如此大的城乡二元社会结构中，久而久之我国城乡居民会形成两种迥异的城乡社会意识形态，城市社会对城乡社会差距的共识会认为是习以为常甚至合理，而农村社会对于城乡社会的差距会认为命运如此、无奈接受或者极度不满。美国经济学家道格拉斯·诺斯认为，经济变革发生的重要原因是，“由于意识形态观点的演进，使个人和集团关于其地位公平合理的看法大相径庭，结果他们各行其是”。[②] 这样的城乡社会意识形态的存在，无论对于以城市为绝对主导的制度安排，还是对城乡人们的社会行为都具有广泛而深远的影响。

第二节　中国城市化发展的制度因素影响

一、国家改革与发展方针对城市化发展的影响

在我国复杂的政治、经济和社会制度基础和背景下，我国一直在探寻城市

① 佟光霁：《闭锁与破解——中国城镇化进程中的城乡协调研究》，科学出版社 2011 年版。

② ［美］道格拉斯·C. 诺斯：《经济史上的结构和变革》，商务印书馆 2007 年版。

化发展的有效路径，战略方针变换多次，走了不少弯路，对实践产生了重大误导，致使城市化道路呈曲折性发展。

苏联模式影响。苏联是世界上第一个社会主义国家，从苏联的建党到建国，都一直是中国的学习对象。新中国成立初期我国一穷二白，为迅速摆脱落后局面我国过分相信和依赖苏联经验，经济发展偏向工业特别是重工业，而淡视城市服务业、城市配套设施建设。在苏联影响下，我国选择了优先发展重工业的战略，并把不少消费城市转变为生产城市。经过社会主义改造后，新中国初期的消费性城市（北京、西安、南京、杭州等市）、消费生产混合型城市（上海、青岛、大连等市）、生产型城市（长春、哈尔滨、无锡、石家庄等市）都逐步向单一的生产型城市转变，导致当时一个较长时期大部分城市功能不全、结构失调、设施不全，成为单纯的工业基地或重工业基地。由于服务业受到冷落，特别是城市商业不繁荣，城市吸纳劳动力少。根据林毅夫教授的研究，重工业每亿元投资提供 0.5 万个就业机会，只及轻工业的 1/3，国有企业每亿元提供 1 万个就业机会，只及非国有企业的 1/3。① 新中国成立初期，虽然城市发展较快，但并没有带来人口城市化的快速发展。

“大跃进”影响。在“左”的思想影响下，1958 年我国出现以高指标、瞎指挥、浮夸风和共产风为主要标志的“大跃进”运动。1958 年 5 月中共八大二次会议提出用 15 年的时间“超英赶美”的雄心壮志，并通过了“鼓足干劲、力争上游、多快好省地建设社会主义”的总路线，这一路线虽是想尽快改变我国经济文化落后状况，但超越了客观发展规律。随后，全国出现了大炼钢铁、广建人民公社的高潮。

三线建设影响。20 世纪 60 年代中期，国际政治、军事局势一度紧张，中央为加强国防备战，提出了“三线建设”，即沿海一线工业要搬迁，中部二线、西部三线要加强，实施了“山、散、洞”的产业布局模式，向全国发出“备战备荒为人民”“好人好马上三线”等口号，号召人们前往三线地区，由于众多项目建设都在偏远内陆和偏远山区，导致了大量项目和人员远离城市，城市也从“集中”建设转向“分散”建设。正是由于“三线建设”的原因，我国较长一段时期内城市建设严重滞后于经济建设。

“文化大革命”影响。1966～1976 年历时 10 年的“文化大革命”，使国家

① 陆大道：《中国区域发展报告——城镇化进程及空间扩张》，商务印书馆 2007 年版。

和人民遭到自新中国成立以来的空前灾难，武斗、造反、打砸抢、停工停产等政治动乱严重冲击和破坏了生产，经济发展缓慢，城市化受阻。全国性“上山下乡”运动进入高潮，“文革”中上山下乡的知识青年总数达到1600多万人，这是人类现代发展史中罕见的从城市向乡村的一次人口大迁移，严重延缓了城市化进程。

发展小城镇方针。在长期“小农意识”影响下，我国有偏爱小城镇的倾向，甚至在理论上认为“发展小城镇是中国城市化发展的唯一道路”①。从20世纪50年代起，国家政策倾向于小城镇建设。1955年中央发出《坚持减低非农业性建设标准》，为贯彻这一指示，国家建委提出“今后建设的城市原则上以中、小城镇和工人镇为主，并在可能的条件下建设少数中等城市，没有特殊原因，不建设大城市”，到1978年之前我国城市建设一直坚持这样的基调。1978年全国第三次城市工作会议召开，确定了“控制大城市规模，多搞小城镇”的城市建设方针，仍坚持小城镇为主的发展方针。1950～1980年全世界城市人口比重由28.4%上升到41.3%，其中发展中国家由16.2%上升到30.5%。然而，我国这一时期城市人口比重仅从11.2%上升到19.4%，城市人口增长不快，主要原因是受发展小城镇方针的影响。

控制大城市方针。1980年全国城市规划会议把“控制大城市规模，合理发展中等城市，积极发展小城市”作为国家城市发展总方针，第一次对大中小城市如何发展定调。随后几年，我国大城市规模仍快速膨胀。1989年国家明确把“实施严格控制大城市规模、合理发展中等城市和小城市的方针”写入我国城市规划法，而这种控制大城市的方针并没有遏制住大城市继续扩张，在市场力量和行政力量博弈下，大城市规模继续扩大。直到1996年，国家控制大城市的方针有所松动，在“九五”计划中提出“逐步形成大中小城市和城市规模适度，布局和结构合理的城镇体系”。进入21世纪后，国家才摸索出大中小城市和小城镇协调发展的城市发展方针，成为当前中国新型城市化发展道路的核心指导思想。

二、国家体制转轨对城市化发展的影响

计划体制向市场体制转轨中我国经济体制面临全方位考验与挑战。经济转

① 周一星：《城市地理学》，商务印书馆1997年版。

轨初期，我国把加快经济发展作为所有工作的中心任务，把发展城市经济作为国民经济发展的最重要的内容，那么转轨阶段设计的体制机制是为经济发展服务的。如同其他发展中国家一样，为迅速推动经济崛起，我国在过去30多年走的是一条重开发、重速度、重形式的粗放式经济发展道路。在经济增长方式上，重投资拉动、轻消费拉动，重出口拉动、轻进口拉动；在产业投入机制上，重工业、轻农业和服务业，重大企业投入、轻中小企业扶持；在融资方式上，重银行间接融资、轻市场化直接融资，重政府借贷、轻民间借贷；在招商方式上，重外资、轻内资，重项目落地、轻项目产出，重引进资金、轻引进智力。在资源环境的可持续发展上，重利用、轻保护，先破坏、后治理。在城市开发体制上，重建设、轻管理，重地上开发、轻地下投入，重城市规模发展、轻城市结构优化。在以经济增长为导向的体制机制驱动下，我国这种粗放经济发展模式进一步自我锁定，不利于经济发展质量的提高，不利于城市集约化发展，特别是投资、税收、规划等领域体制机制的不完善对我国城市化发展具有重大影响。

固定资产投资体制偏好。对于发展中国家来说，投资是拉动经济增长的捷径和有效手段。多年来我国经济增长主要依靠投资拉动，而靠投资拉动的主体又是城市，特别是东部沿海地区的城市，主要原因是在市场机制和政府主导作用下我国重大项目投向城市、投向东部沿海地区，而对农业和农村基础设施投资偏低，导致了我国“城多乡少、东多西少”投资格局。长期以来城市是投资的主要领域，而在市场化的推动下，城市的投资占比不断增加，农村的投资占比不断减小，比如，1995年我国农村固定资产投资占全社会固定资产投资的比重为21.9%，2000年农村投资占比下降到20.3%，2005年下降到15.4%，2009年下降到13.7%，就是说，近10年我国固定资产投资的80%左右都投在城市。[①] 毫无疑问，这样的城乡严重失衡的投资结构对于城乡统筹发展是很大的障碍，其根本问题在于完全市场机制驱动的投资管理失控，“看不见的手”已着实让城乡发展背向而驰，而政府“看得见的手”并未进行有效干预，缺失城乡和区域投资调控机制。

税费体制偏向。我国几十年来的财税制度不仅造成了区域间、城乡间的“鞭打快牛”“苦乐不均”的差异局面，强化了对“诸侯经济”的激励，而且造成了中央和地方政府之间出现“大马拉小车”和“小马拉大车”的失衡格

① 国家统计局：《中国统计年鉴》（2010），中国统计出版社2010年版。

局。尤其是实施分税制以来，地方财政占财政总收入的比重急剧下降，由1994年前约占财政总收入的70%下降到当前47%左右，而地方财政支出比重上升为70%左右，使地方本级收入和地方预算支出之间存在巨大的财政缺口（王有强、卢大鹏、周绍杰，2009）。主要原因是，现行征税权、税收征管权高度集中于中央，地方税权名不副实；事权与财权的不匹配、不统一，没有真正做到"一级政府、一级事权、一级财权"；中央对地方的转移支付制度仍不健全。这种财政体制加剧了政府之间的利益争夺，扭曲了政府行为和市场行为，特别是引发了各地纷纷上马生产高税项目和价高利多的项目，从而加速了重复建设、地区封锁和产业同构。2006年我国农业税取消，对中国农民来说是天大的喜事，农业税取消后造成了以乡镇为代表的基层财政收支出现困难，很多基层政府财政状况基本是"吃饭财政"，因此，以财税支撑的农村改革领域推进缓慢，很多乡镇开始变相收取税费，把注意力转向农村土地，实施以土地换财政策略，这种做法在经济发达地区已开始盛行起来。比如，我国房地产业涉及增值税、企业所得税、个人所得税、房产税、城镇土地使用税、城市房地产税、印花税、土地增值税、契税、耕地占用税等，在"土地财政"驱动下，很多地方政府为了较快增加地方财政收入，积极发展房地产业，同时千方百计征用土地，导致城市土地快速扩张，土地城市化明显快于人口城市化，失地农民越来越多。正是国家和地方税制的偏好，使得土地直接或间接地成为利益集团青睐的对象，那么土地逐渐成为我国城乡关系的利益交汇点和矛盾激发点。

规划体制不合理。规划是发展的龙头，规划的不科学将影响发展全局。目前我国规划体制存在两个主要问题。一是规划缺失。在计划年代的重城轻乡的影响下，改革开放后我国的发展规划只有城市规划，没有农村规划，使得农村的系统性发展长期不能进入地方政府的议事日程。直到2007年我国才出现了一部能够体现城乡公平发展的《城乡规划法》。尽管我国出台不少经济社会发展规划、区域发展规划、城市规划，然而随着城市化、市场化的推动，我国空间发展呈现失衡的态势，但是目前我国还没有以土地和人口为重点的空间管制规划来引导和管治空间均衡发展。二是规划不协调。我国省级人民政府所在城市、一百万人口以上的城市及国务院指定的城市的总体规划一般由国务院审批，而地方的经济社会发展规划、部分专项规划一般由地方人大或政府决议通过，由于城市发展是经济社会发展的重要组成，这就难免造成地方城市发展难以按照国务院批复的城市规划来执行，特别是地方党委、政府的定期换届对原来规划执行产生重大影响，规划有时也就随之更改。目前我国的发展规划缺少法律依据，没有法律的强制约束，执行力不够。

第三节　中国城市化发展的制度约束

一、二元体制刚性制约

二元经济体制的刚性约束是中国城市化进程中存在的最大障碍。新中国成立后，在重工业优先发展战略和浓厚的计划经济环境孕育下，催生了重城市轻农村、重工业轻农业的各种制度安排，特别在资源配置、价格制定、市场管治等方面具有明显的极端性，从而导致了农业劳动生产率低下，农村剩余劳动力向非农产业转移缓慢，城乡差距鸿沟日益拉大，城市化动力明显不足。美国经济学家费景汉（John C. H. Fei）和古斯塔夫·拉尼斯（Gustav Ranis）认为，农业生产率提高而出现农业剩余是农业劳动力流入工业部门的先决条件，传统农业应加快向现代农业转变，应保持与工业均衡发展。[①]然而，由于我国刚性的二元经济制度的存在，加快了工业与农业协调发展的变轨脱节、城市和农村互动发展的背向分离，产生了诸多城乡领域的“诺斯悖论”[②]，形成了当前我国城市化“孤军奋战”的局面，极大型塑了城市化的独特性。在冰火两重天的二元经济体制下，由于对城市投入的长期偏爱和贪婪，对乡村资源的无限索取和吞噬，使我国城市化始终难以从城乡统筹中获得全方位保障和动力支持。改革开放以来，尽管经济高速发展持续了三十余年，但国民经济分配重工轻农、重城轻乡的格局并未改变、工业对农业的索取并未减少、城市对农村的剥夺并未停止，农民的国民待遇始终未能解

① 张培刚、张建华：《发展经济学》，北京大学出版社 2009 年版。

② 按照道格拉斯·诺斯教授对“诺斯悖论”的解释是，没有国家办不成事，有了国家又有很多麻烦，也就是说，如果给国家权力，让它强制执行合同或其他规章，它就会用自己的权力强制性施加影响，造成经济效率不高的现象。诺斯悖论可以理解为，国家是一种强制性的制度安排，主要界定形成产权结构的竞争与合作的基本规则，没有国家就没有产权，同时国家介入产业安排和产权交易，又是对个人财产权利的限制和侵害，就会造成所有权的残缺，导致无效的产权安排和经济的衰落。

决，二元经济体制依然坎坷重重，城乡居民收入差距还在继续扩大，缩小城乡差距的拐点还没有出现。

二、户籍管理制度严厉封锁

中国是世界上极少数实行严格城乡户籍管理制度的国家。新中国成立初期，国家为控制农民盲目流入城市，于1958年颁布了《中华人民共和国户口登记条例》，我国从此出现了“非农业户口”和“农业户口”，这标志着我国限制农民向城市流动的户籍管理制度正式形成。1964年，国务院批转《公安部关于处理户口迁移的规定（草案）》，进一步划分了城乡间人口迁移的界限，20世纪六七十年代我国人口自由流动几乎停滞，主要原因是，城市的柴米油盐等供应都必须凭户口粮票证取得，没有票证人们无法在城市生存，同时教育、就业、福利、保障等开始与城乡户籍挂钩，进一步固化了城乡分治结构。为缓和城乡人口限制流动的形势，1977年国务院第一次提出“农转非”政策，随后公安部规定了“农转非”的控制指标，即每年农村迁入市镇的“农转非”人数不得超过现有非农业人口的1.5‰，但由于进城指标极少，城市户籍封锁依然如铜墙铁壁。

改革开放后，随着农民开始进城务工，我国户籍管理制度的坚冰开始破缝。1984年国务院批转公安部《关于农民进入城镇落户问题的通知》规定，有经营能力、有固定住所或有乡镇企业单位长期务工的，公安机关应准予落常住户口，及时办理落入户手续，发给《自理口粮户口簿》，统计为非农业户口。这一《通知》成为我国“城门户籍放开”的重要标志，之后国家又出台了鼓励农村劳动力流动的政策和措施，有不少农村人口陆续进入城市。1989年后，由于我国流动人口增多，人口流动呈现盲目性，同时国家对经济过热进行宏观调控，一段时期内国家对户籍管理进行了控制，重点是出台了一系列政策来引导农民工有序流动。

党的“十六大”召开后，为加快城乡统筹发展，2002年后我国户籍管理制度开始松动，不少省市纷纷降低外来人口的落户“门槛”，在一段时期、局部地区、特定条件下取得一定成效，到2010年河北、辽宁、山东、广西、重庆等12个省（自治区、直辖市）已经取消了农业户口和非农业户口的户籍划分，都统称为居民户口。不过，“居民户口”仅仅是人口登记的一种制度表现，这些省市在根本上并没有与户籍制度连体的城市福利制度搞好衔接与配套，也就是农村居民户口享受不到与城市户口配套的就业、教育、社保等制度福利。

总的来看，我国在户籍改革上尽管做了多种多样的尝试，但僵化单一的户籍管理制度没有彻底松动。严厉的城乡分治户籍管理制度是制约我国城市化最直接、最突出的因素。

三、土地管理制度显著缺陷

英国经济学家威廉·配第（William Petty）曾说过“土地是财富之母”。实践表明，土地作为重要的生产资料，在我国社会主义建设初期发挥的作用很大。制度经济学家张五常甚至认为“一个发展中国家，决定土地使用的权力最重要。没有土地就没有什么可以发展。”[①] 土地是城市化的载体，而长期以来土地使用权的相对静态归宿和单一利用刚性与严厉户籍管理制度的结合构成城市化进程的重大阻碍。而由于土地利益的诱惑，随着我国城市化和工业化的加快推进，有很多人去钻营我国土地制度的漏洞，有很多人去故意冲破我国土地制度的底线，使土地制度的滞后性和残缺性暴露无遗。

一是产权界定不清，土地使用权能普遍受限。我国土地制度具有鲜明的城乡二元性。我国土地产权分为城市国有土地和农村集体土地，在城市化进程中，如果农村集体土地变为建设用地或非农业用途，必须转换为国有用地，也就是说，我国农村集体所有土地的所有权并不完全，虽具有“国有”性质，农民只具有占有权、使用权、受益权，而多数情况没有处分权。到目前为止，我国没有一部法律能界定农村土地产权的真正归属和准确转换问题。比如，我国宪法规定，“城市的土地属于国家所有。农村和城市郊区的土地，除由法律规定属于国家所有的以外，属于集体所有；宅基地和自留地、自留山，也属于集体所有。国家为了公共利益的需要，可以依照法律规定对土地实行征收或者征用并给予补偿。”事实上，由于我国农村土地是承包到户，而每个农户土地的性质既不是私有，也不是完全公有，从而使土地承包制的集体所有性质直接导致土地所有权虚化。地方政府为了经济利益和政绩考核经常直接插手土地经营，对农户而言，土地产权的模糊、承包期的不稳定所导致土地使用权不稳定直接损害了土地其他权能

① 张五常：《中国的经济制度》，中信出版社2009年版。

的发挥。

二是征地制度缺陷，农民土地权益受损严重。城市化势必带动土地大规模扩张，尤其对农用地、农村宅基地侵占较多。根据我国法律法规，土地一级市场由政府垄断，对土地原用途进行补偿由政府执行，再加上国家将集体用地转换为建设用地时难以确权公益性和经营性用地，那么，政府无论是否借公共利益需求为借口都具有对土地征收的权力，也可以把农民完全排除在土地增值收益的分配之外，从而造成了政府征地既有依据又有手段、农民失地既合法又无利的畸形局面。正是征地的制度性缺失，地方政府以及土地主管部门在征地中常常采取非法手段进行暴力征地、“化整为零”征地、克扣补偿费征地，农民受到了巨大的土地权益、财产保障、人身安全等损害，政府以及土地征用利益集团却得到了巨大利润，这也是“土地财政”“土地寻租”“土地上访”等问题的根源所在。根据卫星遥感资料，我国各地违规用地数量一般占用地总量的20% ~30% 。① 我国农业用地转化为建设用地在形式上看似行政征用的过程，但在实质上应是农户土地权益的平等转换过程。可见，农民权益需要得到严格的征地制度保障。

三是土地流转机制缺省，土地资源动态规模利用与优化配置的实现机制远未建立。土地流转是发展现代农业、解放更多富余劳动力的重要手段。城市化势必要求加快土地流转，而土地流转是一把“双刃剑”，流转得好能加快农业产业化发展，若流转得不好会引发重大经济社会问题。由于我国地区差异性大、农村土地情况千差万别、土地流转的形式各不相同，城市化对土地流转需求的工作难度加大，在实践上有成功的也有失败的。目前我国城市化进程中出现的主要问题是，借土地流转之名进行大规模圈地，土地流转没有合法手续，土地流转市场不健全，土地流转的金融、技术等配套条件支持不足。目前以产权为核心的土地流转工作仍在艰难起步中，探索建立具有区域特色的土地流转机制显得尤为重要和紧迫。

四、城乡社会保障制度严重滞后

社会保障是一种公共产品，是每个公民应有的一项基本权利。我国现行的社会保障制度是以城镇职工为重点来进行的，目前基本建立起社会保险、

① 国务院发展研究中心课题组：《中国城镇化：前景、战略与政策》，中国发展出版社2010年版。

社会救济、社会福利、社会优抚、最低生活保障为主要内容的城市社会保险体系，然而，在农村实行的是以家庭保障为主、集体与国家为辅的社会保障制度，从享受到的现代社会保障的主体内容看，农村社会保障与城镇社会保障之差别犹如鸿沟，具有鲜明的城乡二元保障制度差别，农村的社会保障体系还没有真正形成。随着城市化的加快，市场经济创造无穷财富的同时又把大批进城农民工和失地农民带入风险更大的市场之中，当前我国二元保障体制不能适应城市化发展的需求。就城市化发展看，我国城市社会保障有如下两大突出问题。

农民工社会保障问题。由于农民工在身份上不是城镇职工，这一群体被排斥在城镇职工社会保障制度之外。当前我国农民工参加社会保险的水平总体较低，即使参保，根据所需也各有侧重，首先是工伤保险，其次是医疗保险，养老保险和失业保险较少，而女性农民工参加生育保险更少，根据国家统计局监测，2009 年雇主或单位为农民工缴纳险种中，参加工伤保险的农民工占全国的 21.8%，参加失业保险的农民工占全国的 3.9%，参加医疗保险的农民工占全国的 12.8%，参加基本养老保险的农民工人占全国的 7.6%，参加生育保险的农民工占全国的 2.3%。由于农民工群体的特殊性，我国农民工参保遇到了不少困难和问题：因参保费总体偏高，针对农民工低标准进入、渐进式过渡的准入保障机制缺失；因农民工跨区域工作变动频繁，原社保关系难以转移接续，权益经常受到损害，而且退保现象经常发生；还没有完善的农民工大病医疗保障和养老保障机制；针对农民工的社会福利、社会救助制度目前是缺失的；因农民工在建筑、煤炭、矿石采掘、化工等行业中经常出现职业病，企业及雇主“逃保漏保”现象严重，致使这些行业的工伤保险率偏低，目前这些行业的工伤保险缺少强有力的监管机制。

失地农民工社会保障问题。失地农民是城市化进程中诞生的一个新群体，在本质属性上它既不属于城市居民，也不属于农民，是生活在城乡边缘的特殊群体。根据估计，我国完全失去土地或部分失去土地的农民可能高达 4000 ~ 5000 万人。[①] 失地农民的出现尽管是城市化进程中的常见现象，但是不少失地农民安置现象在我国并非合法合规、合情合理。在我国征地中，采取最多的办法是一次性货币安置，而就业安置、入股安置、土地置换安置较少，社会保障

① 韩俊：《失地农民的就业和社会保障》，载《中国经济时报》，2005 年 6 月 24 日。

安置更少。当前我国失地农民普遍面临的问题是“务农无耕田、工作无岗位、失业无保障”，生活和生存面临很大压力，特别是缺少社会保障这一“安全网”。尽管有些省市探索建立了失地农民的社会保障制度，而全国范围内对失地农民还没有统一有效的解决办法，当前我国失地农民的保障现状充其量是“生活保障”。

五、城市就业管理制度严重缺位

就业是民生之本，差别化的就业准入条件影响就业的公平性。在我国，城市是就业的主阵地，外地人进城特别是农民工进城经常遇到不平等待遇，无论在制度设计和市场准入上还是在招工方式和行为上，很多城市存在“先本地、后外地”“先城市、后农村”的劳动就业安排。

从劳动准入看，市民与农民工就业的准入条件、工种选择、工资水平、工作时间、工作环境有很大差别，城市对农民工具有明显的就业歧视，主要表现为工资、雇佣、职业的歧视，工资偏低、工资拖欠严重、劳动时间长、劳动安全条件差等现象很普遍，当前我国农民工在整个就业阶层中处于劣势。

从就业结构看，我国农民工主要分布在建筑、制造、纺织、餐饮、零售、装潢、家政、运输等行业，总体上属于就业结构的低端领域，基本是劳动密集的行业。从劳动关系看，我国农民工很少签订劳动合同，多是由包工头领队、施行口头承诺形成的契约关系，当农民工遇到不公平待遇时发生纠纷较多，劳动维权难以得到法律捍卫。

从就业信息发布看，我国就业信息发布重点面向城市，农村一直是就业信息发布的薄弱区域，一些偏远地区的农村获取就业信息渠道更窄，而且时间很滞后。尽管我国出台了不少消除农民工歧视的意见规定，但是现有的就业组织管理体系、公共就业服务体系、社区管理服务体系、劳动执法监察体系等多是为服务城市居民就业建立的，当前整个就业管理和服务体系难以适应城乡一体化的需求。

农民工进城的第一“门槛”就是就业与生存，进城务工农民的就业待遇问题是当今中国社会的一大不公平现象，根本原因在于城市就业制度的缺位。由于制度原因，我国城市内部存在二元的劳动力市场，农民工就处于就业质量不高的二级劳动力市场，收入低下、就业不稳定，生活在城市却享受不到城里人的诸多权利，容易对城市产生不满情绪。尤其是新生代农民工群体，他们长期无法融入城市主流群体，社交生活仅能局限于农民工这个群体之内，对城市生活过高的心理预期与现实情况的巨大落差，很容易造成心理不平衡，成为社会的不和谐因素。

六、城乡教育管理制度严重失衡

美国著名的城市化专家布赖恩·贝利（Brian J. L. Berry）认为，“教育无疑是一个长期的、艰苦的过程，但它又是一个充满希望的过程，并能够形成现代民族的基础。”① 诚然，一个追求文明社会的民众理应获得教育，更要获得普遍公平的教育。一方面，在我国城市化推进中农民工子女教育成为新的社会问题。在城市中小学教育管理上，尽管政府出台了不少吸纳农民工子女的政策，但农民工子女的教育问题未根本解决，农民工子女在择校条件、入学资格、教育配备、报考招录等方面普遍受到城市的冷漠排斥和非理限制，仍被城市公立学校视为特殊群体，很难被容纳接受，即使是打工子女学校也存在场所设立、学校准入、学习收费、师资配备、教学管理等方面的诸多问题，农民工子女普遍在城市教育上受限，其学业水平明显滞后城市居民子女，很多农民工子女上到初中毕业就成为了一生中教育的终点。由于农民工子女受教育不足，埋下了以后生活失助、低端就业、城市犯罪等社会问题的种子。目前，农民工子女教育是我国城市教育的薄弱环节和突出问题。另一方面，在城乡教育管理上我国“重城市、轻农村”的格局未根本扭转。多年来，我国大量的教育资金投向城市，更多的优惠政策倾向城市，优质的教育资源配给城市，直接导致了农村“先天性”教育贫乏，这成为我国农村义务教育难以普遍实现的最根本原因。当前，我国农村义务教育中普遍存在教育资金不到位、教学场所不健全、教师队伍不规范、教学管理制度不统一、现代教育资源不配给等问题，农村义务教育并未真正全面实现。随之而来的问题——由于农村教育水平的滞后，农村为城市输送劳动力素质将受到很大程度影响。毫不夸张地说，我国教育制度最为争议的问题是教育公平问题，最大的不公平在于不同城乡社会、不同区域的教育水平反差太大。

① ［美］布赖恩·贝利：《比较城市化——20 世纪的不同道路》，商务印书馆 2008 年版。

七、行政区划制度仍不健全

行政区划是主权国家为进行分级管理而实行以国土为依托具有行政级别的区域划分。自我国夏商周时期就有行政区划制度，随着历史演进，行政区划层级也在变化，但上下管理的行政关系依旧存在。从历史上看，我国行政区划多为二级或三级管理体制。新中国成立后，在政治体制改革不断推动下，我国行政区划制度逐渐形成了“省—市—县—镇”四级为主的行政区划格局。不过，在现实的行政管理运行中，行政管理机构的运行层级不止四级，主要表现是，我国直辖市的党委领导是“高配”，通常以政治局委员主持一方工作，在行政职权上高出省（自治区）级党政主要领导级别；很多开发区、风景旅游区、自然保护区等非行政区一般都有行政级别，比如国家级经济技术开发区或高新区的行政级别高于同一个城市其他市辖区的行政级别；西部少数边远山区在县与乡镇之间有的设立县的派出机构——区公所；中部地区的一些乡镇则在乡镇与村之间设立管理区或办事处，在管理运行中我国行政区划至少有五级以上的管理体制。与世界大多数国家相比，我国的行政区划体系庞大、层级很高、关系复杂，堪称独特。随着我国经济不断向市场化、高效化、一体化方向发展，行政区划制度暴露出了不少问题，比如以行政级别管制下级发展，采取地方保护主义排斥外地生产要素流动，为抢占发展资源加剧地区间竞争，这从而增加了下级向上级的寻租行为，造成了地区经济发展自我封闭，不利于城市化的推进，不利于区域一体化发展，不利于提高行政管理效率。以县域管理为例，国家尽管较早启动省直管县改革，但目前我国大部分地区是“省管市、市管县”的行政管理格局，加之很多市的地方财政不宽裕、市级支持县域政策权限小、“市卡县”“市刮县”等因素的存在，严重束缚了县域的发展。我国有 2000 多个县（市），是以县域经济为重要支撑的国家，而在多级行政管理体制下，大部分县域经济发展不足、功能不健全，县城对周边农村人口吸纳能力低，严重制约了乡村城市化的发展。总的来看，历史演变形成了我国行政区的主体构架，新中国成立后计划经济体制传承和巩固了“行政区经济”，利益机制和地方利益保护主义强化了“行政区经济”，多层级、交叉式的行政管理体制成为我国城市化发展的一道障碍。

综上所述，由于工业化、城市化发展的历史基础和独特路径，我国基本上采取工业优先、城乡分治发展战略，在制度设计上构筑了二元经济体制，严厉的户籍管理制度和人口流动制度成为农村人口进入城市的行政强制，扭曲的经济结构和封闭的产业循环成为城乡均衡发展的经济强制，僵化的土地制度和单一的社会保障制度成为农村人口进入城市的社会强制。严密的城乡分割体制人为限制了非农产业所需要的装备和技术向农村转移，这种制度约束使城市现代工业带动农业乃至整个农村经济发展的扩散效应基本丧失。对农业要素的无限索取、大量发展要素聚集城市、回流效应远大于扩散效应的运行态势导致中国城市化发展缺乏基本的制度供给和可持续发展机制。

第五章

中国城市化发展的经济约束

中国城市化进程中不仅遇到了制度缺陷的突出障碍，而且还遇到了经济约束的隐性阻力。正是由于经济约束的存在，中国城乡经济结构变得更加扭曲，城市发展的动力呈现不足、断档或衰减，致使中国城市化不断陷入难以察觉的结构性与制度性困境。

第一节　中国城市化发展的经济基础

一、起步于薄弱经济基础之上的城市化（1949～1957年）

中国城市化发轫于新中国成立之际。而新中国成立初期，经济发展水平低下，工业基础非常薄弱，产业结构失衡，人口总量占世界各国首位，可以说我国当时是一穷二白，人口众多，国力空虚。1952年国内生产总值只有679亿元，人均GDP为119元，城镇居民可支配收入154元，农民人均纯收入65元，三次产业比为50.5∶20.9∶28.6，是典型的以农业为主导的发展中国家。为迅速扭转落后的局面，我国积极倡导发展工业特别是重工业，从“一五”开始推行重工业优先发展战略，接着工业迅速崛起，“一五”期间工业与农业发展速度之比是4∶1，轻工业总产值年均增长25.4%，重工业年均增长25.4%。新中国成立后，在“人多力量大”思想主导下，我国对生育没有控制，人口出现迅猛增长，1949年全国总人口54167万人，1952年57482万人，1957年

64653 万人，其中，乡村人口总量增长快，1949 年是 48404 万人，到 1957 年达到 54704 万人，占总人口的 84.6%。① 可以说，我国城市化起步的根基非常薄弱，不但起筑于重工业化基础之上，而且还面临着巨大的农村人口需要转移的压力。中国城乡人口变动（1949～1978 年）指标见表 5－1。

表 5－1　　　　1949～1978 年中国城乡人口变动指标

指标 年份	总人口（万人）	城镇人口（万人）	城镇人口比重（%）	乡村人口（万人）	乡村人口比重（%）
1949	54167	5763	10.64	48404	89.36
1952	57482	7163	12.46	50319	87.54
1957	64653	9949	15.39	54704	84.61
1962	67295	11659	17.33	55636	82.67
1965	72538	13045	17.98	59493	82.02
1970	82992	14424	17.38	68568	82.62
1975	92420	16030	17.34	76390	82.66
1978	96259	17245	17.92	79014	82.08

资料来源：根据《新中国 60 年统计资料汇编》得出。

二、构筑于震荡经济基础的城市化（1958～1978 年）

1958～1978 年是中国经济进入上下震荡期，前文已重点解析。这 20 年的经济呈现出“高投入、低效益、不稳定”增长特点，基本上是有增长，无发展，民不聊生，社会动荡。

1958～1960 年我国开展了“大跃进”运动，大炼钢铁，大搞人民公社化，这一时段是违背经济发展规律的三年。我国工业总产量三年迅猛增长了 1.3 倍，而农业总产值下降了 22.7%，工业与农业产值之比由 5.7∶4.3 调整为 7.8∶2.2，产业结构严重失调。尽管财政收入逐年增加，但支出增长很快，三年赤字 169.4 亿元。为弥补财政赤字，人民银行连续增发行货币，导致了物价

① 根据《新中国 60 年统计资料汇编》得出。

上涨。由于这几年农业减产，粮食供给不足，市场上农副产品奇缺，导致人均口粮很低，很多人吃不饱，再加上自然灾害和流行病，我国出现了大量非正常死亡，我国官方公布饥荒死亡人口就高达1530万人。[①] 可以说，1958～1960年是新中国成立以来人们生活最困难的三年。

针对国家存在的困难和问题，1961年中央及时纠正“大跃进”的错误方针，提出了“调整、巩固、充实、提高”的方针，接下来的几年我国产业结构有所优化，经济效益有所好转。但是，为了减轻粮食紧张的问题，中央提出了精简职工和城镇人口，动员大批城市人口下乡，从1961年开始减少2000万以上城镇人口，这几年我国出现了非正常的逆城市化现象。

1966年我国进入了梦魇般的“文革”时期。“文革”十年我国在经济上损失巨大，到1976年“文革”结束时，经济几乎到了崩溃的边缘。

到1978年我国国内生产总值（GDP）是3624.1亿元，三次产业比是28.1∶48.2∶23.7，人均GDP是379元，城镇居民人均可支配收入343元，农民人均纯收入134元，GDP是1952年的5.34倍，而人均GDP是1952年的2.85倍，城镇居民人均可支配收入是2.23倍，农民人均纯收入是2.06倍，人均收入却增长缓慢。另外，1957～1978年全国人口增加3亿人，其中非农业人口增加4000万，耕地面积却由于基本建设用地等原因不但没有增加，反而减少了。到1978年我国总人口96259万人，其中农村人口79014万人，农村人口占比高达82.08%。[②]

不难看出，这20年中国的经济遭到了严重破坏，经济增长缓慢，人民生活基本没有得到改善。根据统计调查，到1978年以前，中国农村贫困发生率在33%以上，至少2.5亿人没有解决温饱问题。同时，由于城市农副产品长期短缺，城市居民生活同样清苦而拮据。1978年，城市居民家庭恩格尔系数是57.5%，农村居民家庭恩格尔系数是67.7%，[③] 城市居民接近国际贫穷的警戒线，而农村居民已超过国际贫困警戒线。

国家“一五”计划后，尽管工业实现了快速发展，城市建设也实现了突破性发展，但中国的城市化是建立在震荡发展的经济基础之上，城市化并没有因工业化发展而发展。

---

① 李若建：《大跃进后人口损失的若干问题》，载《中国人口科学》，1998年第4期。

②③ 陆大道：《中国区域发展报告：城镇化进程及空间扩张》，商务印书馆2007年版。

第二节　中国城市化发展的经济考量

一、路径依赖下中国主要经济结构的形成

路径依赖是由美国经济史学家保罗·戴维（Paul David）在其《技术选择、创新和经济增长》中提出的。后来保罗·戴维与布瑞恩·阿瑟（Brian Arthur）将这一概念引入技术变迁分析中，对路径依赖的内涵和机理进行了深入研究。布瑞恩·阿瑟认为，新技术具有报酬递增的性质，技术演变过程具有自我强化和路径依赖机制。后来，美国经济学家道格拉斯·诺斯教授将人关于技术演变过程中自我强化现象的论证推广到制度变迁方面来，从而提出了制度变迁的轨迹和路径依赖问题。道格拉斯·诺斯认为，在制度变迁过程中同样存在报酬递增和自我强化过程的机制，这种机制使制度变迁一旦走上了某一路径，它的既定方向会在以后的发展中得到自我强化。道格拉斯·诺斯指出，"人们过去做出的选择决定了他们现在可能的选择"①。沿着既定的路径，经济和政治制度的变迁可能进入良性循环的轨道，并不断自我调整和优化；也有可能顺着原来错误的路径自我演化，如果糟糕的话，它们会锁定在某种无效率的状态中。为此，路径依赖可以这么理解，人们一旦选定了某种体制，在规模经济、学习效益、协调效应、适应性预期因素影响下，这种体制将沿着既定的方向自我强化。一旦人们做了某种选择，就好比走上了一条不归之路，惯性的力量会使这一选择不断自我强化，并轻易走不出。道格拉斯·诺斯认为，路径依赖是对长期经济变化进行分析和理解的关键，按照他的理论，经济社会发展的结构和局面是路径依赖下形成的产物，"路径依赖仍然起着作用"。实践表明，在我国经济发展演进和衍变中，路径依赖对经济结构的形成具有很大的影响力和主导性。

1. 重工业化的路径依赖

新中国成立初期，受国际政治环境影响和世界经济发展阶段决定，我国借

① 卢现祥：《西方新制度经济学》，中国发展出版社 2003 年版。

鉴苏联的工业化经验，跨越了轻工业发展阶段，采取了重工业化战略，直接发展重工业。为举全国之力发展重工业，我国制定了支持重工业超前发展的政策体系，营造了重工业超前发展的制度环境。（1）扭曲的低工资政策。劳动力费用是工业成本的重要组成部分，为了降低劳动力成本，政府长期采取低工资政策，1952～1978 年我国人均 GDP 增长了 30 倍，而工资率仅增长了 10.3%。为防止劳动力市场工资上涨，政府将所有的私人企业国有化，取消劳动力市场，国家确定每一个职工的工资。（2）低利率低汇率政策。重工业大部分是资金密集型产业，降低资本价格对降低重工业成本具有重大意义。因此政府采取了长期低利率的政策，1950 年 5 月工业信用贷款利率月息为 3.0%，到 1951 年被下调到 1.5%～1.6%，1954 年进一步下调到 0.456%，1971 年 8 月又被调到 0.42%。为了减少重工业进口设备所支付的成本，政府实施了低汇率政策，人民币对美元汇率每 100 美元兑人民币由 1959 年 3 月的 420 元逐步调整到 1951 年 5 月的 223 元，1978 年又调到 172 元。（3）基础产业产品低价格、制造业产品高价格政策。基础产业是指工业中的上游产业，包括能源、原材料工业，这是重工业发展的物质基础。国家在推进重工业发展中通过降低能源、原材料价格来降低重工业发展的物质投入成本，同时通过提高制造业产品的价格来增加工业企业利润，为企业扩大再生产提供资金条件。（4）高度集中的企业管理制度和物资分配制度。为了保证企业利润用于扩大再生产，政府剥夺了企业经营自主权，生产任务由国家统一下达，所需物资由国家统一分配，所有利润全部上交，所有亏损由国家补贴，企业的人、财、物全部由国家统一管理。这一套高度集中的计划管理体制既保证了企业积累的资金能够用于重工业扩大再生产，又保证了缺乏自主权的企业能够正常运行。在这样的政策环境下，我国工业经济迅速崛起，很快建立了新中国重化工业体系，国力得到了快速提升。1952～1978 年我国国民收入年均增长 6.1%，以 1952 年我国 GDP 为 100 的基准计算，1978 年 GDP 指数为 471.4，这一时期中国的经济增长速度在世界上名列前茅，第二产业比重由 20.9% 上升为 47.9%，其中重工业比重由 35.5% 上升为 56.9%。① 改革开放后，我国改变了重工业发展战略，实施了农轻重产业均衡发展的战略，但是，由于重工业是资金密集型、技术密集型产业，产业规模大、产业链长、分布集中，我国基本形成了比较完备的生产体系，许多重工业城市、重工业企业习惯于依靠原有技术、制度进行生产和管

① 陆大道：《中国区域发展报告：城镇化进程及空间扩张》，商务印书馆 2007 年版。

理，重工业仍继续主导和推动整个工业经济的发展。20 世纪 90 年代中后期，发达国家重工业开始向发展中国家转移，处于工业化中期的中国正迫切需要高水平的重工业项目和技术，我国不少省区市都纷纷上马石化、电力、冶金、装备、汽车、船舶等重工业项目，在原有较完善重工业基础上，我国重工业变得更加强大，占工业比重逐年上升，成为工业经济的主导和国民经济的重要支柱。可以说，重工业成就了我国快速发展的工业化，成为整个产业体系发展的绝对主力。但由于重工业的比重偏大，挤占了轻工业比重，抑制了服务业发展，消耗过多的能源资源，同时与农业之间的产业直接联系少，影响了我国整个产业结构的合理性，特别是影响了劳动力转移速度。正是重工业化发展路径依赖的存在，今后工业结构的调整将成为我国“转方式、调结构”的一大难题，成为城市化发展的一大约束。

2. 家庭联产承包责任制的路径依赖

改革开放初期我国推行了家庭联产承包责任制，采取包干到户、包产到户的形式把土地承包给农民，它突破了改革开放前“一大二公”“大锅饭”的旧体制，短短几年迅速激发了全国农业生产力，直接表现为粮食连续多年增产增收。家庭联产承包制是我国改革开放初期的一个伟大创举，党的十三届八中全会决定以家庭联产承包为主的责任制、统分结合的双层经营体制作为我国乡村集体经济组织的一项基本制度长期稳定下来，并不断充实完善。随着经济市场化和现代产业的发展需求，现代农业成为农业发展的新趋势，而现代农业的主要特点之一是规模化生产与经营，当前我国单一的包产到户的生产组织方式难以适应现代农业发展的需求。主要表现为：（1）机械化生产遇到挑战。农业机械化生产是发展现代农业的重要手段，而以家庭为基础的分散农地让机械化大生产难以普遍开展，导致很多现代农机利用率低，甚至闲置。（2）农业管理存在难题。由于农业管理投入精力大，单户管理的成本也高，再加上农民利用耕种之外的时间从事非农产业来获得更多收入，从而导致目前很多农民重生产轻管理，难以推动农业规模化管理。（3）新技术传播慢。由于农户的生产规模小，农业技术的革新在单体农户生产上难以带来大的效益，导致农民对农业技术的学习和接受热情并不高，农业技术普及遇到障碍。（4）生产成本高。化肥、种子、农药等是农业生产的必备原料，由于近年来价格的普遍提高，单户难以对原料进行“批发式”购买，农业生产成本较高。在家庭联产承包责任制的路径依赖下，近些年来我国农业单产提高空间的潜力难以继续挖掘，农民增收速度缓慢，很多农民在这种生产制度下不能获得高的汇报，难以“发家致富”，同时在城市相对较高工资的吸引下，很多农民离开了心爱的土地进城从事非农产业，对土地的眷恋不再那么强烈，那么当前家庭联产承包责任制不再像改革开放初期那样受到农民的热捧。事实上，我国农民进城看似是“主动”行为，其实是“被动”行为，并非是劳动生产率提高产生剩余劳动的结果，而主要原因之一是现行家庭联产承包责任制下的农业劳动生产率徘徊不前，农民的农业收入增长缓慢。

3. 东部率先发展战略下的路径依赖

我国是区域差异大的国家，区域发展战略对我国经济社会结构影响深远。从整个区域战略实施过程看，我国主要先后经历了内地建设战略（1949～1964年）、三线建设战略（1965～1972年）、战略调整（1973～1978年）、沿海发展战略（1979～1991年）、协调发展战略（1991年至今）阶段，其中对我国影响最大的区域发展战略莫过于沿海发展战略的实施及其路径依赖的影响。改革开放初期，为迅速发展市场经济、尽快与国际接轨，我国东部沿海地区率先实施对外开放。1980年国家设立深圳、珠海、汕头和厦门经济特区，1984年大连、秦皇岛、天津、烟台、青岛、连云港、南通、上海、宁波、温州、福州、广州、湛江、北海14个城市成为国家首批沿海对外开放城市，1985年国务院批准长江三角洲、珠江三角洲和闽南三角洲为沿海经济开放区，1988年国家把海南省设为经济特区，1990年中央决定开放开发浦东。东部沿海地区发展战略历经“六五”“七五”时期，这一阶段沿海地区不但有大批外资项目纷纷进入，而且国内重点项目也大量倾斜，在投资、财税、土地、信贷、外汇等方面得到了中央较多的优惠政策。如果以中西部地区全民所有制基本建设投资为1，东部地区的投资“五五”时期为0.84，“六五”时期上升到1.02，“七五”时期上升到1.27，1993年上升到1.33。在1983～1993年，全民所有制固定资产投资的地区比例，东部地区增加5.1个百分点，而中部和西部地区分别减少1.9和1.1个百分点。① 在十余年时间，由于东部地区的大规模投资和开放政策支持，其经济迅速崛起，很快把中西部地区甩开，到20世纪90年代中期我国东中西三大地带的区域经济差距已非常明显。1979～1994年，东部地区国内生产总值占全国的比重由52%提高到59%，增加7个百分点，中

① 赵曦：《21世纪中国西部发展探索》，科学出版社2002年版。

部地区由31%下降到28%，西部地区由17%下降到13%，分别减少3个、4个百分点。[①]“八五”初，我国开始认识到区域差距问题的严峻性，我国就开始实施了区域协调发展战略，“九五”继续坚持区域协调发展战略，“十五”实施了西部大开发战略，“十一五”提出继续推进西部大开发、振兴东北老工业基地、加快中部地区崛起战略。从我国近10多年的区域发展情况看，东、中、西三大地带的差距仍然很大，区域协调战略实施效果并不明显，笔者认为，其中很重要的一个因素是，东部沿海发展战略催生了一个不断成熟的东部市场经济体系，就是在东部沿海区域发展战略的制度安排使东部沿海地区形成了一个良性发展的路径依赖，主要表现为：（1）东部沿海地区形成了较为发达的金融服务体系，具有很强的自我融资功能；（2）东部沿海地区形成了较高工资水平的劳动力市场，吸引着中西部地区的低收入劳动力，源源不断地吸纳各种劳动力资源，具有突出的人力聚集优势；（3）东部沿海地区形成了较为完善的社会服务体系，教育、医疗、卫生等公共服务领域的条件总体好于中西部地区，社会建设和管理水平走在全国的前列。而中西部地区长期处于落后状态，在改革开放的前20年没有得到国家战略的青睐，错过了一些发展机遇，在较低的经济社会发展循环中难以实现突破发展，“造血功能”还没有形成，与东部地区比，具有鲜明的“马太效应”[②]。这种“马太效应”的根本原因在于早期区域发展制度的导向不同，致使东部与中西部地区形成了不同的路径依赖，正是由于路径依赖的存在，使得“市场力量的作用通常是倾向增加而不是减小区域间的差异”[③]，从而出现了东部地区的扩散效应总体大于回流效应，推动了区域发展差距的逐渐拉大。

二、市场与政府失灵下的经济约束对城市化的影响

市场失灵，是指市场无法有效率地分配商品和劳务，实质上是市场机制难以实现对经济社会资源进行“帕累托最优改进”，主要表为收入分配不公、失业、负的外部性、市场垄断、公共资源过度使用等现象。政府失灵，是指政府

① 赵曦：《21世纪中国西部发展探索》，科学出版社2002年版。

② 《圣经·新约》的“马太福音”第25章中有“凡有的，还要加给他叫他多余；没有的，连他所有的也要夺过来”一段寓言描述，后来被社会学家引申为“马太效应”概念，它一般指强者愈强、弱者愈弱的现象，常形容经济社会生活中的两极分化问题。

③ Mgrdal G.，*Economic Theory and Underdeveloped Regions*. London：Duckworth，1957.

为防止市场失灵采取法律、经济、行政等手段来干预市场，但出现了市场经济低效率发展和社会福利的损失，主要原因在于行政机构的低效和浪费、行政管理失误、寻租行为和腐败滋生。从实践看，由市场和政府失灵引起的一些经济问题制约了我国城市化进程。

1. 扩大就业的失灵

就业是城市化人口能否转移的关键因素，而我国在推进城市化就业方面并不理想。著名的奥肯定律①表明，失业率与国民生产总值增长率呈反方向变化的关系，即随着经济增长，失业率是下降的，这一定律在国内外普遍被认同。而当一个国家或地区的经济在较快增长阶段，如果有不正常的失业出现，就表明了这个国家或地区不但市场出现失灵，而且政府也出现失灵。不幸的是，这种现象在中国存在。1979～2009年我国国内生产总值实际年均增长9.9%，经济呈高速增长态势，这不仅明显高于1953～1978年6.1%的平均增长速度，而且大幅高于同期世界经济3%的年均增长速度，其中，1991～2009年国内生产总值年均增速达10.5%之高，同期我国城镇登记失业率在2.3%～4.3%不断提高，这些现象看似比较符合奥肯定律的表现。② 在中国对失业的统计指标主要是城镇失业人口和城镇登记失业率③，而与国际上“失业人数占劳动力总人数的百分比”的失业率相比，中国城镇登记失业率这一统计口径明显偏窄。所以，不少专家学者对国家这一指标一直有争论。一些学者从城镇登记失业率变动与我国经济增长变动的关系研究得出二者关系与奥肯定律一致的看法，也有不少学者得出二者关系与奥肯定律不一致的观点。事实上争论问题的关键是，中国的城镇登记人口失业率能不能真实反映中国全部的失业现状，城镇居民、无业大学生等部分没有去做登记，中国实际失业率比现在城镇登记失业率要高。根据中国社科院发布2009年《社会蓝皮书》，我国实际失业率在2008年

① 1962年美国经济学家阿瑟·奥肯（Arthur Okun）提出了著名的奥肯定律（Okun's law），他认为周期波动中的经济增长率与失业率之间存在关联，即失业率每增加1%，则国民生产总值会约减少2%，反之，失业率每下降1%，国民生产总值约增加2%。该定律论证了失业率与国民生产总值增长率二者呈反方向变化的关系。

② 国家统计局：《中国统计年鉴》（2011），中国统计出版社2011年版。

③ 城镇登记失业人口，指有非农业户口，在一定的劳动年龄内（16周岁至退休年龄），有劳动能力，无业而要求就业，并在当地就业服务机构进行求职登记的人员。城镇登记失业率，指城镇登记失业人员与城镇单位就业人员（扣除使用的农村劳动力、聘用的离退休人员、港澳台及外方人员）、城镇单位中的不在岗职工、城镇私营业主、个体户主、城镇私营企业和个体就业人员、城镇登记失业人员之和的比重。

就达到9.6%，超过了失业率7%的国际警戒线。2009年以来，我国经济处于下行态势，就业形势更不容乐观。伦敦的货币政策咨询公司法腾咨询（Fathom Consulting）发布研究报告，严重地估计我国真实失业率可能是官方数据的三倍，自2012年以来中国的失业率已超过12%。笔者也认为，中国一边是经济高速增长，一边是高失业率，这一现象严重违背了奥肯定律。根据众多学者研究结论，导致这一问题的根本原因在于我国的结构性失业和摩擦性失业，最主要表现是大学生失业和城镇下岗失业。经济增长是扩大就业的最重要因素，而我国由工业化和城市化推动的经济增长所呈现出的高指标与我国高失业率是并驾而行的，这让人们不得不怀疑经济增长的泡沫性、城市化的虚假性，不得不认为政府在扩大就业政策上是失灵的。中国经济高速增长的背景下出现了高失业率，主要原因在于政府的失灵——政府对经济结构和社会结构资源配置的偏失，以投资为主要拉力的经济增长没有带来较多的就业岗位，产业结构存在结构性失调，教育学科配置与市场需求出现脱节，城市的虚假繁荣中有众多频繁往返于城乡之间的失业者。

2. 房地产业调控的失灵

在当今中国产业发展和宏观经济调控中，房地产业一直成为政府、企业和老百姓关注的焦点，时刻牵动着中国经济发展的神经。由于农村土地归集体所有，土地确权工作没有全面展开，在农村基本没有房地产业。我国的房地产业就是城市的房地产业。房地产业是以房地产开发与经营的行业，它是高回报性产业，又是民生性产业，地位特殊，作用重要。我国房地产业兴起于20世纪90年代，这一时期国家对房地产业的调控重点是规范房地产行业内部问题，使房地产业顺应市场化发展，适应城镇居民住房需求，不过到90年代末我国房地产价格出现“高走”的苗头。进入2000年后，我国大中城市房价水平开始迅速攀升，房地产投资出现盲目过热。2003年，国家采取信贷、土地、投资等调控手段介入房地产业，严格控制信贷，严格控制土地供给，经过两年调控，房地产投资过热现象基本遏制，土地供给总量得以控制，但房地产价格没有降下来。国家对不断上涨的房价深切担忧，2005年国务院出台了《关于切实稳定住房价格的通知》（称“旧国八条”），重点是，遏制投机性炒房，控制投资性购房，鼓励普通商品住房和经济适用住房建设，其他部委也出台了相关细则进行调控，但效果并不明显，全国总体房价水平继续上升。2006年国家开始治理整个房地产业，国务院提出了促进房地产业健康发展的六项措施，相关部委也密集出台了一系列政策，对整个房地产行业加大治理力度，直到2008年整个行业治理才有一定效果，但对房价的抑制仍不见成效。2008年中国经济遭遇世界金融危机波及影响，整个经济出现下行趋势，房地产业受到冲击，房价开始下滑，这时国家紧缩性宏观调控政策开始松动，提出了“扩内需、保增长”的宏观调控导向，对房地产业没有严格治理，重点是发展保障性住房。2009我国房地产业开始复苏，房价继续上涨，国家随之采取了严厉的“组合拳”措施，房地产业短期出现观望态势，二手房成交量下降，但过了2010年房价又恢复上涨态势。2010年1月国务院下发了《促进房地产市场平稳健康发展的通知》（称“国十一条”），但3月份房价继续飙升，到9月份，国家出台了暂停发放第三套房贷、部分城市限购房套数、推进房产税改革试点等综合措施，这号称史上最严厉的房地产调控政策并没有压下高涨的房价。2011年1月国务院继续出台了《进一步做好房地产市场调控工作有关问题的通知》（称“新国八条”），措施比较严厉，强化差别化住房信贷政策，重点是施行限购，从政策执行的效果看，并没有看到房价整体回落。接着，2013年2月国务院下发了《关于继续做好房地产市场调控工作的通知》（称“新国五条”），继续保持了从紧的调控态势，重点是坚决抑制投机投资性购房，并想以建立和完善引导房地产市场健康发展的长效机制为目标。

尽管近几年调控手段比较猛烈，基于对商品房价观察，而以房价和土地为核心的房地产调控难以奏效，我国商品房销售价格还是总体呈上涨态势，2014年全国商品房平均销售价格6324元，一线、二线城市的房地产价格更高；同时发现，商品房住房空置率较高，库存剩余较大。总的来看，中央和地方政府对房地产价格调控基本是失灵的。之所以这样，笔者认为关键在于中央与地方之间、国家部委之间、地方政府与开发商之间存在利益之争和寻租行为，使整个房地产业成为利益集团的“蛋糕”，使高昂的房价成为城市中低收入家庭和进城农民工的“枷锁”。我国房地产业调控的失灵不但为房地产业埋下了泡沫经济的隐患，而且为农民进城的城市化设了一道很高的“门槛”。

3. 收入分配管理的失灵

收入分配是国民关心的切身问题，是政府的重要职能之一。我国是以社会主义公有制为基础的按劳分配为主体、多种分配方式并存的收入分配制度。经过几十年的发展，我国的收入分配体制基本形成，但目前整个收入分配结构呈失衡状态，最大的问题是收入差距太大。基尼系数是反映居民收入差异的一个重要指标，根据中国人民大学程永宏的研究，改革开放以来人均家庭收入的全国基尼系数、农村内部基尼系数、城镇内部基尼系数都不断处于上升态势，其中，自 1992 年以来全国总体基尼系数大于或等于 0.4，2003 年、2004 年超过 0.44，超过国际 0.4 的“警戒线”，收入差距比较大。[①] 中国社会科学院陈光金研究认为，到 2010 年我国基尼系数在 0.5 左右，近几年社会收入差距在扩大。[②] 根据我国官方数据显示，我国基尼系数 2008 年达到 0.491，近 10 年最大，2010～2015 年该指标在 0.48～0.46 徘徊，亦在“警戒线”之上。[③] 初次分配是我国居民收入的主要形式，而在资源占有、市场准入、社会阶层、二元结构等因素的影响下，我国的初次收入分配是以效益为导向，具有鲜明的计划色彩，并未体现市场经济下劳动力价值的收入，初次分配在城乡之间、所有制之间、行业之间、群体之间具有明显的收入差别。再次分配中，国家尽管注重使用经济、行政甚至法律的手段调节一些不合理的收入，但目前看再分配体制机制并未显著实现经济社会资源的“帕累托”改进，转移支付并未显著改善欠发达地区、农村地区的居民收入状况，税收手段并未对高收入群体产生明显的调控效应，高回报的垄断行业地位依然难以撼动，社会福利的倾斜对于弱势群体如同杯水车薪，另外，我国还有难以监管的“灰色收入”“隐形收入”的存在，一些强势部门和群体更是“富者愈富”。从总体收入结构看，目前我国东部沿海地区收入比中西部地区高，城市比农村高，大城市比中小城市高，服务业和工业收入比农业高。中国人自古就有“不患寡而患不均”的认同感，不难理解，这些低收入群体对当前收入分配现状是不甚满意的。从城市化发展的视角看，正是由于市场失灵和政府再分配的不均，我国城镇出现了大量的中低收入群体，农村存在大量的贫困人口，促使很多欠发达地区的农民盲目流向大城市，西部高层次人才和农民涌向东部沿海地区，也让城市高垄断、高收入的强势群体继续盘剥和蚕食城乡低地位、低收入的弱势群体，从而

---

① 程永宏：《改革以来全国总体基尼系数的演变及其城乡分解》，载《中国社会科学》，2007 年第 4 期。

② 中国新闻网：《社会收入差距扩大，基尼系数达 0.5》，http：//www.chinanews.com/cj/2010/12-15/2723411.shtml。

③ 顾梦琳：《马建堂回应统计局基尼系数缘何远远小于民间数据》，http：//finance.people.com.cn/n/2013/0120/c1004-20262187.html。

形塑了城市收入结构，固化了城乡社会阶层地位，城市社会和城乡社会显得更加不公平，众多民众积怨和深层次社会矛盾也在不断积累。我国当前收入分配体制的失衡是城市化发展的一道隐形障碍，它难以使城市化带来的财富实现均等化配置。

第三节　中国城市化发展的经济约束

一、农业素质总体较低，制约了农村劳动力正常向城市转移

20 世纪 80 年代，我国实施的家庭联产承包责任制让农业实现了革命性发展，农村经济焕然一新，农业产量不断增加，农民增收不断提高，特别是 20 世纪 90 年代后期我国粮食等主要农产品供求由“长期短缺”转变为“总量基本平衡、丰年有余”的基本格局，奇迹般地解决了 13 多亿人吃饭的问题，可以说过去 30 多年我国农业的发展成绩卓然、贡献巨大。然而，中国几千年来一直是农业大国，农民总量较大，农业投入较少，农村贫困较久，小农意识较强，在短短几十年内我国难以把长期落后的农村面貌彻底改变，“三农”问题依然突出和棘手，成为影响我国现代化建设中的巨大障碍。总体来看，当前我国的农业正处于向农业现代化全面过渡阶段，现代农业、传统农业和原始农业三种产业形态都存在，与农业发达的美国、澳大利亚、以色列、新西兰、加拿大、法国等国家相比，我国的农业比较落后，效益不高，竞争力弱，劳动生产率低，现代农业产业体系没有形成。目前，我国农业总体表现为，农业基础设施长期滞后，农业投入长期不足，农民专业化组织程度低，农业抗风险能力弱，粮食价格总体偏低，农业市场化程度低，机械化生产没有普及，农民素质总体偏低。在农业产业结构上，近 30 年我国 90% 左右的耕地用于种植大宗农产品，尤其是种植粮食作物，而只有 10% 左右的耕地种植经济作物。由于考虑粮食安全问题，同时避免经济作物受市场波动出现农户亏损，我国农业结构难以有大的调整空间。在农业地区结构上，东部沿海地区现代农业形态基本出现，而中西部地区仍以传统农业为主，尤其是广阔的西部地区“靠天吃饭的农业”特征更为显著。西部地区占我国地域的 71.5%，然而西部地区农业生产方式落后，自然生态环境恶劣，农业结构相对单一，农业以种植业为主，而种

植业以粮食生产为主，农业总体发展滞后，农业人均收入很低。在农业就业结构上，2014 年我国三次就业结构为 29.5∶29.9∶40.6，从事农业的劳动力为 2.28 亿人。[①] 改革开放以来虽然我国农业就业结构比重不断下降，但从事农业的劳动力消减速度比较慢。根据国际经验，只有积极发展现代农业，才能提高农业劳动生产率，才能将富余的劳动力从农村转移出来。当前我国相对落后的农业对转移剩余劳动力是不利因素，并且由于较低的农业收入等原因反而加速了农村劳动力的非正常转移。

二、工业结构失调，制约城市吸纳更多就业人口

尽管我国工业发展的成绩举世瞩目，但从我国目前工业结构上看，仍存有问题。一方面，工业结构比例失调。根据对中国工业发展路径分析，新中国成立初期国家实施了重工业发展战略，直到改革开放前这一战略总体没有变。如表 5－2 所示，1952 年我国轻重工业比为 64.5∶35.5，经过 6 年的发展，到 1958 年重工业产值占工业总产值的比重达到了 53.5%，之后重工业产值占工业总产值 50% 的格局基本没变，到 1978 年达到 56.9%。而这段时期，我国人口转移很慢，1978 年我国工业吸收的劳动力仅为 5009 万人，比 1952 年增长 302%，而同期我国固定资产（原值）却增长了 2046%，相当于工业劳动力增长的 6.8 倍。大量的人口留在农业、农村中，没有转移出来，成为隐性失业人口。改革开放后，我国发现了这一问题，开始注重发展轻工业，重工业比重有所下降，但降幅不大。20 世纪 90 年代末，在国际重工业转移和我国重工业发展需求形势下，我国开始了新一轮重工业发展热潮，2000 年重工业比重超过 60%，2004 年超过 65%，2007 年超过 70%，2009 年达到 70.5%，2011 年达到了 71.8%。[②] “十二五”时期以来我国重工业比重下降趋势并未缓解。我国著名经济学家林毅夫认为，重工业是资金密集型产业，投资规模大，创造的就业机会不多，中国实施重工业化战略中，减弱了经济增长吸收劳动力的在非农产业就业的能力，阻碍了伴随着经济发展劳动力从农业转移出来的就业结构转换过程。

---

① 国家统计局：《中国统计年鉴》（2015），中国统计出版社 2015 年版。

② 国家统计局：《中国统计年鉴》（2012），中国统计出版社 2012 年版。

表 5-2　　1952～2011 年中国轻重工业结构指标

年份	轻工业	重工业	年份	轻工业	重工业
1952	64.5	35.5	1979	43.7	56.3
1953	62.7	37.3	1980	47.1	52.9
1954	61.6	38.4	1981	51.5	48.5
1955	59.2	40.8	1982	50.2	49.8
1956	57.6	42.4	1983	48.5	51.5
1957	55.0	45.0	1984	47.4	52.6
1958	46.4	53.6	1985	47.4	52.6
1959	41.5	58.5	1986	47.6	52.4
1960	33.4	66.6	1987	48.2	51.8
1961	42.5	57.5	1988	49.3	50.7
1962	47.2	52.8	1989	48.9	51.1
1963	44.8	55.2	1990	49.4	50.6
1964	44.3	55.7	1991	48.4	51.6
1965	51.6	48.4	1992	46.6	53.4
1966	49.0	51.0	1993	46.5	53.4
1967	53.0	47.0	1994	46.3	53.7
1968	53.7	46.3	1995	47.3	52.7
1969	50.3	49.7	1996	48.1	51.9
1970	46.1	53.9	1997	49.0	51.0
1971	43.0	57.0	1998	42.9	57.1
1972	42.9	57.1	1999	42.0	58.0
1973	43.4	56.6	2000	40.0	60.9
1974	44.4	55.6	2001	39.4	60.6
1975	44.1	55.9	2002	39.1	60.9
1976	44.2	55.8	2003	35.5	64.5
1977	44.0	56.0	2004	33.5	66.5
1978	43.1	56.9	2005	30.1	69.9

续表

年份	轻工业	重工业	年份	轻工业	重工业
2006	30.0	70.0	2009	29.5	70.5
2007	29.5	70.5	2010	28.6	71.4
2008	28.7	71.3	2011	28.2	71.8

注：统计口径：1952～1997 年轻重工业计算的基数数据为全国全部工业总产值，1998～2004 年数据为国有及国有规模以上非国有工业总产值，2005～2012 年的数据为规模以上工业企业总产值。

资料来源：1952～2000 年数据来自孙久文、叶裕民编著《区域经济学教程》。2001～2009 年数据来自 2002～2012 年中国统计年鉴。

另一方面，西部地区重工业比重偏高。新中国成立前我国西部地区几乎没有现代工业，新中国成立后我国工业项目逐步向中西部地区倾斜。在 1964～1980 年的“三线”时期西部工业发展进入鼎盛阶段，目前西部地区基本形成了我国重要的钢铁、机械、化工、电子、航空航天、建材、能源等重工业基地，可以说，西部地区是我国国防工业和重工业为主的门类齐全的战略后方基地，比如，西南地区建立了以重庆为中心的常规兵器工业基地，以成都为中心的西南航空工业基地，以攀枝花钢铁公司为中心的攀西工业基地。从劳动力流向看，西部是我国人口向外迁移的最主要地区，而令人遗憾的是西部恰恰因这样的重工业结构却不能吸纳更多的劳动力，在经济发展与吸纳劳动力就业方面存在着两难选择。当前，我国工业的产业结构和地区结构对于吸纳大量富余农村劳动力极为不利，主要是重工业比重偏高，制约着人口城市化的进程。

三、服务业发展滞后，制约人口城市化和城市现代化发展

改革开放以来我国服务业增长快，产业比重由 1978 年的 23.9% 逐步上升到 2009 年的 44.4%，但从 1987～2011 年 24 年间的产业结构变动观察，服务业比重一直在 30%～45% 徘徊，提高较慢。即使国家统计局对 GDP 统计指标调整后，2014 年我国服务业比重超过了 48%，我国服务业总体发展水平还是滞后的，无论是产业比重还是产业结构都存在不合理性。从产业比重看，当前世界服务业占比在 60% 左右，绝大部分发达国家服务业比重在 70% 以上，大部分发展中国家的比重超过 50%，而我国服务业比重大约低于 50%，这

说明我国服务业占 GDP 比重偏低，服务业总量和速度相对较低。从产业结构看，我国服务业基本是以城市服务业为绝对主导，而农村服务业发展严重滞后；以商贸、餐饮、交通运输为主的传统服务业占主导，而专业服务、金融保险、信息中介、贸易商务等生产性服务业发展不快，为农业和工业生产提供服务配套不够。目前，我国为城乡生产和居民生活配套的现代服务业体系没有形成。我国服务业水平滞后因素较多，主要表现为：(1) 投资不足。一方面，我国长期以来是一个“轻消费”的国家，由于服务业在很大程度上是一个消费性产业，而由于对消费的重视不够；另一方面，我国是以工业为主导的国家，很多区域长期秉持“工业富省”“工业立市”“工业强县”的理念，偏好于对工业的投资。改革开放以来，我国对工业的投资规模和速度超过了服务业的投资规模和速度，导致了服务业投资不足，其中农村服务业投资严重不足。(2) 消费能力弱。服务业的发展缓慢与人们的消费能力弱有很大关系，由于我国人均收入水平相对低，再加上社会保障还不健全，导致我国多年来在扩大消费需求方面遇到很大阻力。由于消费经济的潜力载体在于发展和繁荣服务业，所以消费能力的不足影响制约着服务业的发展。(3) 政府和行业垄断。我国电信、金融、铁路、民航、广播电视、教育卫生等部分服务性行业长期存在行政性垄断、市场准入条件高等“门槛”制约，严重影响着服务业市场化发展。目前我国服务业投资仍以国有投资为主。当前我国城镇服务业投资的 14 个大类行业中，除批发和零售业、住宿和餐饮业、房地产业、租赁和商务服务业、居民服务业和其他服务业 5 个行业外，其他 9 个行业国有投资均占 50% 以上，其中交通运输仓储和邮政业、水利环境和公共设施管理业、教育 3 个行业的国有投资占 80% 以上。由于政府和行业垄断，这些部门的服务业价格形成难以市场化，不利于行业健康发展。服务业是城乡发展必需的产业，是劳动力转移的主要载体，然而当前我国服务业发展滞后，不但影响了城市化进程，而且对城市现代化和农村现代化发展都有制约性影响。

四、区域经济结构失衡，制约城市化协调发展

由于自然历史的原因，我国的资源禀赋、气候环境、经济基础、人力资本、社会文化环境等具有明显的差异性，这些现象在地理空间上的分布不均，具有区域差异特征。改革开放后，在以经济效益为发展目标的体制机制的路径

依赖下，我国区域经济差距逐渐拉大，主要表现为城市间的经济总量、财政收入、投资规模、人均收入等指标的较大差异。由第三章对我国区域城市化发展差异和本章制度路径依赖下的区域差异分析，我国的区域经济差异致使我国区域城市化水平呈现差异，东、中、西地区的城市化水平差距表现得最为凸显，各地区之间的城市化水平也参差不齐，最高地区的城市化水平是最低地区的两倍还多，比如，2014 年上海市的城市化率是 89.6%，而西藏自治区的是 25.8%，贵州省的是40%，相差甚大（见图 5 –1）。我国区域城市化差异显著的一个很重要的因素是，改革开放后我国人口流动呈现“东飞”的态势，即欠发达中西部的人口不断地流向经济发达的东部沿海地区，20 世纪 90 年代后珠江三角洲、长江三角洲、山东半岛、京津地区等地吸引了大量的外来人口。当前，随着大量迁徙人口不断向经济发达的东部沿海地区聚集，我国区域城市化水平的差距不断扩大，这将加速东部地区大量人口对能源资源的过度消耗、生态环境的不断破坏，如果不能遏制区域人口无序迁移的态势，势必导致东部地区人口、经济与资源、环境承载力的严重失衡，后果和代价将难以想象。随着我国区域经济差距的扩大，进一步助推了我国城市人口的分布不均，这很不利于我国城市化的协调发展。

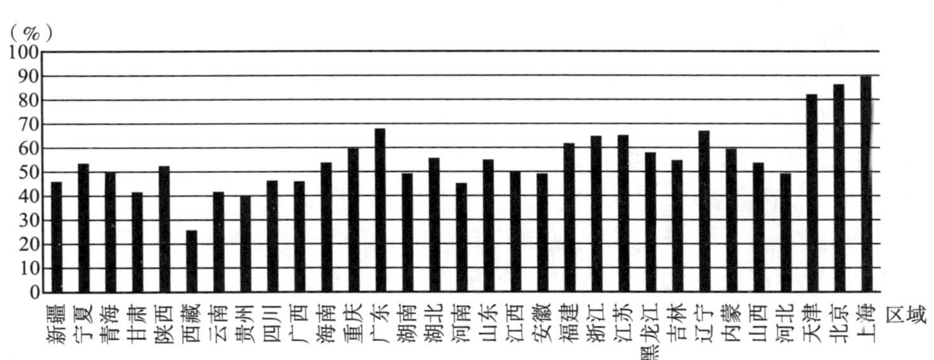

图 5 –1　2014 年中国省区市城市化水平

资料来源：根据《中国统计年鉴》（2015）计算得出。

五、城市房价过高，制约低收入群体安居

这些年，由于房地产业的迅猛发展、土地财政的驱动，我国几乎每个城市

都把房地产开发作为经济发展的亮点和政绩，城市房地产价格逐年攀升，价格增速远远超过城市居民收入增速，近几年房地产价格的非理性上涨不但使千千万万的城市居民成为“房奴”，而且高房价成为外来务工人员进城安家的“拦路虎”，房地产问题引发了老百姓对政府和地产开发商的不满、积怨和指责。2014 年全国商品房平均销售价格 6324 元，而从 2014 年我国城市房价看，上海、北京、深圳、杭州平均房价都在 2 万元/平方米以上，广州、宁波、三亚、厦门、青岛平均房价都超过 1 万元/平方米，绝大部分省会城市、计划单列市、经济发达的地级市平均房价基本都在 7000 元/平方米以上，绝大部分地级市很难找到 3500 元/平方米以下的商品房。截至目前，房价不但很高，而且增长势头不减，全国一线、二线城市的平均房价上涨势头未退，三线、四线城市基本平稳，总体高企不降。

按照以前住建部制定的小康标准计划，2014 年城镇居民人均住房建筑面积接近 33 平方米，2020 年提高到 35 平方米，一个家庭一般购买 95 平方米的房子，如果按 6300 元/平方米的价格购买，需要 59. 85 万元才能购置，而根据国家统计局提供的 2014 年我国城市居民年人均可支配收入是 28843. 9 元和人社部提供的当前农民工月人均收入 2864 元的标准，那么，可算出我国的房价收入比在 7 以上，比国际房价收入比 3 ~ 6 的标准要高。根据上海易居房地产研究院发布 2015 年度《全国 35 个大中城市房价收入比排行榜》，35 个大中城市房价收入比均值为 8. 7，比国际标准还要高得多，其中有 11 个城市房价收入比高于 8. 7，深圳是 23. 2，厦门是 15. 3，北京是 14. 5，上海是 14，福州是 11. 2，杭州是 10. 7，天津是 10，广州是 10. 4，海口是 10，太原是 9. 2，南京是 9. 7。而实际上，我国城市居民人均收入、农民工人均收入还要比官方数据低得多，就是说我国的房价收入比还要高。由于我国有大量的城市中低收入群体，如此高的房价对其来说具有很大的购买压力，更不用说更低收入的农民工阶层。从近几年我国居民反映意见和“两会”人大代表提案，高房价成为困扰当前中国老百姓生活的一件大事。就城市化问题而言，即使阻碍城市化进程的制度性问题都解决，高昂的城市房价也会把绝大多数低收入农民工和想进城的农民拒之门外，他（她）们只能望房兴叹。今后如果中国的高房价和低收入问题不能统筹解决，中国的城市化最多算是“虚假”的城市化，因为想进城的农民仍是被城市边缘化的独立群体，难以融入城市。

六、城市群发展盲动，制约城市网络化发展

城市群是我国城市化进程中最为耀眼的产物。目前，我国形成了长三角城市群、珠三角城市群、京津冀城市群、山东半岛城市群、辽中南城市群、成渝城市群、长株潭城市群、武汉城市群、中原城市群、关中城市群等重量级城市群，这些城市群已成为带动我国发展的重要增长极。然而，目前我国除少数几个城市群外，大部分城市群之间的协作性差，一体化的网络发展体系远没有形成。主要原因：一是城市群内部体系没有健全。目前我国城市群中的核心城市聚集和扩散力还不够强大，城市群的中心城市综合辐射和影响力不够突出，城市群内部结构都存在或多或少的结构性缺陷。比如，珠江三角洲城市群内的特大城市、大城市、中等城市、小城市之间的结构不尽合理，大城市和小城市数量偏少，整个城市体系缺乏有效的传承环节。① 再如，山东半岛城市群 8 个地市中有“双龙头”城市——济南和青岛，尽管青岛是经济实力最强的城市，由于受区位限制在空间上对周边城市的辐射性不大，济南虽是省会城市，但在空间上也难以有效带动东部其他城市发展。二是城市间竞争激烈。尽管不少城市形成了群落，但是我国仍是以行政区管制的“诸侯城市”，不仅存在城市区域市场壁垒，地方保护主义依然盛行，而且城市之间竞争比较激烈，要素争抢意识非常强。目前看，由于各行政区利益目标的不同，在市场力量的驱动下，我国城市群之间的竞争大于合作，这只能是加速城市市场的封闭，甚至引起城市间矛盾的激化，对构建一体化的城市群网络毫无益处。比如，为提高各自的竞争优势，北京与天津、重庆与成都、广州与深圳都存在激烈的经济竞争。三是城市间产业结构趋于同构化。由于城市群内的城市之间天然为邻，在地理上具有相同或相似的资源禀赋、文化习性和思维模式，在发展战略上往往存在相似性，日积月累就促成了当前很多城市群出现产业结构雷同现象，甚至同构化非常严重。客观上，产业同构有助于提高城市群专业化经济的竞争力，但又会增加城市之间的竞争，不利于城市群的可持续发展。四是城乡发展不平衡。由前面分析，我国是典型的二元结构国家，在城市群中城乡二元结构同样存在，甚至城乡差别非常显著，目前我国城市群中的农村地区还处于工业化前的状态，经济社会发展明显滞后于城市群的中心城市，大大制约了城市网络的构

① 姚士谋、陈振光、朱英明：《中国城市群》，中国科技大学出版社 2006 年版。

建，严重影响了城市群整体竞争力的提升。

七、城市融资困难，制约现代城市建设

新中国成立60多年来，我国城市建设取得了骄人成绩，但是由于经济的快速发展，人口城市化加快，人们对城市物质和精神生活的需求越来越高，特别是进入20世纪90年代以来，我国不少城市的交通、通信、能源等基础设施滞后于经济社会发展，不少城市的城中村、棚户区严重影响城市的生产和生活，致使城市建设与城市经济发展步调不一致。究其主要原因，多数人都指向资金缺乏这一问题。实际上，发展中国家的城市都普遍遇到这一问题，即使是经济发达城市也不例外。我国城市资金缺乏的主要原因：一是地方财力不够。根据国内外经验，城市基础设施投资占国民收入的比重一般应安排8%～10%，而我国大多数城市的地方财政收入占国内生产总值比重大约在4%～7%。目前，我国城市财政支持主要用于行政管理、科教文卫事业、社会保障、经济建设、城市维护和建设，由于城市基础设施和旧城改造耗资巨大，很多城市财力难以支付。比如上海市，1989～1997年，上海市基础设施投资增长了1044.0%，而同期政府财政支出和GDP才分别增长了485.1%和82.4%，远远低于基础设施资金的增长。二是银行融资渠不足。目前政府多是通过银行贷款进行城市建设，但银行利率高，周期长，风险高，银行贷款数额一般不大。三是投融资平台缺少。城市基础设施是一个可市场化的潜力产业，由于我国对基础设施融资缺乏市场化的经验，对资本市场融资重视不够，对民间融资利用不够，对投资中介服务机构支持不够，所以我国多元化的投融资平台较少。在世界经济发展史上，就基础设施与生产活动之间的关系而言，有三种类型，即超前型（英国等西欧发达国家）、同步型（美国、加拿大、瑞典等国家）和滞后型（苏联、东欧、大多数发展中国家），其中，我国是典型的城市基础设施滞后型国家。实践表明，基础设施稍超前于生产活动是有利于经济社会发展。根据郝寿义、安虎森对1984～1995年上海、深圳、天津、大连等市的城市建设对城市竞争力影响的实证研究表明：城市基础设施存量与城市竞争力高低是正相关；城市建设对城市社会经济发展起到了巨大的带动作用。在一定区间内，随着基础设施等增长，城市竞争力不断提高或加速提高。[①] 为此，城市建设特

① 郝寿义、安虎森：《区域经济学》，经济科学出版社2004年版。

别是城市基础设施建设对城市经济发展和城市现代化水平提高作用重大。根据冯云廷的研究，如果每增加一个城市人口，基础设施至少需要 1 万元的投资。[①] 基于此，以 2016 年为节点测算，今后 10 年我国城市化若按年均 0.8%的增速计算，我国城市人口大约要增加 1.2 亿~1.3 亿，那么我国城市基础设施投资至少需要增加 1.2 万亿~1.3 万亿资金，对于普遍融资不足的中国城市来说，1.2 万亿~1.3 万亿元意味着巨大的融资压力。

八、中小城市和小城镇发展动力不足，制约人口城市化进程

在我国城市化进程中，大城市、特大城市扮演着重要的角色，而中小城市和小城镇作用并不明显。根据第七届中小城市科学发展高峰论坛数据，截至 2009 年底我国中小城市已达 2160 个[②]，约占我国城市总规模的 80%以上，同时，还有建制镇 19322 个，约占我国乡镇总数的 56.5%。中小城市和小城镇一头联系大城市，一头联系农村，是农村人口转移的连接支点和基本载体，它们虽然是城市体系的基层，更是城市体系的主体部分，作用重大。这些年我国比较重视发展中小城市和小城镇，一些地区的中小城市和小城镇实现了较快发展，比如江苏、浙江、广东一些中小城市和小城镇的发展成为全国发展的示范。但从全国来看，我国中小城市和小城镇发展速度并不快，存在着很多问题，其中最为突出的是产业发展滞后与不足，难以形成强劲发展动力，或者说，中小城市和小城镇并没有对乡村城市化提供良好的人口转移空间，这也是我国农村人口向大中城市迁移的最主要原因。从产业发展看，主要表现为工业和服务业发展不足。一方面，中小城市经济绝大多数是县域经济，除少部分沿海、沿江、沿边开放或邻近大城市的县域外，我国县域经济的基本格局是，农业县多，工业县少，服务业县更少；即使在工业县中，传统工业多，现代工业少，产业基本处于链条低端，产业附加值低，产品市场小，产业规模小，多以机械、冶金、食品、化工、建材、采掘等产业为主。另一方面，我国小城镇经济绝大多数是乡镇经济，尽管是县域经济的重要组成部分，但基本是以农业为主、手工业和农村服务业为辅的经济格局。由于小城镇天然邻近农村，农业一

① 冯云廷：《城市经济学》，东北财经大学出版社 2005 年版。

② 该论坛统计的中小城市标准是，常住人口 100 万以下的建制市市区、未成为建制市的县及县级以上行政区划的中心城镇。

般是经济发展的主导，规模化的工业和服务业经济在小城镇远没有普遍形成，在我国很多地方特别是中西部地区的小城镇基本是维持正常的行政管理和基本的农业生产，几乎没有工业和服务业。由于我国中小城市和小城镇的产业动力整体不足，尤其是西部地区的大部分中小城市和小城镇产业动力基本丧失，导致了我国农村人口向大城市迁移、向东部地区迁移，这既增加了农民进城的成本和风险，又增加了大城市的承载压力。

第六章

中国新型城市化发展的战略思路

历史的潮流滚滚向前，中国城市化在制度缺陷和经济约束下走过了不平凡历程，带着掌声与喝彩、沉疴与外伤进入一个新的发展阶段，同时又站在一个新的选择路口。在总结历史、正视现实、展望未来之际，中国要立足实情作出全面而又科学的城市化战略谋划，这就是走以人为本、富有中国特色的新型城市化道路。

第一节　中国城市化发展的严峻挑战

一、农业耕地不断减少

粮食安全是我国生存和发展的头等大事。为保证我国粮食安全，《全国土地利用总体规划纲要（2006～2020年）》提出，要守住18亿亩耕地红线，全国耕地保有量到2010年保持在18.18亿亩，到2020年保持在18.05亿亩，确保15.6亿亩基本农田数量不减少。党的十七届三中全会再次强调“坚决守住十八亿亩耕地红线……确保基本农田总量不减少”。随着我国城市建设用地需求量的增加，近些年农地逐年减少，到2010年底我国耕地不足18.26亿亩，接近国家规划目标18.18亿亩的临界线，比1997年的19.49亿亩减少1.23亿亩。尽管我国耕地面积大，但是人均水平较低，属于耕地稀缺的国家。目前我国人均耕地面积为1.38亩，仅为世界平均水平的2/5，发达国家的1/4，美国的1/6，阿根廷的1/9，加拿大的1/14。“十一五”以来，我国每年建设用地需求在1200万亩以上，而每年全国土地利用计划下达的新增建设用地只有600万亩左右，土地缺口达50%以上。今后随着工业化、城镇化加快推进，建设用地供求矛盾还将进一步加大，如果按照每年600万亩的耕地减少数量以及每年出现大量的违规用地计算，到2020年我国很难保住18亿亩耕地的红线。今后我国耕地减少的形势非常严峻，我国将在扩大建设用地和保护农业用地上处于两难选择，这无疑成为城市化发展的一个非常苛刻的条件。

二、人口老龄化趋势加重

人口老龄化是21世纪全球性难题。按照联合国的传统标准，一个国家或地区60岁以上老人达到其总人口的10%，可视为进入老龄化社会；按照联合国新的标准，65岁以上老人达到总人口的7%时就进入老龄化社会。按此标准，2000年我国65岁以上的人口占全国总人口的6.96%，我国开始进入老龄化社会；2014年，我国60岁以上的人口2.12亿人，占总人口的15.5%，65岁以上人口1.38亿人，占10.1%。[①] 这表明，我国已完全进入老龄化社会，正进入深度的老龄化社会。中国社会科学院蔡昉研究员借用联合国的预测数据，分析了中国2030年以前0~14岁、15~64岁、65岁以上三个年龄组人口变动趋势，他认为，今后少儿人口比重逐步下降，老年人口逐步上升，劳动人口年龄在2015年以前不断上升，之后不断下降；从绝对数量上看，劳动人口在2015年左右达到峰值，约10亿人，之后不断下降。根据中国人口与发展中心的研究，我国劳动人口比重不断上升，到2013年左右达到峰值72.1%，之后逐年下降；从绝对数量上看，劳动年龄在2016年左右达到峰值，约9.79亿人。[②] 可以看出，这两个权威观点基本一致。近年我国劳动就业人口增幅缓慢，2015年我国劳动就业人口77451万人，比2014年仅增长198万人，是近20年增幅最小的年份。这也契合了不少学者指出的，随着我国老龄化趋势的加重，“人口红利”开始减弱，劳动力供给将趋于短缺。尽管我国开始实施“二胎”政策，而这需要有十几年的接续期，由于人口老龄化的加重，势必影响全社会的经

① 国家统计局：《中国统计年鉴》（2015），中国统计出版社2015年版。
② 蔡昉、王美艳：《未富先老对经济增长可持续性的挑战》，载《宏观经济研究》，2006年第6期。

济增长，势必减缓农村剩余劳动力向城市转移。今后十几年我国将面临劳动力短缺的挑战。

三、能源供给形势紧张

中国拥有多种能源资源，是“富煤、贫油、少气”的国家，其中，煤炭藏量居世界第1位，优质化石能源相对不足，石油和天然气资源的探明剩余可采储量仅列世界第13和第17位。但目前中国人口接近13.75亿人，居世界第一位，各种能源资源的人均占有量都低于世界平均水平，比如人均石油是世界人均水平的6.1%，人均天然气是世界人均水平的6.5%，人均煤炭是世界人均水平的79%。随着工业化、城市化的快速发展，经济增长对能源需求刚性不断增加，我国能源生产总量和消费总量不断增长，由于我国每年能源消耗量大于能源生产量，一直有缺口。比如，2014年我国能源消费总量42.6亿吨标准煤，能源生产总量36亿吨标准煤，缺口能源主要靠进口，能源消费对外依存度为15.5%。尽管我国能源对外依存度不高，但仅从石油能源供需看，前景担忧，形势严峻，1993年我国首度成为石油净进口国以来，原油进口不断增加，原油对外依存度也不断攀升，2000年对外依存度24.8%，2006年突破45%，到2009年突破50%的警戒线，达到51.3%，[①] 2011年55.2%，2012年56.5%，2013年58.1%，2014年59.6%[②]。2014年我国生产原油2.1亿吨，净进口原油高达3.1亿吨。根据中国社科院发布的《中国能源发展报告》，到2020年中国对进口原油的依赖程度可能上升到65%。中国地质科学院王建安研究员在《全球能源格局与中国能源安全报告》指出，到2030年，我国石油对外依存度达到75%，天然气对外依存度接近40%，煤炭对外依存度接近10%，中国能源消费“零增长”将在2030～2035年到来，能源安全将面临巨大风险。众所周知，能源安全关乎国家的稳定和发展，而石油安全又是能源安全的重中之重。随着能源供应日趋紧张，能源将成为我国城市化和工业化发展的一大“瓶颈”。

---

① 上海市经济和信息化委员会：我国石油对外依存度攀升警示国家能源安全，http：//www.sheitc.gov.cn/jjyw/629485.htm。

② 《中国石油对外依存度近60%》，http：//news.xinhuanet.com/energy/2015－01/29/c_127434780.htm。

四、水资源供给不容乐观

中国淡水水资源储量较大，总量为2.8万亿m^3，居世界第六位，占全球总量的6%。但是我国人均水资源占有量只有2200m^3，仅为世界人均水平的25%，居世界第119位，所以中国被列为世界上最缺水的13个国家之一；在空间分布上，我国水资源南多北少、东多西少，这与人口、耕地、矿产等资源分布及经济发展状况极不匹配，比如，华北地区水源不足，人均占有量约500m^3，基本处于水资源绝对稀缺的地区。随着经济社会发展需求和生态环境的变化，我国水资源供给面临很大压力。目前，正常年份我国每年缺水量近400亿m^3，有400余座城市供水不足，比较严重缺水的有110座。随着城镇生活污水、工业废水的排放，目前约有50%～70%的河流受到不同程度污染，地下水污染同样存在。我国原水利部部长汪恕诚认为，到2030年我国人口达到最高峰16亿的时候，人均水资源量为1700m^3，我国将处于世界公认的贫水警戒线1800m^3以下。① 根据郑一估算，2030年前后，中国水资源年消耗量为7000万～8000万m^3，将接近于年度可用水资源量8000万～9000万m^3，由于农业用水占全部用水的2/3，水资源的紧张会对农业生产造成很大压力。② 今后随着我国产业用水的增加、人口的增长、水污染的存在，我国的饮用水安全、供水安全、粮食安全的形势不容乐观，尤其是大城市用水将面临很大压力。

五、农村反贫困任重道远

贫困是当今世界面临的严峻挑战之一，中国也不例外。随着多年反贫困投入，我国取得了巨大成就。但是由于我国是人口最多的发展中国家，贫困特别是农村贫困问题仍然是制约我国全面建设小康社会的重要因素。根据2007年《中国扶贫开发报告》，2006年底我国绝对贫困人口仍有2418万人，已解决温饱但发展水平仍然较低的低收入人口有3350万人，贫困人口占农村总人口的6%，西部地区高达13.7%。国家扶贫办原副主任郑文凯认为，按照农民年人均纯收入2300元（2010年不变价，相当于每天1美元）的扶贫标准，到2013

① 汪恕诚：《中国水资源安全问题及对策》，载《电网与清洁能源》，2010年第9期。

② 郑一：《中国水资源报告》，载《上海经济》，2010年第6期。

年底，我国农村贫困人口有 8249 万人。而实际上，据根据国际上人均支出不足 1 美元的贫困人口标准，目前我国贫困人口远高于官方发布的数据，世界银行估计目前我国约有 1.35 亿人还处在国际贫困线以下，相当于我国总人口的1/10，仅次于印度列世界第二位。按照世界银行前行长保罗·沃尔夫威茨观点，“中国减贫任务还非常艰巨”。我国贫困人口主要分布在农村，而农村贫困集中分布在革命老区、西部少数民族地区、边疆地区，这些地区的农村由于生存环境恶劣、自然灾害频繁、基础设施薄弱、人力素质低下、教育卫生资源短缺，无论历史或现在都是我国经济发展最薄弱的地区。尽管我国农村贫困地区基本完成了扶贫攻坚的阶段性任务，初步解决了大多数绝对贫困人口的温饱问题，但这种温饱应该说是低水平的、不平衡的和不稳定的，由于因能力贫困和知识贫困所致，当前农村中低收入贫困人口和绝对困人口普遍大量存在，特别是农村剩余贫困人口具有明显的贫困深度加大的趋势。[①] 所以，我国的农村贫困是一个非常严峻的问题，今后无论是全面建设现代农村，还是加快农村劳动力转移，解决农村贫困人口将成为我国现代化进程中的一项艰巨任务。

第二节　中国城市化发展的战略选择

基于中国城市化发展的现实难题与严峻挑战，中国城市化发展必须立足现实，正视问题，从国情出发做出科学的战略选择。

一、绝不超越社会主义初期阶段

认清我国所处的发展阶段是研究中国新型城市化的最大现实基础。党的“十三大”报告指出：“正确认识我国社会现在所处的历史阶段，是建设有中国特色的社会主义的首要问题，是我们制定和执行正确的路线和政策的根本依据。”“我国正处在社会主义的初级阶段……我们必须从这个实际出发，而不能超越这个阶段。”“它不是泛指任何国家进入社会主义都会经历的起始阶段，而是特指我国在生产力落后、商品经济不发达条件下建设社会主义必然要经历

① 赵曦：《中国西部农村反贫困模式研究》，商务印书馆，2009 年版。

的特定阶段。我国从20世纪50年代生产资料私有制的社会主义改造基本完成，到社会主义现代化的基本实现，至少需要上百年时间，都属于社会主义初级阶段。”从现实条件看，我国当前和今后一个相当长时期的经济和社会还不算发达，工业大而不强，服务业发展滞后，人均生产总值较小，市场机制还不健全，城市现代化水平整体不高，农业与农村人口占较高比重，农村长期发展缓慢，整体消费需求扩大的动力不足。可以说，我国城市化发展的基础并不雄厚，条件并不优越，实现城市化社会短期内不能一蹴而就，必须循序渐进。为此，实施中国城市化战略必须立足社会主义初期阶段这一最大国情。

二、坚决破除城乡二元制度壁垒

我国城乡分治的二元结构已是不争的事实。我国严密的城乡分割体制限制了非农产业所需要的装备和技术向农村转移，使城市现代工业带动农业乃至整个农村经济发展的扩散效应基本丧失，而大量发展要素聚集城市、回流效应远大于扩散效应的运行态势导致了城乡二元对立关系难以舒缓，城乡二元结构的坚冰难以消融，城乡一体化的发展道路正艰难探索。城乡二元结构是我国今后全面发展中绕不过去的一堵高墙，它不仅是我国城市化和工业化进程的一道巨大路障，也是把我国诸多经社会发展战略引入恶性循环的重要诱因。在封闭的二元体制的路径依赖下，我国城乡管理体制总体上是低效的、僵化的、失衡的，已到了不破不行、不改不行的困境。今后，为加快推进城市化发展、有效统筹城乡发展、全面建设小康社会，我国要坚决打破二元制度壁垒，突破重点领域的体制改革，加快关键领域的体制创新，这一举措势在必行。

三、坚持走新型工业化道路

工业化道路是我国实现现代化的必然选择。党的“十五大”报告指出：“工业化和经济的社会化、市场化和现代化，是不可逾越的历史阶段”。党的“十六大”报告指出：“实现工业化仍然是我国现代化进程中艰巨的历史性任务”，为摆脱传统工业化的弊端，报告又明确指出新型工业化道路：“坚持以信息化带动工业化，以工业化促进信息化，走出一条科技含量高、经济效益好、资源消耗低、环境污染少、人力资源优势得到充分发挥的新型工业化路子。”与传统工业化相比，新型工业化注重把工业发展与农业、服务业的发展统一起来，使工业化成为农业现代化和推进服务业发展的基础和动力，注重信息化在工业调整中的重要作用，注重发挥人力资源丰富的优势特别是农村人力资源丰富的优势，注重把工业生产能力的提高和消费需求能力的提高协调统一起来。[①] 新型工业化道路是我国产业结构战略性调整方向，是打造我国现代产业体系的决定因素。工业化是城市化的动力，而新型工业化则是我国新型城市化战略性转型的决定因素，是我国新型城市化发展的核心动力。今后我国推进城市化必须坚持走新型工业化道路。

四、积极发展劳动密集型产业

我国农村剩余劳动力非常多，而资金、技术要素相对稀缺。国际经验表明，凡是人口众多、土地和资本稀缺的国家，产业结构演进都要经历由资源和劳动密集型向资本和技术密集型转变。日本、韩国、新加坡、泰国、中国台湾、中国香港等国家或地区在工业化发展阶段都是依靠劳动密集型产业起步和崛起的。我国应清醒认识农村剩余劳动力多的严峻性，要充分发挥农村劳动力成本低的比较优势，积极发展横跨一二三次产业和统筹城乡的劳动密集型产业，为大量农村剩余劳动力创造就业机会，不断开辟进城务工的空间。劳动密集型产业是我国产业发展的必经阶段，也是我国当前和今后20年城市化加快发展的重要动力，那么创造更多的劳动密集型产业岗位是顺应工业化发展的内在要求，契合中国国情，符合我国大批较低素质群体的就业需求，将有力推动人口城市化发展和城市经济繁荣。

五、必须高度重视社会保障问题

社会保障是社会安定的重要保证，而城乡一体化的社会保障则是成功城市化的重要标志。在我国城市化进程中社会保障领域的压力很大：无论是城市还是农村的老龄化都进入深度发展期，城乡贫困人口问题依然严重，农民工社会保障基本缺失。由于人人拥有保障是实现社会公平的重要表现，在今后全面推进城市化、建设小康社会中我国必须把社会保障问题摆在发展战略的重要位置，对城市居民、农民工、农民等群体提供更多的其最直接、最关心的各类社

① 赵曦：《中国四川工业化发展研究》，西南财经大学出版社2007年版。

会保障服务，只有这样才能奠定城市化的基石，才能更加体现以人为本、服务人民的社会主义发展理念。社会保障是城市化的“定心丸”，没有全面的社会保障就没有成功的城市化。加快构建覆盖城乡居民的社会保障体系是我国新型城市化发展的必然要求和重要内容。

六、必须走可持续发展之路

前面研究揭示，我国城市化进程中出现了城市粗放式建设、城乡环境遭受不同程度破坏、能源资源不断锐减、人口老龄化严重等问题，这对我国过去城市化发展模式敲响了警钟。没有生态文明就没有完整的现代文明。因此，我国推进城市化需要有可持续发展的眼光，在构建资源节约型、环境友好型城市化战略体系时既要考虑当前发展的需要，又要考虑未来发展的需要，不以牺牲后代人的利益为代价来满足当代人的利益，要使城市化发展与人口资源环境相协调，使人们在良好生态环境中生产生活，只有这样的城市化，经济社会才能永续健康发展。特别是，我国人多地少，粮食安全极其重要，严格控制土地利用是我国城市化可持续发展的首要问题，今后中国绝不能盲目跟从美国、澳大利亚、加拿大等国家的大规模蔓延式城市化道路，必须走紧凑型、集约型城市化道路。人口、资源、环境的协调与可持续发展是城市化科学发展的战略举措和必然选择。

第三节　中国新型城市化道路思想的形成

城市化道路是指城市化进程的途径和方式，是推动城市化进程中所采取的某种模式或战略安排（蔡孝箴，1997）。新中国成立60多年来我国城市化并未找到科学的发展道路，我们所见到的基本是在不同时期的城市发展方针或政策，直到21世纪初我国才走上符合本国国情的城市化道路。

一、中国多变的城市化发展方针

新中国成立初期，我国提出过“以消费型城市转变生产型城市”的发展战略，对消费型、消费和生产混合型城市进行向生产型城市转变，导致了当时大部分城市变成功能不全、结构失调的单纯性工业基地。在长期小农意识影响下，我国对小城镇发展偏向，1955 年中央出台了《坚持减低非农业性建设标准》，国家建委顺之提出“今后建设的城市原则上以中、小城镇和工人镇为主”，之后 20 多年我国城市建设一直坚持此方针。1978 年全国第三次城市工作会议提出“控制大城市规模，多搞小城镇”，继续坚持小城镇为主导的发展方针。1980 年国家建委召开了全国城市规划会议，把“控制大城市规模，合理发展中等城市，积极发展小城市”作为全国城市发展总方针。但随后几年，我国大城市仍继续膨胀。1989 年国家明确把“实施严格控制大城市规模、合理发展中等城市和小城市的方针”写入城市规划法，不过在市场机制和行政力量的博弈下，这一方针并没有遏制住大城市的扩张。直到 1996 年，国家控制大城市方针有所改变，“九五”计划提出“逐步形成大中小城市和城市规模适度，布局和结构合理的城镇体系”。围绕如何建设和发展好城市，半个世纪以来我国一直在探寻城市化发展的科学模式，战略方针几经变换，走了不少弯路。

二、中国新型城市化道路的提出

在总结过去城市化发展经验与教训基础上，2001 年我国“十五”计划提出“走符合我国国情、大中小城市和小城镇协调发展的多样化城镇化道路，逐步形成合理的城镇体系。有重点地发展小城镇，积极发展中小城市，完善区域性中心城市功能，发挥大城市的辐射带动作用，引导城镇密集区有序发展。”随后，2002 年党的“十六大”报告指出“要逐步提高城镇化水平，坚持大中小城市和小城镇协调发展，走中国特色的城镇化道路。”这是我国第一次提出中国新型城市化道路，不过，在报告中对大中小城市如何协调发展并未明确指出，仅提及“发展小城镇要以现有的县城和有条件的建制镇为基础，科学规划，合理布局，同发展乡镇企业和农村服务业结合起来。消除不利于城镇化发展的体制和政策障碍，引导农村劳动力合理有序流动。”①

2006 年国家“十一五”规划对新型城市化进行进一步阐明“坚持大中小城市和小城镇协调发展，提高城镇综合承载能力，按照循序渐进、节约土地、

---

① 江泽民：《全面建设小康社会，开创中国特色社会主义事业新局面》，http：//www. gov. cn/test/2008 -08/01/content_1061490. htm。

集约发展、合理布局的原则，积极稳妥地推进城镇化，逐步改变城乡二元结构。”并从分类引导人口城镇化、形成合理的城镇化空间格局、加强城市规划建设管理、健全城镇化发展的体制机制四个方面研究如何促进城市化健康发展。可见，我国“十一五”规划中明确提出了城市化要集约发展，要注重城市综合承载能力建设，要把城市群作为推进城市化的主体形态，突出特大城市和大城市的龙头地位，发挥中心城市作用，并鼓励农村人口进入中小城市和小城镇。

经过5年的发展实践，2007年党的“十七大”报告再次提出“走中国特色城镇化道路，按照统筹城乡、布局合理、节约土地、功能完善、以大带小的原则，促进大中小城市和小城镇协调发展。以增强综合承载能力为重点，以特大城市为依托，形成辐射作用大的城市群，培育新的经济增长极。”党的“十七大”报告鲜明地提出把“城乡统筹”放到了城市化坚持原则的首要位置，把“功能完善”作为城市发展另一个重要原则，更加强调了大城市的依托和引领作用，明确了今后城市化的发展原则、方向和重点。2008年党的十七届三中全会召开，指出“我国总体上已进入以工促农、以城带乡的发展阶段，进入加快改造传统农业、走中国特色农业现代化道路的关键时刻，进入着力破除城乡二元结构、形成城乡经济社会发展一体化新格局的重要时期。”党的十七届三中全会关于对二元结构、现代农业等方面的论述是对“十七大”关于“统筹城乡发展”的深入落实，并认为必须从城乡统筹的全局出发才能更好地解决“三农”问题。可以看出，无论城市化问题，还是“三农”问题，我国都必须高度重视城乡统筹发展问题。

在新型城市化战略基础上，2012年党的“十八大”报告将我国城市化战略推进提高到前所未有的高度，即“坚持走中国特色新型工业化、信息化、城镇化、农业现代化道路，推动信息化和工业化深度融合、工业化和城镇化良性互动、城镇化和农业现代化相互协调，促进工业化、信息化、城镇化、农业现代化同步发展。”进一步明确“科学规划城市群规模和布局，增强中小城市和小城镇产业发展、公共服务、吸纳就业、人口集聚功能。加快改革户籍制度，有序推进农业转移人口市民化，努力实现城镇基本公共服务常住人口全覆盖。”① 可见，我国已深刻认识到城市化不是独立的工程，而需要与工业化、

① 胡锦涛：《坚定不移沿着中国特色社会主义道路前进为全面建成小康社会而奋斗》，http://news.xinhuanet.com/18cpcnc/2012-11/17/c_113711665.htm。

农业现代化以及信息化密切协同，在全局上为城市化设计出新的动力机制。同时，提出“农业转移人口市民化”的重要概念，为城市化发展提出新的任务。2013年党的十八届三中全会提出，“坚持走中国特色新型城镇化道路，推进以人为核心的城镇化，推动大中小城市和小城镇协调发展、产业和城镇融合发展，促进城镇化和新农村建设协调推进”，继续再次提出“推进农业转移人口市民化，逐步把符合条件的农业转移人口转为城镇居民。”这次会议强化要创新城市化健康发展的体制机制，将“以人为核心”作为城市化的终极任务和目标。

至此，中国新型城市化道路思想和战略理论初步形成，尽管历经10余年，但它的形成并非一帆风顺，是在几十年的城市化发展方针、政策基础上逐渐演化而来的。它尊重城市化发展规律，尊重人的发展，强化城市化发展的科学规划与布局，强化城乡集约发展与城乡协同发展，注重大中小城市、小城镇间的协同发展，注重城市功能的完善，注重城市增长极的带动，是在实践中探索出的适合我国国情的科学发展模式。中国新型城市化道路是对科学发展观的深入实践和现实检验。

第四节 供给侧改革与中国新型城市化推进

一、供给侧改革提出的背景

改革开放以来我国经济快速增长，但长期粗放式增长模式产生了大量问题，尤其是2008年金融危机波及全球以来，我国“十二五”期间经济增速明显下滑，下行趋势显著，形势不容乐观。经济问题的症结主要是粗放增长和产能过剩。从短期原因看，主要是我国部分产品需求结构失衡，钢铁、水泥、玻璃、煤炭、多晶硅、风电设备、住房等产品产能过剩较严重，供给明显大于需求；从长期原因看，主要是我国产业结构、城乡结构、区域结构、动力结构、分配结构、投入结构、排放结构等严重失衡。

从“十二五”开始，我国不得不进行战略性结构调整期，经济由此进入一种新常态。这种新常态主要表现为：经济从高速增长转变为中高速度增长，经济结构深度转型与升级，经济增长驱动从以要素和投资驱动为主开始寻求以创新驱动为主。

为解决我国复杂的结构性问题，适应新常态，引领新常态，2015 年 11 月中央财经领导小组第十一次会议上习近平总书记首次提出："在适度扩大总需求的同时，着力加强供给侧结构性改革，着力提高供给体系质量和效率，增强经济持续增长动力。"同时，习近平总书记对中国经济问题的判断是："结构性问题最突出，矛盾的主要方面在供给侧。"2016 年中央经济工作会议认为，我国经济运行面临突出矛盾和问题的根源是重大结构性失衡，必须从供给侧、结构性改革上想办法，努力实现供求关系新的动态均衡。

经济学经典理论认为，市场的力量分为供给端和需求端，供给和需求双方的力量合在一起决定了市场在什么状态下实现均衡。从需求端来看，经济增长以投资、消费、净出口"三驾马车"驱动；从供给端看，经济增长有劳动力、土地、资本、创新、制度等要素支撑。长期以来，我国宏观调控的习惯性思路都是在需求端，总是用刺激需求或抑制需求的思路在管理宏观经济。经过多年实践发现，"三驾马车"不能构成经济增长根本动力的原因，在于其并不能仅在需求侧继续实现其"动力"特征与功能，需要强化供给端的管理和改革。市场的规模、结构及其发展水平本来是由需求和供给两方面力量所决定，没有需求的供给是多余的供给，也是无效供给；没有供给的市场，或者说缺乏有效供给的市场，需求或者只是一种空想。没有有效的供给，即便存在需求，也只是处于沉睡之中。所以，为保持经济高质量发展，必须解决当前结构性问题，对供给侧进行改革。

二、供给侧改革的内涵

所谓供给侧结构性改革，可以认为用制度创新的手段调整和优化结构，矫正要素配置扭曲，扩大有效供给，使供给结构不断契合需求结构，提高供给适应性和灵活性，提高要素配置效率，提高人们生活品质。供给侧结构性改革，最终目的是满足需求，主攻方向是提高供给质量，根本途径是深化改革。（1）最终目的是满足需求，就是要深入研究市场变化，理解现实需求和潜在需求，在解放和发展社会生产力中更好满足人民日益增长的物质文化需要。供给侧改革短期目的是，尽快解决我国产能过剩问题；长期目的是，解决影响经济持续发展的结构性失衡问题。（2）主攻方向是提高供给质量，就是要减少无效供给、扩大有效供给，着力提升整个供给体系质量，提高供给结构对需求结构的适应性。(3) 根本途径是深化改革，就是要完善市场在资源配置中起决定性作用的体制机制，深化行政管理体制改革，打破垄断，健全要素市场，使价格机制真正引导资源配置。要加强激励、鼓励创新，增强微观主体内生动力，提高盈利能力，提高劳动生产率，提高全要素生产率，提高潜在增长率。

改革就是制度创新。在本质上，供给侧改革是以改革为核心现代化为主轴的制度供给创新（贾康，2016）。供给侧结构性改革不仅需要经济部门、产业、产能、产品、技术等结构方面的供给上的管理，更需要“制度红利”的激发和释放，形成激发经济社会活力、潜力的有效制度供给。供给侧改革的主体就是政府，是政府自身的革命。这就需要政府深化自身的改革，要坚持简政放权，放权与管理相结合，管理与服务相结合，积极寻找制度创新路径。

推进供给侧结构性改革是我国适应和引领经济发展新常态的重大理论创新，是适应国际金融危机发生后综合国力竞争新形势的主动选择，是适应我国经济发展新常态的必然要求。

三、供给侧改革应贯穿我国新型城市化全过程

我国城市化演进过程已经揭示其独特性和复杂性。当前，城市化推进既面临着短期性结构问题，又有长期性结构问题，比较突出的就是长期性城乡结构、产业结构、区域结构、分配结构等失衡问题，若继续用需求侧手段应对，难以有独臂挡车的效果。新常态下，我国迫切需要从供给侧方面制定策略来化解城市化一系列难题。

从城市化的需求方看，绝大多数是渴望进城的农民。一方面，随着农民进城，将直接带来就业需求、城市生活需求、城市居住需求、城市建设需求、城市公共服务需求等；另一方面，为尽快走出农村，解放出更多剩余劳动力进城，那么农民需要提高农业劳动生产率，因而对发展现代农业具有强烈的需求，比如土地流转需求、农村金融需求、机械化生产需求、种植技术需求等。其中，诸多需求问题是宏观性、制度性和长期性的，农民自身难以解决，若要解决必须靠政府的力量。在我国只有政府才能够解决因城市化需求产生的一系列深层次经济社会问题。由于我国城市化问题的根源在于制度供给不足，而政府恰恰是城市化制度的供给者。为此，今后我国新型城市化推进关键要解决体制机制性问题，重点是从供给侧视角加快城市化改革，将供给侧一端的制度创

新贯穿新型城市化始终。

第五节　中国新型城市化道路的理论支撑

中国新型城市化道路不仅是中国长期实践中摸索出的经验决策，而且具有科学的理论支撑。通过对大量文献的研究，笔者发现二元经济、空间经济、产业经济、城市规划等相关理论不仅能够解释和阐明中国新型城市化道路的重要观点，支撑这一理论模式的实施和推广，而且能够丰富和发展中国特色城市化道路的思想，对今后中国新型城市化健康有效发展起到科学引领作用。

一、二元经济理论

1. 刘易斯二元经济理论

1954 年，美国著名经济学家阿瑟·刘易斯（Arthur Lewis）在英国曼彻斯特大学学报上发表了一篇具有里程碑意义的论文《劳动无限供给条件下的经济发展》，首次提出了二元经济发展模型，后来又发表了《无限的劳动力：进一步说明》《对无限劳动力的反思》《再论二元经济》，对二元经济理论进一步完善。刘易斯二元经济理论主要观点是：（1）发展中国家经济由现代和传统两个不同性质的经济部门所组成。现代部门：以现代工业为载体，以利润最大化原则雇佣工资劳动者，使用机器设备为主的资本集约型生产技术，具有较高的劳动生产率；传统部门：以传统农业为载体，以维持全体共同体成员的生存为主要目的，不雇佣劳动力，采用的是手工为主的生产技术，劳动生产率较低。那么，传统部门相对落后、比重偏大，而现代部门比较先进、比重偏小，在整个经济结构上表现为二元经济（the dual economy）。（2）劳动力无限供给。劳动力供给无限供给并非是指传统部门的劳动力取之不尽、用之不竭，而是相对的。刘易斯将“二元经济”发展分为两个阶段，一是劳动力无限供给阶段，二是劳动力短缺阶段。第一阶段，在既定的工资水平上许多发展中国家的农村部门中农民的边际生产率很低，农民仅能赚得生存收入，农村中有大量剩余劳动力存在，他认为，只要工业部门的工资水平高于农村部门的工资水平 30% 左右，农村部门的剩余劳动力就源源不断地向工业部门流动，直到两部门的工资水平接近为止。第二阶段，传统农业部门中的剩余劳动力被现代工业部门吸收完毕，那么“刘易斯转折点”出现，劳动力由剩余变为短缺，劳动力供给曲线开始向上倾斜，劳动力工资水平也开始不断提高。(3) 经济的发展靠现代工业部门主导。经济发展是主要靠工业部门的扩张来推动的，是现代部门相对传统部门不断扩张的过程，而这种扩张的前提和基础是资本积累。传统农业部门边际生产率为零的隐蔽失业和过剩劳动力的出现，使得工业部门可以形成资本积累，而资本积累又通过利润的再投资增加资本量，不断扩大资本规模，从而增加对劳动力的需求，创造更多就业机会，吸纳更多农村剩余劳动力，这正是经济发展的关键。资本积累被视为经济发展和劳动力转移的唯一动力。

刘易斯二元经济理论不仅为二元经济国家如何发展经济提供了一种理论解释，而且为城市化原始动力的机制形成提供了一种解释。就城市化的起始条件看，只要农村传统农业收入低于城市现代产业收入一定幅度，大量农村剩余劳动力就能源源不断向城市转移。

2. 拉尼斯—费景汉二元经济理论

在刘易斯模型中，现代化的城市工业是经济增长的主导部门，农业发展对现代工业部门的贡献主要是输送劳动力，农业仅是被动和从属的地位，这种对农业的淡视成为刘易斯模型的一大缺陷。为完善刘易斯模型，1961 年美国耶鲁大学的费景汉（John C. H. Fei）和古斯塔夫·拉尼斯（Gustav Ranis）发表了《经济发展理论》，在刘易斯模型基础上提出了拉尼斯—费景汉二元经济模型。拉尼斯、费景汉认为，农业部门除了能够为工业部门的扩张提供丰富而廉价的劳动力之外，还可以为工业部门提供农产品的支持。他们将提供农产品的支持定义为农业剩余，这一概念在模型分析中很关键，对工业部门扩张和劳动力转移具有决定性影响。拉尼斯—费景汉模型将农业部门的劳动力转移分为三个阶段：第一阶段，刘易斯的劳动力无限供给阶段，即短缺点之前的阶段；第二阶段，工业部门吸收那些边际劳动生产率低于农业部门的平均产量的剩余劳动力，即短缺点与产业化点之间的阶段；第三阶段，产业化点之后的阶段。在第一阶段中，人均农业剩余等于不变制度工资水平①，人口转移对工业和农业

① 人均农业剩余，指农业剩余与农业部门转移出来的劳动力数量之比。不变制度工资，指剩余劳动被完全转移之前的农业部门劳动力工资，等于农业部门的人均产出水平。

都没有影响。在第二阶段中，将农业部门中具有边际生产率的劳动者转移出来，农业总产量下降，人均农业剩余随之减少，且低于不变制度工资，从而农业向工业提供剩余减少，农产品向工业供给出现短缺，特别是粮食短缺严重。在第三阶段中，全部剩余劳动力都已被吸收到工业部门，劳动和资本成为稀缺生产要素，农业部门和工业部门的劳动力流动完全取决于边际生产力的变动，农民的工资由市场来决定。通过三个阶段的分析，拉尼斯、费景汉认为，农业部门发展是工业部门持续发展的前提条件，因为如果排斥农业部门发展，粮食短缺将阻碍工业部门的扩张，工业部门难以获得真正的发展。只有不断提高农业劳动生产率才能弥补第二阶段和第三阶段劳动力减少对农业总产出的影响，可以为工业部门发展提供保障。拉尼斯、费景汉还进一步认为，农业生产率的增长虽然是保证工业部门扩张和劳动转移的必要条件，如果工业部门扩张不受阻，工业部门与农业部门必须保持平衡增长，也就是农业部门提供的农业剩余刚好满足工业部门对农产品的需求，使两部门之间的贸易条件均衡，这样劳动力转移才能持续进行，最终消除农业中的剩余劳动。

拉尼斯—费景汉二元经济理论具有重要的借鉴意义：农业部门是工业部门发展的重要前提条件，没有农业的供给与支持，工业难以扩张和发展；农业必须保持一定增长率，并且与工业增长率形成一定比例关系，才能保证农村剩余劳动力既能顺利转移到城市，又不影响农村的自给自足式发展。

3. 托达罗二元经济理论

由于刘易斯模型和拉尼斯—费景汉模型都是假设工业部门完全就业，从而避开了城市失业这一问题，而 20 世纪 70 年代初许多发展中国家遇到了城市失业问题，为了解释城市失业和乡村人口进城这一并存现象，美国经济学家托达罗（Todaro，1969）提出了一个预期收入模型。托达罗在模型中引入了就业概率和预期收入的概念，他认为，乡村劳动力流入城市后寻找工作具有不确定性，理性劳动者通常会使用实际收入乘以就业概率所得到预期收入作为自己在城市中获得收入的评价尺度，只有预期收入大于劳动力在农村中的平均收入时，才意味着乡村劳动力向城市迁移是有利的。托达罗还引入了非正规部门概念，他认为，在城市中与少数先进工业部门（称为正规部门）并存的，还有广大的小商店、路边工厂（称为非正规部门），由于从农村中进城的人们很难一步到位被正规部门吸纳，实际上很多被非正规部门吸纳，这样托达罗人口流动模型主要讨论了农业部门、城市正规部门、城市非正规部门，该模型又被称为“三部门模型”。托达罗模型的基本结论是：（1）迁移成本—收益的比较分析是人口流动的决策基础；（2）城乡预期收益差异是人们迁移决策的关键变量，而影响预期收益差异的主要因素是现代部门的工资水平和就业概率；（3）现代部门的就业概率取决于城市传统部门就业总人数与城市现代部门的新创职位数，就业概率的大小能自动调整人们的迁移行为；（4）当城乡收入存在巨大差距时，就业概率对人们迁移决策行为的影响就会减弱，人口净迁移的速度会超过城市现代部门的就业创造率，从而出现严重的失业现象。

我们从托达罗二元经济理论分析中可以深刻认识到：发展中国家采取发展战略偏向城市的做法会引起城乡就业机会不均衡现象，城乡就业的失衡会进一步使城市失业问题加剧。若仅通过创造城市就业机会，就难以解决城市失业问题，反而会引发农村人口大量涌入城市，导致农村劳动力出现短缺。要想控制和消除城市失业问题，在开辟城市就业岗位的同时，必须鼓励和支持农村发展，推动农村经济发展，不断提高农民收入，这样防止因农民收入过低而盲目过度迁入城市。

二、空间经济理论

1. 增长极理论

增长极最初是由法国经济学家于弗朗索瓦·佩鲁（Francois Perroux）1955年提出，他认为，经济增长首先出现和集中在具有创新能力的行业，这些行业常常集中于经济空间的某些点，进而形成了增长极。他把经济空间看作非均衡的，且存在于极化过程中；增长并非同时出现在所有部门，而是以不同的强度首先出现在一些增长部门，然后通过不同的渠道向外扩散，并对整个经济产生不同的终极影响。增长极就是具有推动性的经济单位，或是具有空间聚集特点的推动性的集合体。后来，布代维尔（Boudeville，1966）、达温特（Darwent，1969）、尼科尔斯（Nichols，1969）、苏恩（Lasuen，1971）、帕尔（Parr）等学者又进一步从地理学角度对增长极重新加以概念化，着重强调产业空间聚集特征，甚至把增长极简单地说成城市单元。主流观点认为，增长极一般有两种含义：一是相互关联以及推进型产业的空间聚集；二是带动周围区域经济增长的城市中心或核心区。区域经济学者把弗朗索瓦·佩鲁等人的增长极概念和思想引入到区域经济研究中，并且与地理概念融合起来，来解释区域或城市经济增长过程和机制。增长极理论的实质就是强调空间经济的不平衡增长，把有限的稀缺资源集中投入到发展潜力大、规模经济和投资效益好的少数部门或区位，使增长点的经济实力强化，同周围区域经济形成一个势差，通过市场经济机制的力量引导整个区域经济发展。增长极理论一度成为发展中国家和欠发达地区经济增长的重要工具，在欧美发达国家和一些发展中国家产生过明显效果。20 世纪 70 年代末，增长极理论在我国开始应用，重点用于解释和指导我国区域经济非均衡发展。比如，中国科学院陆大道院士员提出的“点轴理论”就是增长极理论的延伸，他认为点轴系统由增长极和交通路线或生产要素供给线组成，通过点轴系统的作用使产业、人口、技术等要素向增长极和轴线两侧聚集，带动经济发展。

增长极理论是区域经济理论的重要分析工具。研究城市化问题中可以把城市、城市群或城市带作为一个空间增长单元，看成增长极，利用增长极的极化或扩散作用来解释城市化的发展阶段、城市之间或城乡间相互作用的关系。

2. 克里斯塔勒中心地理论

为探索城市的分布规律，德国地理学家沃尔特·克里斯塔勒（Walter Christaller）对德国南部所有的城市和农村进行了深入调研，于 1933 年出版了《德国南部的中心地原理》，建立了中心地理论。他提出了中心地、中心性、补充区域、商品服务范围、中心商品与中心地职能的等级、中心地的登记、经济距离等概念，其中理论的最大特点之一是中心地的等级和中心职能是相互对应的。为建立中心地理系统空间模型，克里斯塔勒提出了若干假设条件，并认为中心地的空间分布形态受市场因素、交通因素和行政因素的制约，从而形成不同的中心地理系统空间模型。克里斯塔勒中心地理论的基本要点是：（1）一个区域发展必须有自己的核心，它拥有若干大小不同的城镇。在一个区域内中心地的大小与排列具有一定的规律，高级中心只有一个，次一级的中心地较多，等级愈低的中心地数目愈多，规模愈小。（2）各级中心地及其市场区域在一个完整的网络系统中形成大小不同的六边形，各级中心位于六边形的中心或边的中心与顶点。（3）不同规模的中心地提供不同种类的服务，较小中心地提供较低门槛人口水平的服务，较大中心地能维持需要较多门槛人口水平的服务设施。（4）同一等级的两个相邻中心地之间的距离相等，级别越低，相邻两个中心地间距离越短。（5）不同等级中心地的市场区域采取三种模式分布。假定 k 为某级中心市场区域面积与低一级中心市场区域面积。这三种模式分别为 k =3，k =4 与 k =7，当 k =3 时，能保持市场组织最优，但不利于交通布局；k =4 时，能保持交通最优，但不利于市场组织；当 k =7 时，能保持行政最优，但不利于市场组织和交通出行。

克里斯塔勒中心地理论是现代地理学的基石，由此克里斯塔勒被世人尊称“理论地理学之父”。就城市化研究看，他对如何构建城市体系具有重要的指导意义，特别是他首创了以城市聚落为中心进行市场与网络分析的理论，深入研究了城市等级划分、都市与农村区域的相互作用、城市内和城市之间的关系、城市区域、规模以及职能，对研究当前城市布局、城市网络、城乡关系具有重要的理论借鉴作用。

3. 空间作用与扩散理论

由于社会分工的存在，每座城市不是孤立存在的，城市与乡村、城市与城市之间总是持续不断地进行着人流、物质、能量、信息之间的交往和交换，这种交往和交换就是空间的相互作用。马克思、恩格斯对城市的空间运动有先见论断：城市彼此发展了联系，新的劳动工具从一个城市运往另一个城市，生产和商业间的分工随即引起了各城市间在生产上的新的分工，在每一个城市中都有自己的特殊的工业部门占着优势。最初的地域局限性开始逐渐消失。城市之间的相互作用有两大常见规律。（1）城市相互作用规律。城市作为地域经济系统的中心，一般是节点、廊道、结节区域及所承载的商品流、人流、资金流、信息流的组织者和终结者。1972 年英国学者海格特（P. Haggett）借用物理学中热传递理论，把空间相互作用分为三种形式：对流、传导和辐射。对流，即城市之间人员与物质的流动，来来往往，绵绵不绝，是实实在在的物流。传导，即城市之间各种交易过程，通过记薄程序来完成，形成庞大的货币资金流。辐射，即城市之间以信息为载体的新思想、新技术、新文化的扩散和渗透，城市越大，辐射的能级就越大。城市空间的相互作用需要借助各种媒介，其中交通和通信是重要的手段。交通网络可以把人员和物质运达，通信网络可以用信息传出。若把空间相互作用的媒介网络与城市组合，单个城市就是城市网络的节点，从节点出发的媒介轴线越多，城市对外相互作用的能力就越强，城市的通达性就越好，城市在城市网络中的地位也就越重要。（2）空间扩散规律。1953 年瑞典学者哈格斯特朗（T. Hagerstrand）在其论文《作为空间过程的创新扩散》中提出了空间扩散理论。他将空间扩散分为传染扩散、等级扩散和重新区位扩散。作为城市之间存在的物质流、信息流和能量流，空间扩散与空间相互作用有相似之处，但更有不同之处，空间扩散的流是在时间与空间中进行的，每一种流动现象在特定的时间和空间中从源生地产生，经过若干时间后扩散到承受者身上。传染扩散，其现象从一个源生点向外做空间扩散，其过程是渐进的、连续的，中心城市向城郊、向周围农村不断辐射即为传染扩散。等级扩散，其空间扩散现象与城市结构等级密切相关，城市扩散由大城市首先向中等城市扩散，再向小城市扩散。重新区位扩散，其经济社会现象扩散接受者的数量没有增加，仅仅是空间位移的变化，城市化中的移民过程是典型的例子。

无论空间作用，还是空间扩散，其运动动力主要包括社会人文、自然技术、经济发展等因素，从动力作用大小看，由单个城市向多个城市，向城市群，向城市网络的发展过程中，城市空间变动的最大动力因素还是经济发展的推动，尤其是产业的发展，能够有力推动城市空间结构的变化。空间作用和扩散理论对如何处理好城市间互动关系、城乡互动关系具有重要的指导作用，尤其对研究大中小城市和小城镇之间如何协调发展、城市群或城市网络如何构建具有重要的理论支撑作用。

三、产业经济理论

1. 产业集群理论

产业集群是一种世界性产业经济现象，它是由相同、相近与相关产业的企业与企业服务机构聚集某地，共同形成的密切协作、竞争优势明显的空间组织群体。对产业集群的研究最早源于 19 世纪英国经济学家阿尔弗雷德·马歇尔（Alfred Marshall），后经阿尔弗雷德·韦伯（Alfred Weber）、埃德加·胡佛（Edgar Hoover）、保罗·克鲁格曼（Paul Krugman）、迈克尔·波特（Michael Porter）等经济学家的深入探究，产业集群形成了丰富的思想理论。产业集群的早期研究注重空间区位、规模效益、成本优势对产业集群形成和发展，而进入 20 世纪 90 年代后产业集群的研究重点转向集群创新的形成和作用机理上，其中，美国哈佛大学教授迈克尔·波特是对产业集群的研究达到了空前高度，尤其在他的《国家竞争优势》著作中提出了有影响力的“钻石模型”。根据国内外诸多文献，产业集群理论有如下主流观点。产业集群主要有 4 种特征：

（1）地理集中。产业集群的前提条件是众多企业在地域空间上相互靠近，没有地理上的集中可以说就没有产业集群的出现。（2）专业化生产。产业集群内的企业之所以是相互联系、相互协作的，关键是企业之间以产业链或“迂回生产链”为纽带，形成明确的分工与合作关系，每个企业围绕一种或少数几种产品进行专业化生产，从而使产业集群中存在规模经济和范围经济。（3）创新性。由于企业在空间上的临近性，增加了企业间的理解与信任，同时增加了企业竞争意识，这样的产业氛围促进了企业间的模仿、消化和扩散，逐渐形成了一个学习型的区域，并不断衍生到销售服务、贸易方式等领域。（4）网络化支撑。产业集群的发展不只是企业间的相互协作，还有金融机构、行业协会、培训机构、贸易协会、创新中心、政府部门、商业服务组织等形成的多元化服务网络支撑，它们之间是一个利益共同体，存在着密切的相互服务关系，往往表现为集体行为。产业集群形成诱因主要有三种：（1）诱致性自发形成，即是集群是天然出现、自发性成长；（2）强制性培育而成，即集群是有目的规划、精心打造而成；（3）引导性培育，即集群早期被识别出来，后经过正确引导、培育而成。从产业集群的形成阶段看，一般经历诞生、雏形、成长、成熟、衰退五个阶段，具有生命周期性。产业集群最大的效应是经济的外部性，主要是由于以上特征，产业集群的外部性主要表现在空间接近的便利性、企业新生的便利性、创新的便利性和社会资本形成与积累的便利性，使得企业在地域上的集中而导致社会分工深化、企业联系加强和区域资源利用提高所产生的成本节约（韦伯，1997）。

产业集群在本质上是一种高效生产组织，它能优化产业结构、提升产业竞争优势，是促进乡村工业化与城市化进程中的重要方式，促进区域或城市创新网络建设的重要手段。产业集群理论是现代产业与地理空间有机合成的理论，对现代产业发展具有重要指导意义。

2. 产业梯度理论

产业梯度理论也称为产业梯度转移理论，它是产品生命周期理论与区域经济理论结合形成的理论。一般认为，经济技术水平高和创新能力强的地区是产业高梯度区，否则为产业低梯度区或中梯度区。产业梯度推移主要论点：第一，区域经济的盛衰主要取决于它的产业结构的优劣，而产业结构的优劣一般取决于地区部门，特别是主导专业部门在工业生命循环中所处的阶段。第二，新产业部门、新产品、新技术、新的生产管理与组织方法等大都发源于产业高梯度区，然后随着时间推移、生命循环阶段的变化，创新活动按顺序逐步由产业高梯度区向产业低梯度区转移。第三，产业梯度推移主要是通过多层次城市系统扩展来进行的。由于区域经济增长不平衡，梯度推移是通过多层次城市体系由产业高梯度区向产业低梯度区逐渐扩展，这种扩展包括局部范围和大范围扩展两种形式：局部范围扩展是指创新活动由发源地大致按距离远近，向经济联系密切的临近城市转移；大范围扩展是指创新活动由发源地按城市体系的等级顺序大跨度地向第二、第三、第四等梯度城市转移。高梯度区域的经济增长加速将带动低梯度区经济增长，逐步缩小高中低梯度区间的经济差距，最终达到区域之间的相对均衡增长。第四，处于产业高梯度的地区要保持其地位的唯一办法是不断创新，发展新产业，开发新产品，保持技术领先地位。产业梯度理论还认为，梯度转移的快慢与各个方向传播程度的强弱取决于三种力量的综合作用，这三种分别来自极化效应、扩展效应与回流效应。极化效应会使生产向优势突出的高梯度地区集中，导致梯度差扩大；扩展效应会促进低梯度地区发展，缩小梯度差；回流效应会遏制低梯度区域发展，从而扩大梯度差。

20 世纪 70 年代末，产业梯度理论被引入我国生产力布局的研究和实践中。仅从城市化研究视角看，产业梯度理论对通过产业发展缩小城乡差距、地区发展差距具有很强的理论指导作用，特别对如何加快人口转移、构建城市网络体系具有重大指导意义。

3. 产业结构演化理论

产业结构演化是指产业结构本身所固有的内生变化趋势，主要表现为产业结构由低级向高级、由简单向复杂、由农村向城市的转化过程。17 世纪英国经济学家威廉·配第（William Petty）在其著作《政治算术》中指出，工业的收益比在农业中多得多，而商业的收益又比工业多得多，这种产业收入差异会促使劳动力由低收入产业部门向高收入产业部门转移。20 世纪 50 年代，英国经济学家科林·克拉克（Colin Clark）《在经济进步的条件》中研究指出，随着经济发展和人均国民收入水平的不断提高，劳动力首先由第一产业向第二产业转移，进而再向第三产业转移；从劳动力在三次产业之间的分布状况看，第一产业的劳动力比重下降，第二产业特别是第三产业劳动力的比重则呈增加趋势。后来，人们将两位经济学家的研究结论称为“配第—克拉克定理”，该定理较早探究了产业结构的演化机理。20 世纪 70 年代，美国经济学家西蒙·库兹涅茨（Simon Kuznets）在著作《各国的经济增长》中对产业结构演变深入研究，他认为，随着国民经济的发展，第一产业实现的国民收入在整个国民收入中的比重与第一产业在全部劳动力中的比重一样，处于不断下降之中。在工业化阶段，第二产业创造国民收入的比重和占用劳动力比重都会提高，其中前者上升的速度会快于后者；在工业化后期特别后工业化时期，第二产业的国民收入比重和劳动力比重会不同程度地下降。第三产业创造国民收入的比重以及占用劳动力比重会持续处于上升状态，其中在工业化中、前期阶段其劳动力比重的上升速度会快于国民收入的比重。[①] 这样，在整个工业化时期，产业结构的转换表现为第一产业创造财富和吸收就业的份额逐渐转移到第二产业和第三产业，其中，在工业化中前期第二产业逐渐成为财富的主要创造者，而第三产业则是吸收劳动力的主要场所；到工业化后期，第二产业创造财富的比重也开始下降，第三产业则成为经济发展的主体，既是财富的主要创造者，又是吸收劳动力的主要场所。世界产业发展表明，目前发达国家的城市产业结构一般是第一产业比重非常小，第二产业的比重小于30%，第三产业的比重大于70%，而发展中国家的第二产业比重较高，第三产业的比重较低，且处于快速上升态势。

产业结构是经济结构的重要组成，产业结构演化是从时间的维度来研究产业变动过程，那么产业结构演化理论在经济发展理论中的地位举足轻重。从城市化看，借助产业结构演化理论，我们才能较好地定位城市所处的经济发展阶段，才能更好地实施城市化战略，比如，如何调整城乡产业结构、加强城市间产业协作、吸纳不同类别的劳动力需要借助产业演进理论来分析。

四、城市规划理论

1. 田园城市理论

19 世纪末英国社会活动家埃比尼泽·霍华德（Ebenezer Howard）针对工业革命后西方城市出现的拥挤、污染、疫病流行等问题，提出了“田园城市”的设想。霍华德在其著作《明日，一条通向真正改革的和平道路》中提出应该建设一种兼具城市和乡村优点的理想城市，他称之为“田园城市”。1919 年

① ［美］西蒙·库兹涅茨：《各国的经济增长》，商务印书馆 1985 年版。

英国“田园城市和城市规划协会”与霍华德商议后，明确提出了田园城市的内涵：田园城市是为健康、生活以及产业而设计的城市，它的规模能足以提供丰富的社会生活，但不应超过这一程度；周围要有永久性农业地带围绕，城市的土地归公众所有，由一个委员会受托掌管。霍华德设想的田园城市包括城市和乡村两个部分。城市周围为农业用地所围绕；城市居民经常就近获得新鲜农产品供给；农产品有最近的市场，但市场不只限于当地。田园城市的居民生活于此，工作于此。所有的土地归全体居民集体所有，使用土地必须缴付租金。城市的收入全部来自租金；在土地上进行建设、聚居而获得的增值仍归集体所有。城市的规模必须加以限制，每户居民都能极为方便地接近乡村的自然空间。霍华德对他的理想城市做了具体的规划，对居住、农地、公园、疗养院等进行了准确的用地设计，并绘成简图。霍华德认为，为减少城市的烟尘污染，必须以电为动力源，城市垃圾应用于农业；中心城市的规模略大些，面积也相应增大；城市之间用铁路联系。霍华德还设想，若干个田园城市围绕中心城市，构成城市组群，他称之为“无贫民窟无烟尘的城市群”。霍华德对田园城市的资金来源、土地规划、城市收支、经营管理等问题都提出了具体的建议。他还认为工业和商业不能由公营垄断，要给私营企业以发展的条件。1899 年霍华德组建了田园城市协会，1903 年他筹建了田园城市有限公司，并先后建设两座田园城市，引起了当时国际社会的广泛关注，后来一些欧洲国家开始纷纷效仿。

田园城市理论对 20 世纪初期许多国家的城市规划理念是一大冲击，它是一个比较完整的城市规划思想体系，对城市规模、布局结构、人口密度、绿带等提出一系列独创性见解，对现代城市规划思想起到了重要启蒙作用。在理论本质上，田园城市是城和乡的结合体。在理念设计和应用上，具有如下作用：（1）疏散过分拥挤的城市人口，使居民返回乡村。霍华德认为此举是一把万能钥匙，能够解决城市的各种社会问题。（2）建设新型城市，即建设一种把城市生活的优点同乡村的美好环境有机结合起来的田园城市。这种城市的增长要有助于城市的发展、美化和便利。当城市人口增长达到一定规模时，就要建设另一座田园城市。若干个田园城市环绕一个中心城市分布，形成无数个城市组群，逐渐构成社会城市。（3）改革土地制度，使地价的增值归开发者集体所有。田园城市是以城市和乡村有机结合的理念，在城市化实践上具有重要的借鉴意义。

2. 明日之城市理论

明日之城市理论是在国际著名建筑大师勒·柯布西耶（Le Corbusier）在其名著《明日之城市》上形成的城市规划理论。《明日之城市》是1924年勒·柯布西耶从功能和理性主义出发对现代城市基本认识的结晶，是从现代建筑运动的思潮中引发的关于现代城市规划的基本构思。通过对20世纪初的城市发展规律和城市社会问题的观察、思考和研究，特别是对城市的功能、效率、精神、秩序进行了深入研究，柯布西耶提出了未来现代城市发展模式的设想，他希望通过对现有城市特别是大城市的内部改造来适应未来发展的需要。柯布西耶认为城市改造要坚持四个原则，一是减少城市中心的拥堵；二是提高城市中心的密度；三是增加城市交通运输的方式；四是增加城市的植被绿化。柯布西耶基于这四个基本原则，以巴黎市中心为例，进行了300万人的“现代城市”规划设计。柯布西耶的城市规划思想，深刻影响了第二次世界大战前后世界各国的城市规划与城市建设，比如，在城市中心采用立体式的交通体系，在城市中心修建高层建筑，扩大城市绿地面积，创造接近自然的生活环境等理念，这些思想和观点已被许多城市的规划全部或部分采用，具代表性的实例有印度的昌迪加尔规划、巴西的巴西利亚规划和巴黎的拉得方斯规划等。不难发现，就城市发展问题，柯布西耶的《明日之城市》与霍华德的《明日，一条通向真正改革的和平道路》具有明显不同之处，霍华德的主张是建设新城市，提出当任何城市达到一定规模时，应该停滞增长，其过量的部分应当由临近的另一个城市来接纳；而柯布西耶认为应在常规的城市范围内提出合理的解决方案，两者虽观点不同，但都是从不同的视角提出未来城市的发展模式。

《明日之城市》虽成作于80多年前，不过此著作所针对诸多城市问题在世界各国都普遍存在，柯氏的战略性预测、开拓性规划思想对我国当前城市规划和建设具有重要的借鉴意义。就当前我国城市建设中出现的问题，柯氏关于城市改造的思想与观点大部分适用于我国，可融入和丰富我国新型城市化道路的理论内涵。

第六节　新型二元结构下中国新型城市化发展的战略思路

中国已踏上特色新型城市化道路，正“摸着石头过河”，而针对当前城市化面对的严峻形势，中国城市化需要进行战略性转型。基于中国城市化的现实基础和理论支撑，中国要着眼于构建新型城乡二元结构，重点在制度、产业、人口、资源、环境等领域进行根本性转变和实质性突破，走适合中国国情和富有特色的城市化道路。

一、总体思路

党的“十七大”“十八大”为我国特色新型城市化开辟了新的发展道路，要“按照统筹城乡、布局合理、节约土地、功能完善、以大带小的原则”，“促进工业化、信息化、城镇化、农业现代化同步发展”。党的十七届、十八届三中也提出了改革任务，要把“加快形成城乡经济社会发展一体化新格局”放在全党工作“根本要求”的战略位置上，“完善城镇化健康发展体制机制”，“推进以人为核心的城镇化”。以上战略指导在全局上为我国新型城市化提出了更高的要求，这就是需要构建新型城乡二元经济框架，在新型城乡二元经济战略下推进中国新型城市化发展。

新型城乡二元经济，是相对传统二元经济而言，它摆脱传统农村经济和粗放城市经济的发展模式，注重政府行为和市场机制有效结合，强化城乡统筹发展的体制机制创新，强化新型工业化、农业产业化、特色城市化战略的协同推进，重点建设以现代农业为核心动力的现代农村，完善发展以先进工业和现代服务业为核心动力的现代城市，是以工促农、以城带乡、工农互惠、城乡一体的新型工农城乡关系，不断形成农业与工业相互促进、城市与乡村相互支持、生产要素双向流动、城乡居民收入与经济同步增长的新型城乡二元经济格局。

为此，中国新型城市化发展要以城乡制度创新为先决条件，以建设现代城市与现代农村和谐相融的新型城乡形态为任务，着力加快农业转移人口“走得出”，确保城市既能“进得去”又能“留得住”，形成以城带乡、以乡促城的城市化互动局面，实现农业转移人口市民化，实现“见物又见人”的城市化双赢成效，走出一条以人为核心的中国新型城市化道路，为全面建设小康社会创造制度空间和经济基础。所谓“新型”城市化道路，就是有别于过去传统的城市化道路，主要体现在如下几点。

1. 农民能“走得出”

美国经济学家费景汉（John C. H. Fei）和古斯塔夫·拉尼斯（Gustav Ranis）

认为，由于农业劳动生产率的提高而出现农业剩余是农业劳动力流入工业部门的先决条件，传统农业应加快向现代农业转变。发达国家城市化经验也表明，发展现代农业是加快城市化的重要条件。中国是农民大国和传统农业大国，为顺利推进城市化战略，必须毫不动摇地坚持工业反哺农业、城市支持农村和多予少取放活的方针，大力发展富有竞争力的现代农业。要继续加大对农业的投入，加大现代生产技术改造提升传统农业，提高农业劳动生产率，加快农业结构战略性升级；要探索科学的土地流转方式，促进土地规模生产和经营，降低农业生产成本，提高农业劳动生产率；要大力发展农村金融，创新金融产品，为现代农业提供有效的金融服务，破解融资难题，降低农业风险。

2. 农民能“进得去”

我国城市化的艰巨任务是农民进城，进城的关键在于转变职业和转变身份。转变职业，要保证城市有业可就。根据工业化和城市化互动发展的特点，小城镇重点发展一般加工业和现代农业，中小城市重点发展吸纳人口多的传统制造业和服务业，大城市重点发展现代服务业、先进制造业以及战略新兴产业，使城市形成各有所需的就业梯度，引导人口在城乡间合理流动。同时，城市要建立城乡公平的就业市场。针对进城务工农民，要坚决清理和取消各种进城就业的歧视性规定和不合理限制，免费提供政策咨询、就业信息、就业指导和法律援助，营造公平和关爱的环境。转变身份，就是打破严格的城乡分治户籍管理制度。要分类别、有条件、按步骤、刻不容缓地降低城市户籍“门槛”，中小城市和小城镇应全面放开户籍制度，加快农民就地城市化；大城市、特大城市重点解决外来大中专毕业生、有技术职称人员的落户问题；中西部各省应以更宽松的户籍政策鼓励农民在本省内迁移；加快推出一批具有代表性的户籍改革试点城市，把成功经验逐步向全国推广。

3. 城市能“留得住”

社会保障和住房保障是留住外来进城人员的“定心丸”。要加大政府的社会保障投入，构建公共财政主导、责任共同担享、多元化筹资、分层次管理的新型城乡社会保障制度，重点是解决农民工的社会保障问题。针对低收入农民工，实行低费率、低费基政策，提高参保率。中等以上城市参照现行城镇职工医疗保障办法，建立农民工大病医疗保险制度，最大可能地将农民工纳入工伤保险范围。在全国范围内建立流动务工人员养老保险关系异地转移的信息网络，解决流动农民工社会保障接续的难题。针对低收入外来务工家庭，各地要参照城市居民保障性住房管理办法，制定统一标准，为长期居住、有固定职业的外来务工人员供给保障性住房。积极引导农民工或农业转移人口向中小城市购房安家。加大对城市失业农民工的社会救助力度。

4. 城乡能“管得好”

城市化发展的基石在于城乡社会的和谐有序。地方应整合行政管理资源，建立面向城乡的服务型、法治型政府。在中心城市，注重城市功能提升，加强流动人口的管理，优化人们居住环境，尤其是人口密度大的城市，要强化人口、交通等方面的空间管治，逐步控制和减少“城市病”。在城乡接合部，要加强土地利用管理，加大基本农田和宅基地的产权保护，建立反映当地市场供求的土地经营机制，依法征用城市建设用地，依法保护城郊失地农民权益，妥善化解失地农民的问题和矛盾；在农村，要全面加强农业生产、社会治安、精神文明、民主法制管理，重点加强现代农业的生产管理、服务“三农”的资金和项目审计管理、“空穴村”和“留守老人儿童”的人性化管理，不断巩固和提高农村作为城市化母体的战略地位。

5. 居民能“过得好”

中国新型城市化不仅要使城市实现现代化，而且要使城市居民生活质量不断改善，通过城市化实现人均资源分配的“帕累托改进”，不断提高人们的收入水平、消费能力、居住条件、生活环境、文明素质等，让越来越多的人感受到“城市，让生活更美好！”“过得好”一方面表现为进城农民和其他外来人员在家庭收入和在生活质量上都比在农村有大的提高，另一方面表现为原有城市居民要更多地享受到城市现代化带来的收入和福利的改善。居民“过得好”是城市化发展的根本目的。

二、战略原则

1. 坚持制度创新

把制度建设放在中国新型城市化发展的首要位置。坚持制度创新引领，以政府为主体，促进城市化在改革创新中实现高效高质发展。制度创新，既要重视城市化制度的顶层设计，又要注重基层城市化的微观机制设计；既要加大城市化专项领域的改革力度，又要搞好城市化相关领域的配套改革。在制度创新程序上坚持先易后难，先小后大，先点后面，稳妥有效推进。

2. 坚持产业支撑

把产业作为城市化发展的核心动力支撑。坚持走中国新型工业化道路和特色农业现代化道路，加快技术创新步伐，加大信息化与工业化深度融合力度，积极发展现代农业，提升壮大先进制造业，培育战略新兴产业，着力发展现代服务业，全面提升现代产业素质。强化产业结构与城乡结构有机结合，与劳动力就业结构有机结合，与居民消费结构有机结合，与区域结构有机结合，形成有中国特色的产业结构，成为支撑城市化可持续发展的动力平台。

3. 坚持自由流动

把城乡人口自由流动作为中国新型城市化的最主要形式。高度重视人口自由流动的客观性和法理性，逐步放开人口流动的限制政策，鼓励人口在城乡之间自由迁徙。在不违背我国法律法规下，一方面要支持农村人口自由向城市流入，顺应工业化发展趋势，加快农村城市化进程，另一方面支持城市人口向乡村流动，顺应发达地区逆城市化趋势，支持城市居民到城郊和农村进行创业，不断形成城乡人口交流互动的良好局面。

4. 坚持绿色持续

把建设资源节约型、环境友好型社会放在城市化和工业化战略的突出位置。在推进城市化、工业化进程中，坚决摆脱传统的高耗能、高排放、高污染的发展模式，加快集约发展、循环发展、低碳发展，不断创新绿色发展模式。加大生态建设投入，加强城乡和海陆生态环境的预防与治理，加强生态修复，增强经济社会的可持续发展能力。

5. 坚持协同发展

在推进城市化发展中，要重视城乡、区域、部门、产业等各方面的现实差异，不盲目推行“一盘棋”战略，不盲目制定“一刀切”政策。要统筹兼顾，善于发挥比较优势，突出发展特色，因地制宜、因时制宜、因业制宜、因人制宜地实施城市化战略，增强城乡、城市发展的协同性和互补性，在国家战略引导下探索协同发展的城市化新路径。

三、战略任务

中国新型城市化发展的战略思路和战略原则认为，不仅城市是城市化的重要载体，而且农村也是城市化的重要载体，只有构建以现代城市和现代农村为支撑的新型城乡二元结构，才能消除城乡对立关系，加快城市带动农村、农村支持城市步伐，有效缓解“城市病”和“农村病”问题；才能加快新型工业化和农业现代化发展，促进人口在城乡间自由双向流动，实现城市化又好又快发展。为此，中国城市化的战略任务就是建设现代城市和现代农村。现代城市与现代农村互为独立的有机系统，又相互支持，二者发展需要均衡推进，构筑城乡协同、大中小城市协同发展的城市化新格局。

1. 建设现代城市

我国现代城市建设要打破以往城市自我服务的管理体制，摆脱传统城市发展模式，坚持共同服务城市和乡村发展的方针，注重城市网络与产业体系互动发展，以现代工业和现代服务业为动力，以特大城市或城市群为引领，不断增强城市的开放性、服务性和动力性，提高城市的综合承载功能，提高城市的管理水平，增强城市居民的社会保障建设，优化城市生产和生活环境，不断吸纳外来人口进城，全面提高城市规模和城市现代化水平。现代城市是土地城市化、产业城市化、人口城市化“三位一体”的发展结果，它不仅是产业发展、人口聚集、生活现代的重要家园，而且是为农村提供支持、创造就业、辐射文明的重要高地。构建现代城市管理制度是建设现代城市的关键因素，通过对我国传统城市户籍管理、就业管理、教育管理、住房管理、社会保障、行政区划等制度的创新，可以重塑城市管理制度体系，为现代城市建设形成有效的制度空间。

2. 建设现代农村

我国现代农村建设要打破以往自我封闭的管理体制，摆脱传统农村发展模式，坚持城市支持农村、工业反哺农业的方针，以现代农业为动力，增强农村发展的开放性、内生性和消费性，加强农村基础设施建设，加大城市对农村社会保障投入，加大农村教育投入，全方位提高农村现代化水平，使现代农村不仅成为生产发展、生活宽裕、乡风文明的农村社区，而且成为为城市提供富余劳动力、生产生活资料、能人创业的重要基地。由于现代农业发展需要与农村历史遗留问题，我国农村人口难以全部向城市转移，现代农村仍是承载我国农村人口的主要战略空间。构建现代农村管理制度是建设现代农村的关键因素，通过对我国传统农村的土地管理、农村合作组织、农业技术推广、金融管理、教育管理、社会保障等制度的创新，可以构建新型农村管理制度体系，为现代农村建设形成有效的制度空间。

四、战略目标

1. 中国城市化目标提出的依据

制定中国城市化发展目标，既要考虑世界发展规律，又要考虑中国城市化发展经验与面临的经济社会环境，重点是考虑三方面因素。

一是世界城市化规律。世界城市化发展经验表明，早期工业化国家的城市化率年均增长为0.3%～0.7%，城市化处于起步与加速阶段；后期工业化国家城市化率年均增长为0.8%～1.2%，工业化与城市化协调发展，农村剩余劳动力大规模向城市转移；成熟阶段的城市化水平一般在70%以上，城市化率年均增长为0.1%～0.2%，增速放缓。国际经验还显示，当一国的城市化率为30%～70%，该国的城市化处于快速上升的黄金时期。

二是中国城市化实践。改革开放后，中国城市化步入正常发展轨道，1980～1990年我国城市化率由19.39%上升为26.41%，年均增长0.7%；1990～2000年我国城市化率由26.41%上升为36.22%，年均增长0.98%，呈加速发展趋势；2000～2010年我国城市化率由36.22%上升为49.95%，年均增长1.37%，呈快速发展趋势。“十二五”期间，我国城市化率由2010年的49.95%上升为2015年的56.1%，年均增长1.23%。[①] 根据前文对我国1978～2014年城市化与经济增长关系的回归分析，从长期看我国经济增长每提高1%，城市化率将提高0.22%。容易观察，30多年来我国城市化增速呈阶段性提升的发展势头，根据国际经验预测，今后20年我国还将处于城市化快速上升期。同时发现，尽管近十余年我国城市化增长势头迅猛，但还存在不健康、不协调的因

① 国家统计局：《中国统计年鉴》（2016），中国统计出版社2016年版。

素，虚假城市化的成分存在不少，真正的城市化增速要低一些。

三是中国经济社会发展目标与战略取向。2002 年党的“十六大”报告提出，到 2020 年我国要基本实现工业化，到 2050 年我国要基本实现现代化。2007 年党的“十七大”报告提出，到 2020 年我国确保实现全面建成小康社会的奋斗目标。2008 年国际金融危机出现后，为应对金融危机、摆脱长期粗放发展方式、提高经济发展的质量，我国决定把转变经济发展方式、调整经济结构作为一项长期的战略任务，不再刻意追求经济社会快速发展的目标。2010 年党的十七届五中全会明确提出，要以加快转变经济发展方式为主线谋划“十二五”发展，更加注重以人为本，更加注重全面协调可持续，更加注重统筹兼顾，更加注重保障和改善民生。为提高经济增长质量和效益，“十二五”期间我国经济趋于下行态势，国家把国内生产总值年均增速调为 7%，把城市化率提高 4% 作为目标。“十三五”期间我国提出创新、协调、绿色、开放、共享的发展理念，设计了 6. 5% 的年均增速底线，到 2020 年城市化率规划到 60% 左右水平。

综上所述，根据我国的经济增速和现实条件，我国城市化目标的制定在突出“快”的同时，更需要把“好”放在首要位置，需要重视城市化发展质量，保持合理增长速度。

2. 中国城市化的发展目标

根据国内外城市化发展经验和众多专家观点，本书提出城市化增长的合宜增长目标和超常发展目标。合意增长目标，是适合我国国情的目标，能够指导我国城市化全面健康发展，指标不强求快速发展，同时与其他国家相比还能保持较快增速，目的是把发展的任务转向城市化的质量和效益上来。超常发展目标，考虑到今后 20 年我国将全面进入工业化中后期阶段，市场机制的作用越来越强，城市化与工业化可能出现超常规速度发展，城市化年均增速基本保持在 1% 以上，同时，设定这一指标可作为城市化增长的最大上限，如果超出这一上限，我国城市化将出现粗放式过度增长问题。基于我国城市化历史增速、城市化存在问题和今后经济增速预期，笔者概算，我国城市化率在 50% ~ 60% 阶段我国城市化年均合意增速在 0. 8% 左右，城市化率在 60% ~70% 阶段我国城市化年均增速适宜在 0. 6% 左右，城市化率在 70% ~80% 阶段我国城市化年均增速适宜在 0. 3% 左右。合意目标是我国城市化发展的理想目标，超常目标可作为我国城市化发展的上限控制目标，见表 6 – 1。

表 6 – 1　　中国不同城市化时段的城市化率预期年均增速

城市化不同发展阶段（%）	合意增速（%）	超常增速（%）
50～60	0.8	1.1
60～70	0.6	0.8
70～80	0.3	0.4

资料来源：笔者计算得出。

下面，提出我国分阶段的城市化增长目标。以 2015 年中国城市化 56.1% 的水平为基准，如果中国城市化按照本书提出的中国新型城市化发展的战略思路、重点和对策推进。就超常增速概算，如表 6 – 2 所示，2030 年以前我国城市化水平应控制在 70% 以内，这一阶段城市化年均超常增速 1.1%，预期到 2020 年、2025 年、2030 年我国城市化水平分别达到 61.6%、66.1%、69.6%；2030～2050 年期间超常增速为 0.4%，预期到 2035 年、2040 年、2045 年、2050 年我国城市化水平分别达到 71.6%、73.6%、75.6%、77.6%。就合意增速概算，到 2020 年我国城市化水平达到 57.4%，到 2030 年达到 63.4%，到 2040 年达到 66.4%，到 2050 年达到 69.4%。从城市化发展质量看，合意增速目标更应贴近我国经济新常态下的城市化发展水平。

表 6 – 2　　中国不同城市化阶段的发展目标

年份	合意目标（%）	超常目标（%）
2015	55.6	56.1
2020	57.4	61.6
2025	60.4	65.6
2030	63.4	69.6
2035	64.9	71.6
2040	66.4	73.6
2045	67.9	75.6
2050	69.4	77.6

资料来源：笔者计算得出。

五、战略模式

中国新型城市化发展关键要有一个更加有效的发展模式。现代城市是中国城市化发展的核心载体，中国城市化的战略模式关键是要有好的现代城市发展模式。本书将在第七章重点研究中国现代城市发展的战略模式，该战略模式构架于现代城市网络和现代产业体系耦合基础之上，根据城市网络演进机理和产业结构演进机理，不同规模城市应发展不同主导产业，即现代城市要构建以现代农业为支撑的小城镇发展模式，以现代制造业为支撑的中小城市发展模式，以现代服务业和高新技术产业为支撑的大城市发展模式，形成现代城市网络—现代产业网络三元耦合模式框架。在中国新型城市化战略思路下，现代城市网络与现代产业体系耦合的城市发展模式将有效引导中国城市化平稳较快发展。

第七章

中国现代城市发展的战略模式

城市发展模式是城市化发展战略的重要组成部分。在中国新型城市化发展战略思路引导下，为处理好大城市、中小城市、小城镇之间的相互关系，构建以城市网络为支撑、以产业体系为动力的现代城市发展模式至关重要，对中国新型城市化道路推进的成功与否具有决定性影响。培育由现代城市网络、现代产业体系与制度体系构成的现代城市网络发展模式是中国现代城市发展的方向与出路。

第一节　现代城市网络演进机理与模式

一、现代城市网络

现代城市网络，是指由城市、交通、信息、能源、人际等子系统构成，并通过子系统内部联系、子系统之间联系而形成的一个城市有机系统。现代城市网络的每个构成要素本身是一个子系统，即一个有机的网络结构。从物质属性看，现代城市网络不仅包括实体的网络结构，也包括虚拟网络结构。从网络层级关系看，现代城市网络既有垂直关系的网络，也有横向关系的网络。

1. 现代城市网络主要构成

（1）合理的城市体系。城市体系是指在一定区域内以中心城市为核心，由一系列不同等级规模、不同职能分工、相互密切联系的城镇组成的城市网络结构。在城市体系中，每个城市都是城市体系的节点，两个节点之间构成城市联系的轴线，多个城市之间通过节点与轴线构成城市网络结构。在空间形式上，城市体系具有金字塔型、网络型、多核型、带状型等。在层级结构上，一个较完善的城市体系一般由超大城市——特大城市——大城市——中等城市——小城市——小城镇——小集市组成。城市体系是区域经济社会发展到一定阶段城市在空间结构上的高级组织形式。

（2）现代的交通网络。交通运输线如同人体的血管，遍布城市体系之中，是城市之间、城市与农村之间联系的重要的手段，对城市体系的形成、发展和繁荣具有关键性作用。现代交通方式主要包括是铁路、公路、航空、水运和管道等，那么现代交通网络由铁路网、航空网、公路网（高速公路网、1～4级公路网）、港口运输网、管道网等构成。交通网络是一个国家或地区发展水平的主要标志，是一个城市发展硬实力的象征。中国作为发展中国家，构筑和完善交通网络无疑是很重要的城市发展战略举措。随着现代化发展需求，构筑高效便捷、安全舒适、节能环保的全方位、立体式综合交通网络是现代城市发展的趋向。

（3）先进的信息网络。21世纪是信息化的社会。随着科技的进步，以信息技术为核心的互联网、通信网成为现代城市之间密切关系的重要手段。根据Grabam and Marvin（1996）研究，信息技术对城市的影响具有协同、替代、衍生和增强效应，就是说，通过信息技术构成信息网对城市空间具有分散和集中的影响，使得原本集聚的生产活动可变得分散化，把分散的城市体系变得更加密切化，推动城市规模在空间上不断扩散。信息网络可以减少人们生产和生活的成本，缩小城市之间的时空距离，促进城市经济发展，加速区域经济一体化进程，有力推动城市网络的形成和发展。

（4）完善的能源网络。能源是人类生产和生活的物质动力来源。随着城市规模的扩大、工业化的加速、城市车辆的增加，我国对能源需求量日趋递增，而当前我国城市能源供应不断面临严峻的挑战，为使能源供给不成为制约城市发展的“瓶颈”因素，构筑能源网络必将成为国家战略和城市网络发展的重要组成。对于大中城市，必须从战略上构建稳定的煤炭、石油、电力、燃气供给网络。由于一次能源具有枯竭性，大中城市要积极利用太阳能、生物质能、核能、风能、地热能、海洋能等新型能源，构建具有区域特色能源供给网络。

（5）良好的人际网络。马克思认为，“人的本质在其现实性上是一切社会关系的总和”。那么从人的视角看，社会是人与人之间交往而形成的复杂的网络构成。一切社会活动的发展源于并服务于人的发展，人是经济社会活动的真正联系基点。随着城市化的发展，由于血缘、地缘、行业、宗教、民族等很多因素，人们的自由流动加快，城市逐渐形成了多元化的人口群体，正是复杂的人口关系形成了人与人之间进行信息交流的人际网络（social network），成为城市网络的隐形构成部分，它带动并加速城市与城市间的频繁交往。人际关系的存在和网络化将推动城市化、信息化、工业化发展，使城市各网络之间联系更加紧密。

2. 城市、城市网络、区域之间的关系

城市，是大规模人口、产业等聚集的经济社会综合体。城市网络，是以城市体系为核心的城市有机系统。区域，是在一定空间范围，具有组织区内经济活动和区域经济联系能力的，常由一个以上个高级循环占重要比重的中心城市、一定数量的中小城镇以及广大乡村所组成。在空间构成上，城市是城市网络的节点，是区域经济的中心；城市网络是区域结构的主体组成，与乡村共同组成整个区域结构。就空间尺度大小而言，区域 > 城市网络 > 城市。从相互作用关系看，城市网络和区域都是城市的腹地，是城市演变和拓展的空间，而区域和城市网络演变的引擎就是城市，没有城市尤其是中心城市的集聚和扩散，就没有城市网络和区域经济的发展。城市、城市网络、区域三者是相互嵌套、相互依存、相互支撑。那么，构建城市网络要以城市为节点，依托广阔的区域腹地，加强城市区域与产业的有机结合，通过城市体系的节点与通道联系，才能不断完善城市网络。

二、城市网络演进的机理

城市网络在空间结构的分布是动态的，其演变过程与经济社会发展密切相关。空间结构，是指社会经济客体在空间中相互作用及所形成的空间集聚程度和集聚形态（陆大道，1998）。在实践中，空间结构状态受多种因素的影响，除了运费、地租、集聚三个基本的因素外，还有如资源分布、地形与气候、历史特点、社会结构、与周围区域的关系，决策者的决策标准与决策水平等。而自工业革命以来，经济因素成为空间结构的重要因素。在城市网络的形成中产业是推进城市空间结构变动的核心动力，城市区域是随着产业结构的转换特别

是主导产业的转换而产生不同的空间形态，在空间结构演进中具有明显的阶段性。美国著名社会学家丹尼尔·贝尔（Daniel Bell）在1973年发表的《后工业社会的来临》一书中，首次划分了三个社会阶段：前工业社会、工业社会和后工业社会。经济社会发展的巨大变化是工业化产生，按此划分理念从工业社会的前后阶段来研究产业演进推动城市空间变化。前工业社会，农业是经济发展的主导力量，由于农业在国民经济社会的作用极其重要，农村是经济生产的重要单元，而城市的经济地位并不高，城市长期处于离散状态，城乡差别不大。区域经济发展以小城镇为主，缺少大中城市，没有核心主导，构不成具有等级的城市体系。在工业社会中，工业是经济发展的主导力量，城市随着工业的发展而壮大，并呈现出聚集或扩散状态，工业社会主要包括城市极化阶段和城市扩散阶段。城市极化阶段，工业化兴起，工业迅速增长并成为主导产业，大量农村人口进城，城市人口和面积不断膨胀，城市地位不断提升，集聚效应增强。城市扩散阶段，工业结构呈高度化发展，城市成为现代工业的集聚地，城市区域交通设施不断完善，中心城市集聚性很强，与周边城市和区域相互作用频率加大，开始出现向外扩散，以交通轴线扩散为主要形式带动中小城市发展，形成“点—轴系统”。在后工业社会中，城市经济社会发达，产业呈服务化和高技术化，社会信息化程度高，交通路网发达，空间结构呈网络化发展，城市不断由“点—轴系统”演化为“网络系统”，整个区域成为一个高度发达的城市化区域。在现代城市网络体系中，区域性增长中心无论是对各级中心城镇的发展，还是对各区域的发展，都具有自组织作用①，控制着空间结构的基本形成格局。基于此机理，城市空间结构的演进是城市从小到大、从单一到复杂、从分散到聚集、从极点到网络的发展过程，见图7－1，其中，（a）为离散阶段，（b）为极化阶段，（c）为扩散阶段，（d）为网络阶段。

从城市空间特征看，城市是在不同的社会发展阶段具有不同的主导产业带动表现，形成不同的空间结构特征，从均质型到单极核，到多极核，再到以网络均衡支撑的多核型（见图7－2）。总的来看，城市网络的演进过程尽管比较复杂，尽管有独特性，但在机理上它是以产业为核心动力推动下城市空间结构自我完善的过程，每一阶段不可逾越，主导产业不可缺少，城市承载力不断增强。

---

① 自组织，指一个系统内部各要素按照某种规则各司其职、相互协调地自动地形成有序结构的组织。自组织作用机理一般表现为，系统在内在机制驱动下自我从简单向复杂、从粗糙向细致方向演化，不断提高自身的复杂度和精细度的过程。

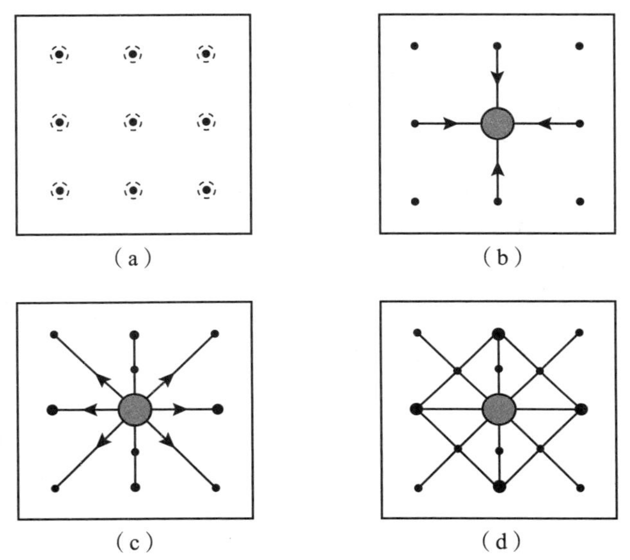

图7－1 城市空间结构演进过程

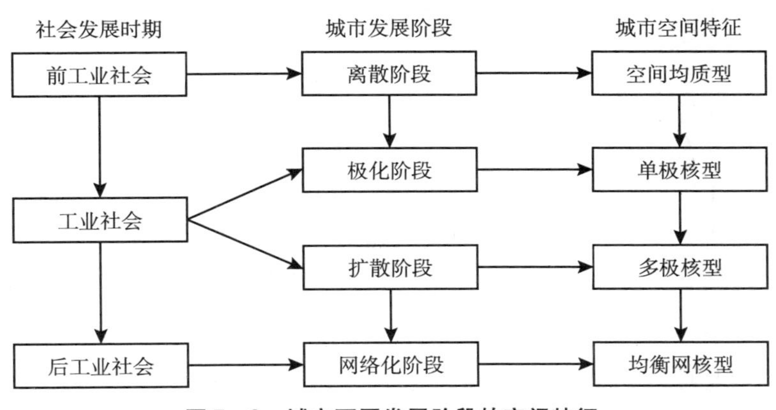

图7－2 城市不同发展阶段的空间特征

三、现代城市网络发展模式的构建

长期以来，一些学者在城市网络的研究和建设上，偏重城市体系的构建，重点研究城市的规模大小、规模层级、交通运输，强化城市的集聚性、扩散性等问题，然而这样的城市网络构建在发展动力上不足，吸纳外来人口不足，紧密联系还不够。实际上，完善的城市空间结构，既能吸引和承载更多的外来迁移人口，又能使迁移人口在此就业和生存。为此，基于我国城市及城市体系存在的问题和城市空间演进的机理，现代城市网络的构建，应着眼于构建结构合理的城市体系、构筑现代交通通信网络、承载不同类别的现代产业、吸纳不同类别的外来人口，最重要的是，现代城市网络要建立在现代产业基础之上，那么城市网络才能得以长期运行，有效推动城市化发展。

现代城市网络发展模式构建需要三大支撑体系：城市网络、产业体系和制度体系。城市网络，就是上述研究的城市体系、交通网络、信息网络、人际网络构成；产业体系，指现代产业体系，城市所处不同发展阶段所需要不同的产业配套，比如现代农业、现代制造业、高新技术产业、现代服务业；制度体系，制度是有效组织得以构建和运行的关键要素，主要包括经济制度、法律制度、社会制度和生态制度，只有设计好体制机制才能使城市网络得以有效运行。现代城市网络发展模式的构建如图 7 －3 所示。

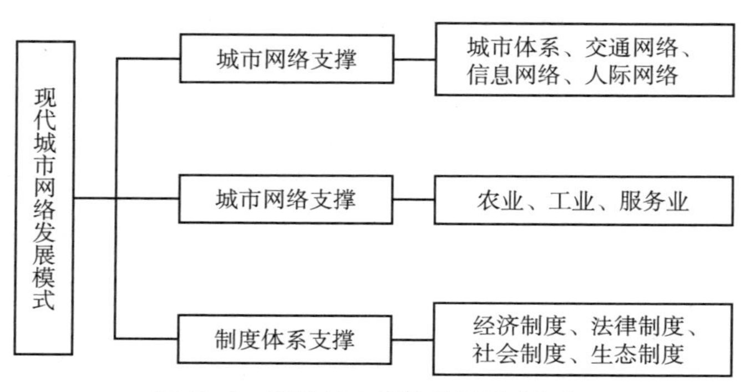

图 7 －3　现代城市网络发展模式框架

由于产业是城市发展的核心动力。那么，进一步研究支撑城市网络发展的产业体系很必要，尤其是深入探究现代产业体系的演进机理和构建设模式，对发现产业体系和城市网络之间内在关系意义重大。

第二节　现代产业体系演进机理与模式

20 世纪 80 年代现代产业由发达国家率先兴起，尤其是随着高技术产业和现代服务业的发展，现代产业呈现出很大的盈利空间，形成新一轮产业发展热潮，推动着传统产业向现代产业转型升级。当前，无论发达国家还是发展中国家都把现代产业作为提升竞争优势的重要抓手。

一、现代产业体系

现代产业体系这一概念出现于党的“十七大”报告，是中国国情下诞生的一个经济概念。理解现代产业，首先认识传统产业。传统产业，从产业结构看，主要表现为传统农业占农业的主导，农业劳动生产率低，农业技术长期不变，农业生产工具落后，以人力和牲畜为主；传统制造业是工业发展的主导，制造业质量和效益较低，产业附加值低，耗能高、污染大、资源消耗多的制造业占相当比重，信息技术在生产和管理中运用的少；服务业占整个产业结构的比重低，以商贸、餐饮、流通等为主的传统生活性服务业占服务业的主导，为农业和工业配套的生产性服务业比重低。那么，相对传统产业概念的就是现代产业，其产业构成与传统产业相反，主要表现为，现代农业占农业的主导，现代农业技术应用广，农业实现机械化生产和管理，农业劳动生产率较高；信息化与工业化相互渗透和支持，先进制造业和高技术产业占工业的主导，工业发展以技术创新为核心动力，产业链条长、附加值高，工业生产耗能、耗材、耗水较低；以金融、物流、会展、服务外包等为代表的现代服务业不断成为服务业发展的主导，与农业和工业生产形成良好的服务关系，具有较高的产业附加值，引领整个现代产业的发展方向。为此，现代产业体系可以理解为，以科技发展为引领、有齐备的一二三次产业构成、竞争力强的企业群体、较强的产业创新平台、完善的市场服务和低耗能、低污染的产业体系。

1. 现代产业体系主要构成

（1）齐备的产业结构。现代产业体系具有齐备的第一产业、第二产业、第三产业构成，三次产业比例合理，并且因发展阶段、地区差异而不同。根据发达国家经验，在现代产业结构发展中，农业基础地位不断得到巩固，现代农业在第一产业中逐渐占据主导地位；装备制造业规模不断壮大，并逐步成为第二产业的主体；高技术产业的先导作用显著，对经济拉动的贡献越来越大；传统优势产业的技术改造和技术进步明显提升，实力和竞争力显著增强；第三产业比重不断提高，现代服务业逐步成为新的增长点。在现代产业结构中，通常农业比重偏低，服务业比重偏高，工业比重低于服务业比重，比如，发达国家的现代产业体系中现代服务业占 GDP 比重 70% 左右，发展中国家现代产业体系中现代工业占 GDP 比重 50% 左右，且现代服务业比重稳定上升。

（2）集聚的创新网络。现代产业发展的根本动力在于科技创新，加快构建以企业技术创新为核心动力的集群创新网络是现代产业发展的关键。现代产业发展要以世界前沿产业技术为引领，强化企业的自主创新的地位，通过科技创新全面提高产业的附加值。现代产业发展注重企业的聚集和产业链的延展，通过链式招商、链式生产、链式管理、链式销售等手段构建各种企业集群，把企业集群培育成现代产业发展的重要形态。现代产业发展注重加强政府、企业、大学、科研部门的密切合作，加强金融、法律、行业协会等中介部门的配套服务，形成企业发展的战略联盟，构建有利于企业集群创新发展的网络结构。企业创新网络通过企业集群的集聚性形成规模经济，通过外部性形成范围经济，为现代产业发展提供创新支持能力，增强现代产业的竞争优势，形成强大的辐射带动能力。

（3）完善的市场体系。发展现代产业要有现代生产要素支撑，而现代生产要素的汇集场所是现代市场，那么构建完善的现代市场体系是打造现代产业体系的主要组成部分。现代市场构建要以现代产权制度为基础，既要发展各类现代生产要素，又要建立反应市场供求关系、资源稀缺程度、环境损害成本的生产要素价格形成机制。在现代产业形成中，资本、人才、技术、信息、土地、行业协会、中介组织等现代生产要素不可缺少，尤其是人才、技术等要素的作用越来越重要。现代要素市场发展要以市场机制为导向、政府调控为辅助，打破价格的区域封锁和集团垄断，建立开放竞争的要素价格体系。现代市场体系建设要注重人才、信息、资本的开放性和流动性，尽可能使信息流畅与充分对称，尽可能使人才充分发挥能力，尽可能使资金有效融通，推动城市现代市场体系不断完善发展。

2. 企业、产业集群、产业体系之间的关系

企业是从事生产、流通、经营等活动的经济组织，是微观经济的基础，是构成产业集群、产业体系的要素单元；产业集群，是在地域上集中布局的紧密关联的企业群落，是空间结构中的产业形态；产业体系，是由不同产业类别、不同产业发展要素形成的产业系统，是所有产业的总和。从产业分工看，产业

集群和产业体系都有分工特征，产业体系具有明确的类别分工，比如第一、第二、第三次产业划分，劳动密集型、资本密集型、技术密集型产业划分，并具有显著的系统性；而产业集群的分工主要围绕产业链条进行的，每个企业常是产业集群某个产业链条上的一个环节甚至一个产品，具有井然有序的内部分工。从空间分布看，产业集群分布较广，在城市市区、城郊、农村区域都有分布，而就产业体系来看，城市是第二产业和第三产业的载体，城郊和农村是第一产业的腹地。从概念维度看，产业体系 > 产业集群 > 企业。企业、产业集群、产业体系三者关系密切，企业是产业集群和产业体系的基本元素，产业集群是现代产业体系发展的重点。因而，构建现代产业体系要以企业为基础，围绕龙头企业或产业链条，积极培育企业集群，把企业集群与城乡区域有机结合，形成不同类别的现代产业集群，成为现代产业体系发展的主体。

二、产业结构体系演进的机理

（1）前工业社会的产业演进。前工业社会是农耕社会阶段，生产力水平低下，经济长期以农业发展为主导，社会财富主要由农村创造，农村是整个社会经济发展的支撑体。这一阶段，城市寥若晨星，主要以手工业和商业为主，但其经济收益不足以维持居民和政府的开支，城市本身上“不过是以土地财产和农业为基础的城市”。前工业社会生产力水平低下，农业发展缓慢，大量劳动力被束缚在农村，农民因农业生产长期被固封在土地上。在前工业社会，传统农业基本特征没有改变，农业结构的变化仅是局部的调整，没有本质的嬗变。

（2）工业社会的产业演进。工业革命的出现结束了漫长的田园牧歌的前工业社会。在工业化推动下，科技不断进步，农业的劳动生产率大为提高，释放出大量的农村剩余劳动力，同时，国民经济的增长和社会资本的增长使工业规模扩大，工业的蓬勃发展吸纳了更多的劳动力。工业革命推动了城市化发展，城市逐渐成为工业生产的中心。恩格斯在《英国工人阶级状况》中深刻描述了由于工业革命推动城市如何演化为机器大工业生产中心的过程：“人口也像资本一样集中……大工业企业需要许多工人在一个建筑物里共同劳动；这些工人需住在近处，甚至在不大的工厂近旁，他们也会形成一个完整的村镇……于是村镇就变成了小城市，而小城市又变成了大城市。城市越大，搬到里面就愈有利，因为这里有铁路，有运河，有公路，可以挑选的熟练工人越多……这里有顾客云集的市场和交易所，这里跟原料市场和成品销售市场有直接的联系。这就决定了大工厂城市惊人迅速地成长。”可以看出，工业大规模发展与城市大规模扩张是相伴出现的。城市发展主要靠工业企业的扩大再生产所吸引的人口与资本的积累，表现为城市的规模膨胀，并逐渐显现出“聚集效应”和“规模效应”。工业社会的形成实质上是由传统农业经济为主过渡到以现代工业经济为主的历史过程。

在工业社会进程中也存在三个阶段：初期、中期和后期阶段。工业社会初期，在机器大工业技术的带动下，随着工业规模不断扩大，工业的地位较快提高，并代替农业的主导地位成为社会发展的主力，这一阶段的工业主要是原料工业、轻纺工业、传统机械、建筑业、矿产业等。工业社会中期，随着工业规模的扩大，生产过程和技术装备日益向大型、连续、精密方向发展，工业结构演变呈现重工业化和高加工度化趋势，即工业结构由轻工业为主逐步向重工业为主转变，由原料工业为主向加工业和组装业为主转变，传统工业开始向现代工业过渡。同时，工业经济的快速发展产生了对多种服务的需求，刺激和带动了城市服务业的兴起，服务业开始成为工业的重要辅助产业。工业社会后期，传统工业向现代工业全面转变，工业结构集中向高技术化、高附加值趋势演进，即产业结构由劳动密集型为主向资金密集型、技术密集型为主转变，由产品的中低附加值向高附加值攀升，以高技术产业为代表的先进制造业成为工业发展的主体，同时，城市服务业体系不断健全，服务业占产业结构的比重处于快速上升期，现代服务业成为现代工业发展不可缺少的产业支撑。在整个工业社会演进中，由于工业化的带动，生产技术得以提升，农业生产效率不断提高，农业结构不断优化，传统农业也不断向现代农业发展。

（3）后工业社会的产业演进。在后工业社会城市成为人类的主要聚集区，城市规模不断扩大，大城市不断增多，城市功能比较完善，城市经济结构高级化，城市逐步成为区域的经济中心、科技中心、文化教育中心、商业贸易中心和信息情报中心。在后工业社会，工业在城市化过程中的作用不断减弱，服务业在城市中的作用日益突出。主流观点认为，后工业社会的最大特征是城市从过去的工业生产中心转换为服务业中心，由产品生产型经济转向服务型经济，服务化和信息化经济引领社会发展，商业、旅游、金融、贸易、房地产、运输、通信、咨询等现代服务产业蓬勃发展，现代服务业成为城市化的主要动力，更成为大城市发展的核心动力。随着大城市功能的完善，城市制造业逐步从城市中心向郊区转移或向低梯度地区转移，城市的制造业比重逐步降低，基本保留具有核心技术的先进制造业部分，与此同时，城市农业占产业结构的比重不断下降，甚至微乎其微，主要是为提供城市日常蔬菜、水果、畜牧等必需品。尽管如此，城市的现代服务业与制造业、农业的关联效应更加紧密，构成完整的城市现代产业体系。

我国城市经济专家谢文蕙与邓卫考察世界很多城市后认为，当第一产业比重大于10%时，表明该城市尚停留在工业化的初始阶段；当第一产业比重小于10%，且第二产业比重高于第三产业比重时，表明该城市处于工业化的加速阶段；当第一产业比重小于5%，且第二产业比重与第三产业比重大致相当时，表明该城市处于工业化的成熟阶段；当第一产业比重进一步下降，而第三产业比重超过第二产业比重并达到70%以上时，表明该城市已进入后工业化阶段。按此论断衡量，我国大部分城市处于工业化加速阶段，一部分城市进入工业化成熟阶段，还有一少数部分城市进入后工业化阶段。根据我国城市产业发展的总体现状，目前我国的小城镇基本处于工业化前期阶段，多数中小城市基本处于工业化发展的加速阶段，大城市进入或即将进入工业化成熟阶段，特大城市与超大城市基本进入后工业化阶段。①

基于以上城市网络和产业体系的演化分析，可大体把握我国城市的产业发展方向：中小城市适合发展现代制造业，大城市适合发展服务业或高技术产业，特大城市与超大城市适合发展现代服务业，而基于小城镇具有与农村和城市联系的天然职能和我国是农业人口大国的现实，小城镇适合发展现代农业。

三、现代产业体系发展模式的构建

我国改革开放前的产业结构主要在计划体制下的投资结构基础上形成的，而改革开放后的产业结构是在市场导向下的投资结构基础上形成的，在产业供给与产业需求、产业结构与城市结构结合方面有些脱节，往往出现产业项目超前或滞后于城市的发展、产能过剩、带动就业不足等问题。为此，现代产业体系的构建应坚持现代产业与城市承载能力结合、与市场消费需求结合、与就业结合的原则，既要注重拉动城市经济增长，又要促进人口城市化和城市现代化发展。

如同现代城市发展网络模式构建，现代产业体系发展模式构建需要三大支撑体系：产业体系、城市网络和制度体系。产业体系，主要包括产业结

① 谢文蕙、邓卫：《城市经济学》，清华大学出版社2007年版。

构、创新网络、市场体系，是现代产业体系发展模式的核心组成；城市网络，就是不同发展水平的产业体系的城市网络载体；制度体系，主要包括经济制度、法律制度、社会制度和生态制度，是现代产业发展必不可少的要素，在科学的制度安排下现代产业更能高效高质地发展。现代产业体系发展模式的构建如图 7 -4 所示。

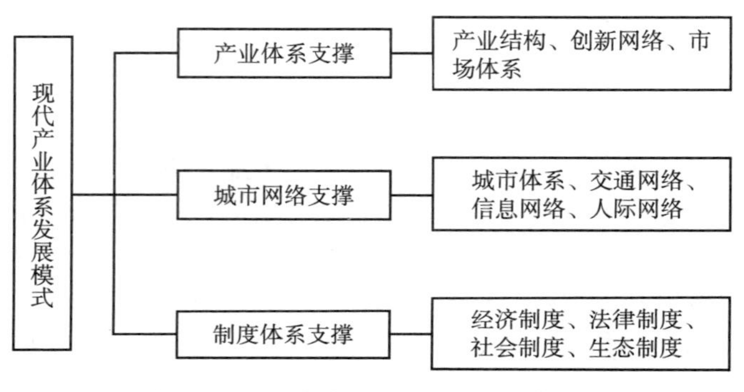

图 7 -4　现代产业体系发展模式框架

在现代城市网络体系发展模式和现代产业体系发展模式构建基础上，下面进一步研究由城市网络和产业体系耦合而成的现代城市发展模式。

第三节　现代城市网络—现代产业体系三元耦合模式

一、现代城市网络—现代产业体系三元耦合模式

随着我国农村人口不断向城市流动，不同层级的城市人口规模不断膨胀，无论城市居民是否全部拥有本市户籍，在城市生活的人口已现实存在，如果按过去市区农业与非农业人口划分的标准来衡量城市规模显然已经滞后。根据《国务院关于调整城市规模划分标准的通知》，城区常住人口在 50 万以下的城市为小城市，城区常住人口在 50 万 ~100 万的城市为中等城市，城区常住人口在 100 万 ~500 万的城市为大城市，城区常住人口在 500 万 ~1000 万的城市为特大城市，人

口在1000万以上的城市为超大城市。① 综合考虑我国城市人口总体情况、城市网络中不同层级的城市职能，本文将城区常住人口在100万以上的城市视为大城市。

1983年，费孝通教授在《小城镇·在探索》中提出“经济发展模式”的概念，认为“模式”是指在一定地区、一定历史条件下具有特色的经济发展过程，是对特定时空经济发展特点的概括。对区域经济发展模式的探讨就是从整体出发，探索每个地区的发展背景、条件和在此基础上形成的与其他地区相区别的发展特色（费孝通，1992）。② 可以理解，模式在本质上是为解决某类问题而设计的一个标准样式，是发展战略的理论性高度概括。那么，就城市发展模式而言，就是某类或某个城市发展的标准样式的战略设计。本书认为，中国现代城市发展模式，是在中国新型城市化发展战略思路下，在中国独特的自然、经济、社会、制度背景下由现代城市网络与现代产业体系耦合的城市发展基本范式，其基本内容是，通过制度创新构建有效的城市发展环境和制度安排，构建以现代农业为支撑的小城镇，以现代制造业为支撑的中小城市，以现代服务业和高新技术产业为支撑的大城市的三元耦合架构，这一设计样式既能促进大城市、中小城市、小城镇协调发展，又能确保不同规模城市具有长期发展动力，能够改变过去大城市人口急剧膨胀的局面、中小城市产业发展混乱的局面和小城镇没有动力支撑的局面。“现代城市网络—现代产业网络三元耦合模式”基本框架如图7-5所示。

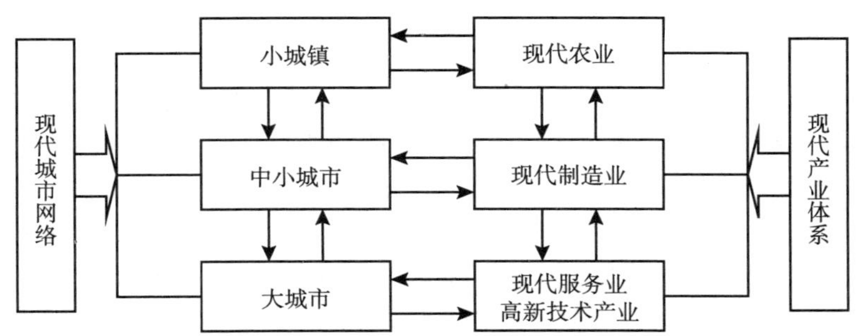

图7-5　现代城市网络—现代产业体系三元耦合模式框架

---

① 城区是指在市辖区和不设区的市，区、市政府驻地的实际建设连接到的居民委员会所辖区域和其他区域。常住人口包括：居住在本乡镇街道，且户口在本乡镇街道或户口待定的人；居住在本乡镇街道，且离开户口登记地所在的乡镇街道半年以上的人；户口在本乡镇街道，且外出不满半年或在境外工作学习的人。

② 赵曦：《中国西部农村反贫困模式研究》，商务印书馆2007年版。

二、小城镇发展模式

小城镇是农村区域的政治、经济、文化和生活服务中心。从人口城市化战略观察，我国发展小城镇有利于更快地实现农村富余劳动力转移，有利于缓解大中城市人口过度膨胀的压力。本书所指小城镇，主要包括建制镇和小集镇[①]。2014 年我国乡镇 32683 个，加上街道办事处数量，目前我国乡镇级的区划数量超过 40381 个。如此庞大的小城镇规模，今后如何科学地发展是一个大问题，如同党的十五届三中全会认为“发展小城镇，是带动农村经济和社会发展的一个大战略。”为此，要积极发挥小城镇作为城乡结合、工农结合的桥梁作用，为中心城市产业扩散、经济技术扩散提供场地和条件，借助城市网络辐射作用，带动广大农村地区经济发展。小城镇的产业、人口、技术、文化的集聚与扩散功能使小城镇成为统筹城乡发展与现代农业发展的战略空间。小城镇发展模式，要坚持农民向小城镇集中、产业向园区集中、土地向规模经营集中的原则，推进农村城市化发展，在发展中既要突出现代农业支撑和带动作用又要积极发展加工业和服务业，既要承接农村人口转移又要承接大中城市产业技术转移，既要注重产业的配套发展又要注重居住功能的完善。一句话概括，中国小城镇发展的主导方向是建设现代农业支撑的现代小城镇。

1. 以现代农业为支撑的小城镇发展模式

目前，我国大多数小城镇主要靠发展农业、服务农民、管理农村而运行，基于农业是我国国民经济的首要战略性产业和小城镇在城市网络中的节点作用，再加上我国小城镇发展中存在着规模小、产业缺乏、布局分散、基础设施落后等问题，今后我国小城镇发展必须抓好城镇规划建设，加快发展现代农业，强化公共服务。小城镇发展模式的战略重点如图 7－6 所示。

加强小城镇规划建设。要合理规划建设小城镇功能区，重点是基本农田保护区、工业区、商贸区、住宅区、行政区、绿化区，各功能区应从战略发展上梳理出空间，使不同发展时期的建设任务具有衔接性。小城镇发展要以政府为主导、以民间资本为辅助，加强基础设施建设，重点解决交通、通信、水、

① 建制镇，是指国家按行政建制设立的镇，不含县城关镇。集镇，是指乡、民族乡人民政府所在地和经县级人民政府确认由集市发展而成的作为农村一定区域经济、文化和生活服务中心的非建制镇。

电、污水处理等公共设施问题。小城镇建设避免“千镇一面”，要依托自然条件和人文环境，挖掘地方优势资源，在城镇建筑、小品、标识、色彩上彰显特色。小城镇要精心规划建设居民区，不断吸引周边农村居民迁移。

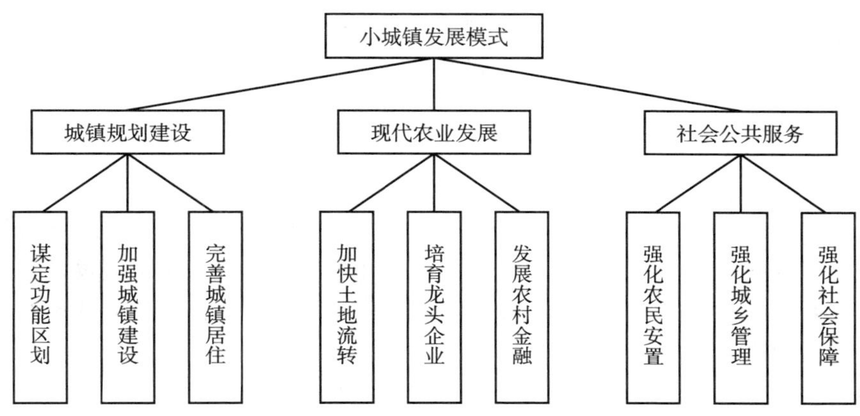

图7－6　小城镇发展模式的战略重点

着力发展现代农业。现代农业发展要以市场需求为导向，培育以农产品加工的龙头企业，每个乡镇要规划建设一批现代农业生产基地。在承诺农民权益增加条件下，加快土地流转，创新现代农业发展投融资制度，加大对农村金融产业的扶持力度，积极壮大专业协会，发展农业规模化经营。以现代农业和农产品加工业作为小城镇的经济基础和产业支撑，积极参与小城镇建设与开发，增强小城镇的经济规模效应。要善于发挥各种资源、市场、科技、组织等各种优势，创新现代农业生产和经营方式，积极发展制度创新支持型农业、高技术引领型农业、特色主导型农业、出口型农业等多样化产业。要善于拉长农业产业链条，积极发展农业生产、农产品加工、农产品运输、农业旅游等农业产业链。在保证粮食生产稳定条件下，积极发展经济农作物，利用现代农业技术发展反季节蔬菜、水果等。

加快农业工人进城。在推进农业产业化进程中搞好土地流转，引导农业工人向小城镇迁居，加快农民集中向小城镇安置、向居民小区集中，通过集中居住与土地规模经营、现代农业相结合，来改善农民居住环境，促进农民生活方式和生产方式转变，使部分农民转变为真正的农业工人，使富余劳动力加速向小城镇非农产业转移。

加强小城镇公共服务建设。依托现代农业发展、农民向城镇转移和集中居住，不断完善小城镇居住区公共服务功能，使农民就近能够获得安居乐业的幸福家园。加大小城镇教育、医疗、科技、文化等事业发展，加强社会保障建设，使小城镇较早拥有城市公共服务业，消减农民盲目憧憬大城市、盲目进入大城市的想法和行为。要加强城乡社会管理，积极探索以小城镇为中心解决农村人口就近就业、上学、看病等农村基本问题，促进城乡统筹发展。

2. 以加工业和服务业为补充的小城镇发展模式

小城镇发展现代农业是中国现实的战略选择，是主流发展趋向。不过，为加快小城镇产业的接替和转换，获得新的比较优势，小城镇要适度调整产业，发展加工业和服务业。从时间维度上审视，小城镇现代农业形成规模后，将有大量农业工人和农民入驻小城镇，小城镇人口的聚集和增长必将带动城镇餐饮、交通运输、科技、中介等服务业发展，为此，小城镇在产业发展上，要提前规划服务业发展，为产业接续做好准备。从空间维度上观察，由于我国小城镇发展条件千差万别，要善于发挥比较优势和区域特色，积极发展农产品加工镇、矿产资源开发镇、手工业制造镇、交通枢纽镇、生态旅游镇、小商品集散镇等多样化小城镇模式。比如东部沿海地区涌现出不少工业主导型强镇，中西部地区也有不少资源开发型镇、旅游业主导型镇。无论是加工业还是服务业为主导的镇，关键要发挥好劳动密集型产业和资源型产业的优势，谋划好支柱产业，加强市场引导，注重吸纳小城镇周边农村劳动力，注重农村身份转变，注重农村土地依法征用，特别是经济强的小城镇要率先探索城乡公共服务均等化的新路子，切实解决农民的就业、教育、医疗等社会问题，形成农业与非农业、经济与社会互动发展的小城镇新格局。

三、中小城市发展模式

按照城区常住人口在50万人以下的城市为小城市和50万～100万人的城市为中等城市标准，根据2016年《中国中小城市发展报告·绿皮书》显示，到2015年全国共有中小城市2184个，目前我国县级市和绝大多数县城、50%左右的地级市都属于中小城市范畴。

当前我国处于工业化中期快速上升阶段，为迅速崛起多数中小城市实施的是“工业兴市”“工业兴县”的发展战略，工业基本成为我国中小城市的支柱产业。基于城市网络和产业体系演化机理，中小城市是我国城市体系中的主体，依托中小城市来发展现代制造业是我国当前和今后一个较长时期的战略选择。中小城市发展模式，要以提升城市的产业支撑能力和人口吸纳能力为核心任务，善于发挥比较优势，既要发展技术密集型制造业，又要发展劳动密集型制造业，千方百计扩大面向农村劳动力的就业渠道；要注重完善中小城市功能，改善居民居住条件，加强城市交通网络建设，加强城市生态环境保护；在城市地方财政收入基础上逐年增加城市居民社会保障投入，扩大社会保障覆盖面。

1. 以现代制造业为支撑的中小城市发展模式

我国中小城市多是经济实力一般的地级市和县级市为主，为加快发展或赶超发展，在政绩考核引导下中小城市普遍存在粗放的经济发展方式：对产业发展盲目追热，对投资项目几乎是来者不拒，对土地征用是多多益善，对环境破坏是忽视态度，对城市建设是突出亮点，这样的发展模式若长期坚持下去，结果是严重的。为摆脱这种粗放模式，今后中小城市模式的发展重点是，着力发展现代制造业，注重城市功能完善，提高社会服务水平。中小城市发展模式的战略重点如图 7 –7 所示。

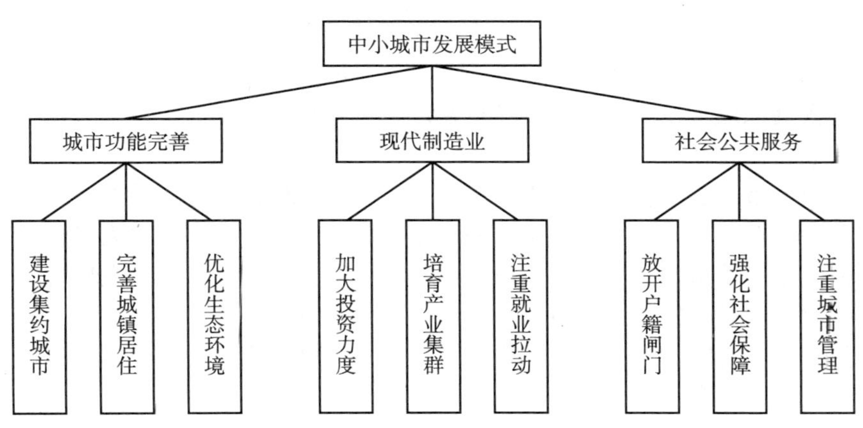

图 7 –7　中小城市发展模式的战略重点

建设集约型中小城市。由于中小城市是今后我国建设的主体，承担着重要的职能和使命，必须坚持集约型发展模式，关键要突出工业园区化，优化城市工业布局，把分散的企业集中进园，从制度上严格控制工业项目大量圈地行为；城市建筑要适度提高容积率，减少容积率为1以下的建筑，使容积率控制在1~2；城市交通网络建设不但要适度超前，而且要实用和适用，少占土地，少占良田；党政机关和事业单位要减少新建楼堂馆所项目，提高公共资源使用效率。

发展现代制造业。先进制造业是推动中小城市持续发展的动力所在。在先进制造业发展战略上，要坚持园区化、专业化和集群化发展，突出产业特色，拉长产业链条，培育小企业集群，按照小企业、大市场、大集群的产业组织方式，构建具有区域竞争优势的主导产业。每个中小城市都要做好产业发展规划，着力培育主导产业，切忌盲目追热而脱离现实条件。根据主导产业选择的理论和笔者对中小城市经济发展的长期观察，建议中小城市的主导产业为2~5个，在产业选择上不宜过多。在现代制造业投资上，要减少“高能耗、高污染、资源性”制造业项目，减少对重工业的投资比重，西部地区和东北地区要适度增加轻工业的投资比重。中西部地区及欠发达地区的中小城市要极承接发达城市的产业转移。东部沿海地区的中小城市要发挥市场和科技优势，积极发展纺织服装、精密机械、海洋化工、船舶制造、高端冶金等先进制造产业；东北地区的中小城市要发挥装备制造业的技术优势，积极发展机床制造、仪器仪表制造、汽车制造等通用或专用装备制造业；西部地区中小城市，要进一步拉长装备制造业、资源型制造业产业链条，并积极发展食品、饮料、纺织、服装、烟草及各种“三来一补”的劳动密集型工业；中部地区中小城市要发挥资源优势，大力发展交通运输装备、建材、医药、电气、食品、饮料等制造业。

加快城市化进程。中小城市具有较完善的产业机构、公共服务条件和城市管理秩序，在城市网络中具有重要的战略地位，应成为我国农村人口迁移的主要载体。中小城市要善于就近获取低成本的劳动力资源，在大力发展现代制造业的同时，积极吸纳周边农村人口进城入园，同时要妥善解决因城市化而失地的农民的就业问题。在产业需求推动下，加快户籍管理制度改革，普遍放开农民落户条件，使农村富余劳动力不断转变为产业工人，成为中小城市建设的一支重要力量。

加强社会公共服务建设。完善的公共服务体系是城市居民得以长居久安的保障。在工业企业不断贡献税费下，中小城市拥有一定的财力，有条件加大城市的文化、教育、医疗等公共服务设施建设，有实力适度增加居民休闲娱乐场所和生态公园，来提高居民生活和居住质量。在社会保障领域，中小城市应坚持政府、企业、个人分摊的原则，普遍提高城市居民、进城农民工的社会保障水平。中小城市要以政府为主导，探索建立适合本地的城乡居民保障性住房制度。

加强生态环境保护。工业城市最大的隐患因素之一是生态环境遭到破坏。中小城市要把生态环境保护放在与工业发展同等重要的战略地位，在发展中保护，在保护中发展，全方位加强生态保护，建设环境友好型城市。

2. 以服务业为补充的中小城市发展模式

我国中小城市发展现代制造业，主要原因是立足于城市产业发展阶段的现实，在产业构成中中小城市的工业比重一般高于服务业，在今后20年内中小城市产业发展的主导仍是工业。不过，以工业为支撑的中小城市并非不发展服务业，为服务工业生产和居民生活，中小城市同样发展商贸、流通、餐饮、房地产、金融、法律、中介等服务业。另外，中小城市并非完全以工业发展为主导，有少数城市由于自然、历史、经济等因素，有独特的服务业发展优势，很适合走“服务业兴市”发展之路，比如山东的蓬莱市、江西的武夷山市、湖南的凤凰县、广西的阳朔县、四川的九寨沟县等是以旅游业为支撑的小城市，内蒙古的满洲里市、浙江的义乌市是以商贸业为支撑的小城市，江西的广昌县是以物流业为发展引领的小城市。那么，少部分中小城市可借助独特优势发展服务业来带动经济发展。

四、大城市发展模式

在我国城市体系中，除中小城市和小城镇外，我国的4个直辖市、15个副省级城市、其他省会城市、人口超过100万人的地级市等可视为大城市范畴内。改革开放前，我国区域经济发展主要靠省会城市和工业城市带动，改革开放后，随着沿海、沿江、沿边城市的开放与发展，我国大城市数量不断增加，发挥的作用越来越大。不过在发展实践中，我们发现并非城市规模越大其经济社会效益就越好，当前我国大城市有两个突出问题，一是城市人口迅速膨胀；二是城市产业定位不准，由此引发了一系列“城市病”问题。

大城市是区域经济发展的中心甚至是龙头，在城市圈、城市群或城市带发展中的地位举足轻重，构建有效的大城市发展模式对区域经济发展、城市化和城乡统筹具有影响深远。大城市发展模式，要把现代服务业和高新技术产业作为城市发展的核心动力，强化城市综合功能的全面提升，强化城市群之间的协作，构筑现代化的城市网络；要切实改善城市生态环境，优化城市居住环境；要科学控制人口规模，注重人流的空间疏导；要全面建立城市居民社会保障体系，大幅度改善外来人口的生活和医疗保障水平。大城市发展模式的战略重点如图 7 -8 所示。

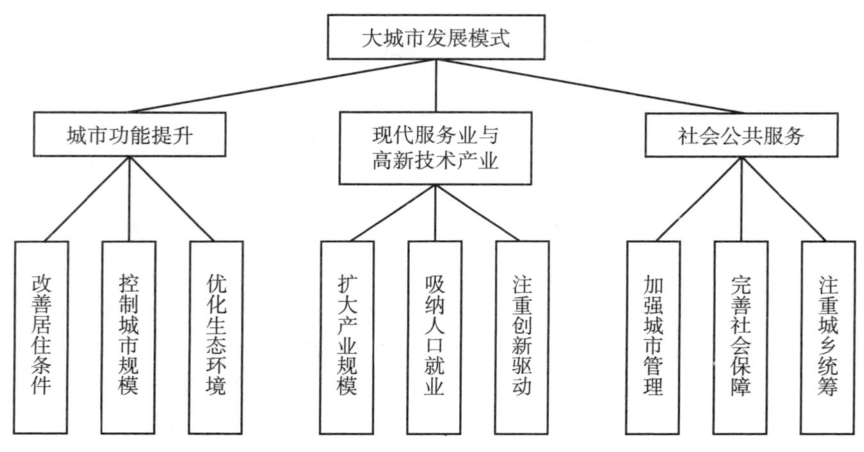

图 7 -8　大城市发展模式的战略重点

1. 以现代服务业为主导方向的大城市发展模式

提升大城市功能。要从人口、资源、环境、交通、居住等多因素着眼，全方位构建现代城市网络，强化城市的建设和管理，完善城市综合功能，提升城市承载能力。大城市要建设立体化的交通网络，以满足当前和未来人流、物流的需求，提升城市交通运输能力；建立现代化的供水、排水、排污、污水处理设施，提高城市应对远景发展需求与重大突发事故的能力；强化城市煤炭、石油、天然气等能源储备和供给能力，建立保障有力的电网、油网、气网等支撑平台，积极利用新能源，确保城市能源动力充足；建立国际化的信息和通信设施，提高居民的生产、生活、学习和出行效率；加强对城市及周边生态区域的保护和建设，适度增加城市绿地、城市公园，保持和提升城市区域生态系统自我调节功能。

发展现代服务业。把发展服务业作为推动大城市经济主导性或引领性的产业。一是搞好产业定位。建议我国4个直辖市和省会城市的经济发展坚持以服务业为主导，一些服务业比重偏低的城市要逐步压缩制造业规模，强化服务业引领，逐步提高服务业的产业比重，尽快提升服务业产业比重达到城市经济总量的50%以上，现代服务业比重占服务业总量的40%以上。5个计划单列市及沿海、沿江大城市，要发挥经济外向型优势，积极发展临港物流业和高技术服务业。二是发展物流业。物流业是城市网络得以运行的必需产业，也是跨地域广、吸纳就业多、拉动生产和促进消费强的产业。每个大城市特别是省会城市和交通枢纽城市都要高度重视物流产业，整合传统运输产业资源，加快完善由物流企业、物流基础设施平台、物流信息系统平台、物流业服务体系等组成的现代物流产业体系，各有侧重地发展企业物流、区域物流和国际物流，促进城市和区域经济发展。每个城市要善于发挥优势，因地制宜地发展资源型物流、临空型物流、临港型物流、商贸型物流等产业。三是发展现代金融业。金融是现代经济的核心。大城市几乎都是城市区域的中心，更需要金融业的支持和带动。因而，大城市要坚持金融市场化导向，积极发展银行、保险、证券、担保、期货等行业齐全的金融业，创新金融产品，开展多样化的金融业务，服务城市重点产业发展、城市基础建设和市民生活。大城市要强化金融机构的聚集度和业务覆盖，以城市网络为腹地，提高金融服务的辐射力，力争使金融业增加值占本市生产总值的5%以上，建设成为辐射力强的区域金融中心。四是发展文化产业。中国是文化大国，每个区域几乎都有独特的文化资源，而大城市往往是本区域的文化中心，那么大城市应挖掘本地文化特色，加快把地方文化资源转化为经济优势。每个大城市都要加快文化体制改革，培育若干文化产业集团，突破发展现代传媒、文化创意、影视制作、印刷发行、文艺演出、动漫创意等文化业态，形成文化品牌，培育壮大既能推动经济发展又能让群众喜闻乐见的文化产业。学习国外和我国北京、深圳、长沙等地文化产业经验，加快推动城市文化产业崛起。五是发展服务外包产业。服务外包产业是现代服务业的新兴产业，具有低能耗、无污染、智力密集型、高附加值等特点，前景广阔。各大城市要围绕信息技术外包服务（ITO）、业务流程外包服务（BPO）和知识流程外包（KPO）服务，发挥人才聚集优势，加快培育一批服务外包企业，规划建设一批服务外包基地，加快现代制造业、信息产业和服务业融合发展，推动现代产业体系升级发展，促进大城市网络的构建。

社会公共服务建设。大城市是多元化、异质性的人口聚集载体，现代化的大城市首要考虑的是城市社会管理。要加强城市的自然人口增长、城市人口变动的控制，搞好流动人口的全面管理，尤其是城市社会治安管理。要设立“城市病”预警管理机制，建议市区常住人口超过300万的城市加强人口预警管理，超过500万人口的城市加强城市综合管理，超过1000万人口的城市要控制人口规模，妥善做好城市流动人口的空间疏导工作。社会保障是最大的公共服务体现，由于大城市的流动人口多、人口结构复杂，政府要不断扩大社会保障覆盖面，对城市居民建立完善的社会保障体系，对城市流动人口尤其农民工建立完善的工伤保险、失业保险和生育保险制度，财力雄厚的大城市要探索建立流动人口医疗保险和养老保险新模式。

2. 以高新技术产业为引领方向的大城市发展模式

一方面，我国有一部分大城市是由原来工业城市发展起来的，具有良好的工业基础和经济条件，这些大城市要坚持信息化带动工业化战略，加快信息与工业的技术融合、产品融合、业务融合、产业衍生，推动传统制造业向高新技术产业转型，推动原有高新技术产业链向高端产业环节攀升；另一方面，我国的直辖市、省会城市、计划单列市具有人才集聚优势，是发展高新技术产业的决定因素，这些城市在高新技术产业发展上处于全国领先地位，为此，直辖市、省会城市及计划单列市、部分工业大城市要瞄准国际高技术产业发展前沿领域，不失时机地发展生物、节能环保、航空航天、新能源、新材料、信息技术等产业，强化企业的技术创新，加快把具有自主知识产权的科技成果向现实生产力转化，形成产业化，并尽快成为城市的支柱性或先导性产业，带动城市发展。要依托大城市的国家级高新区、经济技术开发区以及重要创新平台，加强产学研合作，培育一批科技型龙头企业，打造具有城市特色的高新技术产业集群。比如，除直辖市、省会城市、计划单列城市外，珠海、东莞、中山、佛山、无锡、常熟、威海、淄博、唐山、鞍山、宝鸡、绵阳、攀枝花、德阳等有工业基础的城市可探索建设高新技术产业城市。

另外，传统服务业是每个城市得以运转的必要产业和生活性产业，如同中小城市一样，为全面服务城市的生产和生活，大城市也需要发展商贸、流通、餐饮、旅游、房地产、法律、中介等服务业。传统服务业是大城市产业发展模式的基本必要补充。

第八章

中国现代城市发展的制度安排

建设中国现代城市是中国新型城市化发展的中心任务，而从供给侧方面对现代城市进行战略性制度安排又是促进城市化、工业化、信息化和农业产业化发展的重中之重。制度性安排既能打破城市长期形成的路径依赖枷锁，摆脱低效甚至无效的发展付出，又能开创城乡发展新局面，进一步增强城乡发展的和谐性和动力性。

第一节　中国现代城市发展定位

一、现代城市构成

1. 现代城市内涵

现代城市是相对传统城市而言的一个概念。传统城市一般表现为基础设施滞后、产业结构不合理、社会保障不完善、可持续发展动力不足、对外开放度不够等特征。本书所指的现代城市，并非十足都市化、高端化、国际化的城市，而是着眼中国城市化、工业化和城乡统筹发展的战略目标，在中国现有城市基础上需要各城市进一步完善和发展现代化城市。现代城市，是以完善的城市基础设施为依托，以承载人们经济社会活动为主要内容，以社会服务为根本保障，城市结构合理、基本功能齐备、经济发展持续、生态环境良好的新型城市。现代城市发展的过程是城市设施、经济、社会、生态、文化、生活方式由传统城市社会向现代城市社会转变的过程。与传统城市相比，现代城市具有鲜明的开放性、动力性和服务性特征。（1）开放性。现代城市发展要面向国内外，面向其他城市，更面向农村，具有开放的市场、开放的文化和开放的心态，吸引各种发展要素向城市聚集，在开放中不断提升城市现代化水平。（2）动力性。现代城市具有合理的产业结构、竞争力强的产业组织、创新性强的企业集群，无论在区域竞争中，还是长远发展中，都具有发展的动力支撑，全方位、持续性地推动现代城市发展。（3）服务性。现代城市由功能更加完善、承载力更强的城市要素单元构成，具有突出的服务功能，能够更好地服务人们的出行、生产、生活、学习，让人们享受到城市更优越的社会保障，现代城市因服务功能而更具有吸引力。

2. 现代城市要素主要构成

（1）现代城市体系。城市是现代城市体系构成的最基本的要素。它本身也是一个有机系统，是以中心城市为核心，各种不同性质、规模和类型的城市相互联系、相互作用的城市组织。在城市规模上，有超大城市、特大城市、大城市、中等城市、小城市、小城镇等不同规模；在城市组织上，有金字塔式、多核式、网络式、带状式等结构体系。中国是典型的以行政级别建立的城市体系的国家。一般情况下，城市级别越高，城市规模就越大，经济越发达，同级别的城市规模就越大。现代城市注重城市结构的优化，城市体系中不同等级的城市具有较明显的分工与合作关系、集聚与扩散功能，城市内部具有科学的规划布局，使整个城市体系具有较强的协同性；现代城市发展注重城市体系中的首位城市引领作用，无论是单中心城市，还是多中心城市，适当提高中心城市首位度，使整个城市体系具有较强的引领性。

（2）现代城市基础设施。城市基础设施主要包括城市供排水、能源、交通、通信、防灾、环境等公共服务系统设施，是确保城市经济、社会、生态得以正常运转的基本要素，是城市发展的先决条件和城市现代化的重要标志。如果把城市比作人的肌体，基础设施就如同它的筋骨一样重要。现代城市基础设施建设是城市总体发展规划的重要内容之一，应适度超前经济社会发展，做到布局合理、质量过硬、功能完善，重点是加强基础设施的承载力、耐用性和信息化，使基础设施的服务功能完善，满足人们在城市的生产和生活需求，有效促进城市经济社会发展。现代城市基础设施既要注重加大政府的财政投入，突出市政设施的公益性，又要坚持市场化手段，发展经营性基础设施，鼓励产业化运营，提高基础设施建设效率和现代化水平。现代城市基础设施既要注重城市的物质支撑，又要善于挖掘城市文化底蕴，尽可能使城市基础设施成为承载城市多样化需求的重要标志。

（3）现代城市产业。产业是城市发展的动力源泉。发展现代城市产业是建设现代城市的主要任务之一。现代城市产业，是以现代市场为导向，以科技创新为动力，涵盖第一、第二、第三产业的高效、高质的城市产业体系。城市第一产业是城市发展的必需条件，主要是发展城市郊区农业，为城市提供蔬菜、肉、蛋、奶等生活必需品，或者发展旅游观光业；城市第二产业是当前和今后一个时期我国城市经济发展的主攻方向，重点是发展先进制造业和高新技术产业；城市第三产业是除城市第一产业、第二产业以外的其他产业，主要是餐饮、商贸、旅游、会展、金融、物流、中介等产业，是承载大量未来就业人口的重要载体。现代城市产业发展，要因地制宜，彰显地方特色，发挥产业竞争优势，保持产业内部合理的比例结构；要以企业为主，强化企业集群化培育，发展创新型产业集群，支撑和引领城市经济发展；要考虑民生，支持发展劳动密集型产业，解决更多劳动力就业问题，全面推动城市化发展。

（4）现代城市就业。就业是生存之本与发展之基。现代城市持续发展与繁荣根本上在于劳动就业的持续推动。现代城市发展要以城市产业为依托，既要重视城市居民就业，又要重视外来人口就业，不断开发不同劳动力需求的就业岗位，全面促进城市劳动力充分就业。现代城市就业适应城市化要求，积极吸纳农业转移人口就业，将农业转移人口纳入城镇人口登记失业统计范围，切实反映城市就业人口情况。现代城市提倡和支持能人创业，发展“能人经济”，以创业带动就业，挖掘民众智慧，创造更多就业机会。现代城市重视就业人口的职业素质，强化就业群体的技能培训，以就业技能的提高促进劳动力的职业转换，以职业的轮替更新促进产业结构的升级。现代城市就业坚持城市就业的法律性，消除歧视性，推行健康就业、体面就业和尊严就业，使处在低端产业的就业群体得到社会的公认和支持。

（5）现代城市居住。安家居住是中国老百姓几千年来所共识的物质和精神寄托之所在，拥有更好的居住条件无疑成为中国人奋斗的目标之一。因此，改善城市居住条件就成为建设现代城市的重要任务。第一，现代城市居住要使生活和工作在城市中的群体“住有所居”。针对高居不下的房价和众多低收入城市群体，地方政府在严格控制房价、调低房价的同时，要不断提供和增加保障性住房，重点是建设公租房、廉租房、经济适用房，让大多数城市中低收入群体以及农民工能够有安身场所，不断减少城中村、棚户区甚至贫民区。无论城市居民是否拥有房屋产权，最重要的是“住有所居”，普遍实现“安得广厦千万间，大庇天下寒士俱欢颜”的梦想。第二，现代城市居住要逐渐增加居住面积。随着经济社会的发展，城市人均居住空间理应稍宽敞些，为此今后我国城市人均住宅建筑面积目标要真正超过30平方米，切实让城市居民享受到城市现代化发展的成果。第三，城市现代居住要临近良好的环境。城市住房的规划与建设要科学布局，靠近生活方便区域，靠近绿地多的区域，尽可能杜绝把经济适用房、廉租房建在工矿区、城市偏远地带，远离污染严重区域。

（6）现代城市教育。教育是社会进步的基石和提高国民素质的根本途径。现代城市教育，是指实现更高水平的普及教育、形成惠及全民的公平教育和提供更加丰富的优质教育，其任务是加快把我国的城市由教育大市向教育强市、人力资源大市向人力资源强市转变，为城市经济社会发展提供坚强的智力支撑。在教育结构上，具有完善的学前教育、义务教育、高中教育、职业教育、高等教育、继续教育、特殊教育、民族教育等体系，使不同群体都能得到所需教育；在教育导向上，坚持以育人为本，突出素质教育，倡导教育创新，培育适应市场经济的应用型、复合型、技能型人才；在教育对象上，不仅要面向城市居民，更要面向在城市居住的农民工等城市外来人口，使城市外来人口成为现代教育的新目标；在资源分配上，要保证城市教育投入有计划增加，在提高关键领域、重点学科分配指标同时，要把更多的优质教育资源投向城市职业教育、民办教育、特殊教育，投向西部地区、民族地区、革命老区的城市。

（7）现代城市社会保障。社会保障是经济发展的“推进器”和社会发展的“调节器”，主要包括社会保险、社会救济、社会福利、优抚安置、社会互助等，其中社会保险是核心。中国现代城市社会保障的战略任务是建立适应城市化社会的人人享有保障的城市基本保障，这是现代城市社会发展的重要目的，也是现代城市发达的重要社会特征。与传统城市社会保障相比，现代城市社会保障以养老保险、失业保险、医疗保险、工伤保险、生育保险等社会保险为核心，着眼城市化和工业化快速发展的客观需求，适应城市经济发展阶段，以明晰政府、企业、个人的权利与责任边界为底线，以城市财政逐年对社会保障支出为支撑，加强城市低收入群体和困难家庭的保障，加强城市外来人口的基本保障，加强城市人口社会保障的信息化管理，注重社会保障资金来源的多元化创新。

（8）城市良好生态环境。由空气、土地、地下水、河流湖泊、海湾海洋、动物植被等组成的生态环境系统与人类息息相关，是人类的生存空间和保护屏障。众所周知，生态文明是现代文明重要组成部分，建设现代城市必须保持城市的生态环境良好，没有良好生态的城市称不上现代城市，是残缺的城市。城市生态环境良好，就是要使城市居民能够呼吸到新鲜空气、喝上干净水、远离噪音污染、感受到居住环境舒适，那么必须科学控制和优化城市生态环境，逐步降低万元 GDP 能耗，逐步减少 COD 和 SO_2 排放，逐步提高城市林木覆盖率，保持生物的多样性，确保生态系统平衡，使人与自然和谐相处。城市生态环境良好既需要保护好天然的自然生态环境，又要建设优美的人工自然环境，更好地促进城市经济社会发展。

二、现代城市发展定位

城市是一个历史的范畴，不同时代对城市的认识和定位不同。古代社会一般认为城市是具有贸易市场和货物的集散地，近代社会多数认为城市是经济、社会的综合聚集体，现代社会则更多地把城市作为承载物质与精神的多功能的人类活动中心。马克思认为“城市本身表明了人口、生产、工具、资本、享乐和需求的集中”，列宁认为“城市是经济、政治和人民精神生活的中心，是前进的主要动力”①。由此可见，城市越现代，城市的职能越呈现多样性。基于现代城市的要素构成和中国新型城市化发展对现代城市的需求，对现代域市进行如下战略定位。

1. 现代城市是农村劳动力转移的战略空间

西方发达国家的经验表明，城市化、工业化和国际化主宰了城市现代化的进程。但中国不同于发达国家，中国城市现代化进程面临的战略任务不仅是城市发展的高端化、高质化，更是人口市民化、幸福化。人口城市化是阻挡不住的历史潮流，中国要顺应城市化发展规律，那么现代城市发展首要考虑如何把大量农村人口不断转移到城市中来。基于中国巨大的农业人口现实和“三农”问题的严峻压力，中国现代城市发展的首要定位应着眼于如何承载人口这一问

① 冯云廷：《城市经济学》，东北财经大学出版社 2005 年版。

题上来，即把现代城市作为农村劳动力转移的战略空间。只有农村剩余劳动力向城市不断转移，才能表明我国的工业化战略是有效的，城市化战略才能逐步推进，“三农”问题才能有效破解。为此，现代城市作为农村劳动力转移的重要载体是责无旁贷，任务非常艰巨。作为农村劳动力转移的战略空间，现代城市必须全盘考虑农村劳动力的现状和困难，保持全开放姿态，渐进式吸纳农村劳动力进城，阶梯式承载不同群体的劳动力进入不同等级城市，循环式推动城乡人口合理流动和有效安置，把这一战略空间变成城市可承载更多劳动力的聚集体。

2. 现代城市是城乡统筹发展的核心引擎

在空间结构上，城乡结构是城市与乡村构成的一个区域单元，是一个典型的“中心—外围”模式。在城乡结构中，农村是相对欠发达区，即经济技术低梯度区，需要城市的带动发展。根据佩鲁的增长极理论、赫希曼的中心—外围理论、弗里德曼的空间极化理论，城市在城乡区域发展中处于主导地位，是区域经济中心，具有引擎作用。根据二元经济理论，城市发展需要农村的支持，那么现代城市发展离不开城乡统筹发展，同时，城乡统筹发展又需要现代城市带动。按照第六章中国新型城市化发展的战略思路，城乡统筹发展是推进中国特色新型城市化的前提条件和战略任务，其根本要求是城市与农村相互联系、相互促进、一体发展，而由于中国城乡发展的不平衡性，中国城乡统筹过程须积极发挥城市的极化效应，强化城市的龙头引领，以城带乡，以工促农，不断推动城乡协同发展。那么，城乡统筹是中国新型城市化的战略任务之一，而推进城乡统筹发展要善于发挥现代城市的核心引擎作用，并根据不同城市的极化能力大小，构建密切联系的城市网络和城乡关系，通过城乡空间作用，带动不同的农村腹地发展。

3. 现代城市是创造与辐射文明的重要高地

城市是创造物质财富和精神财富的摇篮，是人类文明发展的载体。在现代城市发展中人们不断地创造出比以往更多的物质文明和精神文明，这是人类勤劳和智慧的结晶。城市文明作为城市的构成要素，具有不可替代的作用，她是城市居民生存的基本条件和发展动力支持，也代表着城市现代化进程的质量和内涵。当现代城市发展到一定阶段，即当扩散效应大于极化效益时，现代城市要发挥辐射作用，城市文明不断地由高梯度的城市向低梯度的城市传递，由低梯度的城市向更低梯度的农村传递，这样随着城市文明的辐射，更多的区域群体得到受益，欠发达地区人们的生产和生活方式不断进步，人类创造的城市文明也得以逐级传承。现代城市不但是创造无数物质文明的高地，而且是生产无数精神文明的高地。所以，发展现代城市要让更多的城乡居民看到城市发展文明成果，感受到城市文明在不断地改变落后、提升生活品质、推动社会发展。

4. 现代城市是居民安家乐业的幸福家园

追求幸福是人类自古以来的奋斗目标。两千多年前著名的古希腊哲学家亚里士多德（Aristotle）曾说过："人们为了生活来到城市，为了生活得更好留在城市"。诚然，城市发展的最终目的同样是为了追求市民的幸福。现代城市，拥有更多的就业机会和良好城市公共产品，能够不断增加社会福利，使居民的收入不断增长，居住条件不断改善，精神生活不断提高。发达国家的城市实践表明，随着城市现代化的发展，城市的生活水平越来越高，人们的幸福感普遍增强。如果城市化越快、城市越现代，而城市居民生活水平没有明显改善或出现社会阶层两极分化，这就不是现代城市发展的根本目的。为顺应城市化发展趋势，现代城市发展应遵循"城市，让生活更美好"的理念，把城市居民的安居乐业和健康幸福作为发展的归宿点。为此，现代城市发展的重要战略定位——成为改变进城农民生活与命运的幸运之舟，成为提升市民生活质量的新型快车，成为城乡居民安家乐业的幸福家园，这也是现代城市发展的根本目的。

5. 现代城市是可持续发展的践行者

可持续发展是现代文明发展的重要标志，是践行科学发展观和实现"中国梦"的重要组成部分。与传统城市、传统农村相比，现代城市具有有效的手段来保持城市的可持续发展，有能力成为资源节约型、环境友好型社会发展的示范。现代城市发展在推动经济与社会协调发展的同时，注重人与自然的和谐相处，保持人口、资源、环境之间的协调发展，促进全面可持续发展。现代城市可持续发展，要坚持国家的计划生育政策和合理的人口迁移速度，保持适度的城市人口规模；要坚持资源与能源的集约循环利用，保持长期可开发的潜力；要坚持城市环境保护和生态建设，保持人们与生态环境适应性和舒适度。为此，现代城市可持续发展的核心任务和目标，就是保持人口与资源、环境的和谐相处、融合共生，建设生态良好、环境秀美、适宜人居的生态城市。现代城市要发挥比较优势，因地制宜地发展不同类型的低碳城市、循环经济城市、森林城市、生态宜居城市等，成为深入贯彻科学发展观的践行者，成为经济、社会与生态全面发展的典范。

第二节　现代城市构建与制度安排

一、现代城市构建是制度变迁的过程

现代城市是在传统城市基础之上形成的，它是由现代城市体系、现代城市基础设施、现代城市产业、现代城市教育、现代社会保障、现代就业、现代城市居住、良好生态环境等构成的新型城市综合体。从城市构成看，现代城市在根本上是对传统城市制度改革和创新的产物；从城市形成看，现代城市是传统城市现代化的过程，根本上也是城市政治、经济和社会制度变迁的过程。第六章中国新型城市化发展的战略思路中揭示，建设现代城市是构建新型城乡二元结构的重要组成部分，在本质上建设现代城市是对传统二元制度的扬弃和创新。为此，建设现代城市关键要对城市制度进行创新，根本上对传统城市进行制度变迁。建设现代城市，一方面需要对传统城市产业、就业、教育、社保、环保等制度进行大力创新；另一方面需要与农村制度搞好配合，二者相得益彰，共同构筑新型城乡二元制度结构，为中国新型城市化发展打下坚实的制度基石。

二、制度、制度变迁与制度安排

1. 制度

随着现代经济社会的发展，制度问题越来越被重视和运用。在现代经济学理论中，制度与天赋要素、技术、偏好被放在同等重要的地位，甚至制度经济学家认为制度是经济理论第四大基石。美国经济学家道格拉斯·诺斯认为，制度是一个社会的博弈规则，或者更规范地说，它们是一些人为设计的、形塑人

们互动关系的约束。[①] 制度提供人类在其中相互影响的框架，使协作和竞争的关系得以确定，从而构成一个社会特别是构成了一种经济秩序。制度是为约束在谋求财富或本人效用最大化中个人行为而制定的一组规章、依循程序和伦理道德行为准则。[②]

2. 制度变迁

制度变迁是制度的替代、转换与交易过程。制度变迁可以理解为一种效益更高的制度替代另一种低效制度的过程，这个过程中实际需求的约束条件是制度的边际替代成本（即机会成本）。新制度经济学认为，制度变迁具有内在机制，其变迁过程包括制度变迁的主体（国家、组织或个人）、制度变迁的源泉、适应效率等多种因素。（1）有效的组织。有效的组织是制度变迁的关键，组织是具有共同目标的个人结成的集合，它包括政治组织、经济组织、社会组织等，组织建立的目的是获得收入或其他目标的最大化。（2）变迁的源泉。制度变迁是通过复杂规则、标准和实施的边际调整实现的。制度变迁的源泉是相对价格的变化和偏好的变化，相对价格的变化和偏好的变化对制度变迁的影响主要是改变制度变迁的成本和预期收益。（3）适应效率。适应效率是制度变迁内在机制的主要构成，检验一种制度是否有效，关键要看这种制度是否能够给组织带来适应效率。适应效率主要与组织的“主观愿望”紧密联系，且主要来自于有效的制度。

3. 制度安排

制度安排是管束特定行为模型和关系的一套行为规则，是支配经济单位之间可能合作与竞争方式的一种安排。在新制度经济学理论中，制度安排是最接近“制度”的本义，或者说，制度安排是制度具体化的表现。可以看出，制度安排是一系列制度的构成集合。制度安排可能是正规的或非正规的，可能是暂时的或者长期的。制度安排是在制度环境的框架里进行的[③]，一般说制度环境决定着制度安排的性质、范围、进程等。

通过对制度形成过程的观察，一般情况一种低效的制度变迁过程常表现为

---

① ［美］道格拉斯·C. 诺斯：《经济、制度变迁与经济绩效》，格致出版社 2008 年版。

② ［美］道格拉斯·C. 诺斯：《经济史上的结构变和变革》，商务印书馆 2007 年版。

③ 制度环境，是指一系列用来建立生产、交换与分配基础的政治、社会和法律基础规则。

一种有效的制度安排。

三、中国现代城市建设需要有效的制度安排

由于中国传统城市建设和管理制度的缺陷，需要通过制度变迁来实现中国城市的现代化——构建现代城市，使现代城市建立在现代经济制度、现代社会制度和现代生态制度之上。由于制度是一种公共产品，而公共产品一般由国家“生产”，所以现代城市形成需要强制性制度变迁，即由政府法令引起的变迁（林毅夫，1998），让政府主导制度变迁，比如现代城市户籍制度、现代城市教育制度、现代城市保障制度、现代城市生态制度等都需要政府的一手设计和管理。由于现代城市建设中，一些制度变迁需要从下向上、从局部到整体来进行，并具有自发性，那么现代城市的形成也需要诱致性制度变迁，即一群（个）人响应由制度不均衡引致的获利机会时所进行的自发性变迁（林毅夫，1998），比如现代城市就业制度、现代城市住房制度等需要部分群体从下向上逐步推动制度变迁。为此，现代城市构建既需要强制性制度变迁又需要诱致性制度变迁，须全盘考虑，才能设计出现代城市建设的制度安排。

第三节　中国现代城市发展的制度安排

基于中国现代城市的发展定位和城市化发展的制度缺陷，现代城市构建与发展要着眼于服务新型城乡二元关系，以政府为主导，加大供给侧改革力度，创新二元经济体制，完善传统城市管理体制，强化城市政府改革职能，构建有利于中国新型城市化发展的现代城市制度安排。

一、改革二元经济体制

二元经济结构是当前中国城市发展面临的最大的制度环境。推进中国现代城市发展必须坚决摆脱我国二元经济体制的路径依赖，从根本上跨越二元经济的结构陷阱。首先，加强法律规范和引导。省（自治区、直辖市）、市、县、镇各级政府要严格贯彻国家城乡规划法，因地制宜、因时制宜将乡村发展列入

城乡规划体系，赋予农村与城市同等的战略地位和重要职能，在空间布局、土地利用、产业发展、基础设施建设、居住环境上强化统筹协调，并加快出台推动城乡统筹的相关法规，在法律框架中规制城乡统筹发展。其次，构建工业与农业互动发展体制。一方面要健全财政支农资金增长机制。逐步提高国家和地方公共财政支农资金的增长幅度，扩大公共财政覆盖农村的范围，加快推动城市公共服务和基础设施向农村辐射，促进城乡全方位互动发展，并使财政支农政策进一步撬动和促进其他惠农政策出台；另一方面，建立工业反哺农业机制。积极放大城市扩散效应，加快用现代工业装备改造和武装农业机械，用工业先进适用技术嫁接和开发竞争力强的农产品，用工业文明改善农村生产生活方式。从根源上形成工业化带动农业增长、农民增收、农村发展和剩余劳动力向城市转移的动力机制。最后，改革和完善政绩考核制度。尽快改革传统考核发展指标，设计新的考核指标体系，各地方政府要坚决改变重城市轻农村、重工业轻农业、重速度轻质量、重经济轻社会、重总量轻人均的传统考核方式，重点突出城乡统筹、产业协调、区域协同、效益提高、环境保护、能源节约等方面的考核指标，建立激励与约束相容的科学考核机制，从根源上矫正和优化城乡全面发展的制度环境。

二、调整户籍管理制度

人口自由流动是城市化的显著特征。改革户籍管理制度，取消农村户口和城镇户口的管制制度，实现人口的自由居住和迁移是中国新型城市化发展的关键措施。建议我国实施自由、有序、有差别的人口流动、居住和落户政策。一是构建统一的城乡户口登记与管理制度。彻底取消农业户口与非农业户口户籍性质划分，将城乡居民户口统一登记为居民户口。建立全国城乡统一的人口登记制度，健全出生人口登记和生命统计制度。加强流动人口管理，实施居住证制度，公民离开常住户口所在地到其他设区的市级以上城市居住半年以上的可以在居住地申领居住证，居住证持有人应享有与当地户籍人口同等的基本公共服务权利。二是促进农村人口向城市迁移。应积极贯彻2009年中央经济会议、2010年中央一号文件、党的十七届五中全会、2013年中央城镇化工作会议等关于城镇户籍改革的精神，分类别、有条件、按步骤、刻不容缓地降低城市户籍“门槛”，尽快破除这一滋生不公平政策的制度温床。中小城市和小城镇改革要首当其冲，小城镇与小城市全面放开落户的各类管制政策，中等城市尽可能放宽落户政策，对有一定经济基础、自愿迁移的农民给予落户，并享有与当地城镇居民同等权益，尤其是经济发达、急需劳动力的中小城市应率先放开户籍管治，积极探索农村劳动力转移与中小城市互动发展的新模式。大城市、特大城市积极解决大中专毕业生、有技术职称人员的落户问题，对农民工中的劳动模范、先进工作者、高级技工技师以及其他有突出贡献者应优先落户，对长期居住并有固定职业的农民工尽可能放宽落户条件。三是鼓励大城市人口向市外迁移。随着大城市人口规模的不断扩大，城市人口集聚的各种压力不断增大，建议常住人口超过500万以上的城市出台优惠政策引导城市人口自愿向其管辖的中小城市或小城镇迁移，减缓大城市压力。特大城市、超大城市要以宽松政策鼓励人口向郊区迁移，有条件的大城市可把郊区的小城市及乡镇发展为卫星城，与大城市形成功能互补的城市网络，重点吸纳中心城市人口，减少“大城市病”。现代农村是不少城市居民尤其是创业志士、自由职业者、退休人员的青睐之地，建议国家允许部分城市人口向农村迁移，地方政府可设计科学的户籍进出制度，让其在农村生活与发展。四是鼓励东部地区城市人口向西部地区城市迁移。根据第六次全国人口普查结果显示，我国东部沿海与东北地区以17.8%的土地承载了全国46.2%的常住人口，如果加上未统计的流动人口在东部聚集，我国东部沿海和东部地区的实际承载人口高于全国人口的50%。为舒缓东部地区城市压力、进一步加快西部大开发步伐，中西部各省应以更宽松的户籍政策鼓励农民在本省内迁移，尤其人口规模不足100万、产业比较完备的西部中心城市要大力吸引外来劳动力落户。建议围绕2014年出台的《国家新型城镇化综合试点方案》，尽快推出一批具有代表性的户籍改革试点城市，搞好示范，逐步推广。

三、建立城乡一体化劳动力市场制度

建立公平有序、自由竞争、城乡一体的劳动力市场是建设现代城市、推进城市化的重要支撑。一是健全城乡平等的就业制度环境。在允许农民保留农村各类产权进城的前提下，加快城市就业市场由城市管制向城乡平等竞争转变，要坚决消除城市中所有歧视性就业规章制度，取消农村劳动力进城就业的各种非理限制，引导城市居民少一份高傲歧视心态和行为，多一份城市社会对农民工同情和关爱。二是建立面向农村的就业服务平台。为降低农村劳动力盲目外出务工的交易成本，增强进城务工的针对性，城市人力资源等就业部门要搭建横向与纵向传递机制，在用工岗位、工资收入、福利待遇、工作环境等方面实现城乡就业信息共享。城市要积极开发劳动密集型产业岗位，建立跨地区、跨行业的劳务输出服务机构，搞好农村劳动力进城前的劳动技能培训。三是加快城市就业改革。强化面向农村劳动力的就业市场服务，尽快改革和完善农民工工资制度，完善与本地经济水平相适应的最低农民工工资标准制度，提高农民工工资待遇。大中城市要探索建立失业农民工应急救助制度。四是加大对农民工合法权益保护。严格执行劳动就业领域相关法律法规，强化农民工劳动监察执法力度，对克扣农民工工资、超长工作等违法行为予以严办。中等以上城市应建立农民工法律援助制度，积极帮助农民工维权，同时加强对农民工的法律教育，增强农民工劳动就业保护能力。

四、完善城市教育管理制度

适应和促进经济社会发展的教育体制是现代教育体制发展的方向和要求。为促进城市化发展，城市现代教育体制完善的重点是解决服务产业需求、农民工子女入学、区域教育失衡等问题。一是健全市场化的学科设置体制。顺应国内外新经济、新技术、新管理的发展需求和趋势，国家要以市场需求为培养人才导向，加快高等学校、职业学校的部分学科调整，地方要加快申建服务本地发展的特色专业或研究机构，不断解决市场需求与人才培养方向错位的问题，促进大中专毕业生从“毕业证”到“就业证”的迅速转换。二是创新农民工子女教育体制。国家和地方政府要出台强有力的措施，比如以条例、意见、通知等形式，强制城市中小学部门降低农民工子女学杂费，坚决取消对农民工子女借读费，对贫困农民工子女实行义务教育。农民工较多的、有经济实力的城市要将农民工子女教育问题纳入地方财政预算，设立农民工子女教育专项费，通过地方财政补贴有关学校以吸引更多的农民工子女入学，并鼓励政府参照公办学校经验多建几处农民工子女学校，在师资配备上给予专项投入，尽可能使农民工子女与城市子女获得同等的教育资源。三是完善区域教育帮扶机制。继续加大国家教育资金向中西部地区的转移支付力度，继续鼓励东部地区支持西部对口市县，重点是加大对革命老区、民族地区、边疆地区、贫困地区城市的教育资金和教师人才的配备，逐步缩小城市间教育水平的差距。

五、完善城市住房制度

城市住房制度是现代城市居民能够安身栖息的底线制度。一是完善城市低收入群体的保障性住房制度。地方政府要更广泛地面向城市低收入家庭进行多方面筹措资金，加大城市保障性住房的投入，更多地建设满足不同层面低收入家庭的经济适用房、廉租房、政策性租赁房，坚持既可租又可售，建立监管严格的保障性住房准入、使用、运营、退出制度，使真正需要房子的低收入群体能够租得到甚至买得到房。二是建立外来移民的住房保障制度。把解决外来务工人员特别是农民工住房问题摆在城市化发展的重要位置，建议国家和地方政府出台关于农民工住房保障的具体政策，参照城市住房保障成功经验，以公共财政为支撑，建立循序渐进的农民工城市住房保障准入机制，将符合条件的农民工纳入城市住房保障体系，并建立农民工住房公积金制度，对农民工购房给予财税支持，逐步形成“以经济租赁房为方向、小套型普通住房为主体、经济适用房和限价商品房为主要补充”的农民工住房供应体系。经济实力强的城市应率先探索具有本地农民工特色的住房保障制度。三是建立有效的房地产价格调控机制。健全科学的房地产数据报送、统计和披露制度，重点建立直辖市、计划单列市、省会城市及房价上涨快的城市的房价信息监测库，准确掌握房地产供需状况，确保信息的全面真实。为降低商品房价水平，国务院、相关部委等要继续运用好土地、资金、利率、价格、行政等调控手段建立长效调控机制，重点是密切监管和遏制投机性购房行为，严厉打击炒房行为，严厉惩罚企业囤地行为；地方政府要不折不扣地执行国家房地产调控政策，加大“限房价、限地价”政策执行力度，强化差别化住房信贷政策，明确各省区市责任分工，利用行政手段落实住房保障和稳定房价工作的约谈问责制，逐步稳定和降低房价。

六、完善社会保障制度

构建公共财政主导、责任共同担享、多元化筹资、分层次管理的惠及城乡的新型社会保障制度是中国新型城市化发展的重要保障。首先，加快推进社会保障制度改革。抓紧出台社会保障基本法和配套法律法规，用立法的形式明确各级政府在社会保障建设过程中应担负的责任，明确财政投入在社会保障资金来源中的比重，根据社会保障不同项目的性质，提供不同的资金比例。同时加快与社会保障制度改革密切关联的收入分配体制、财政体制、医疗卫生体制的改革步伐。其次，健全农民工社会保障制度。经济发达、财力充足的城市应建立起农民工社会保障机制，按照市民化的待遇，对符合设定条件的农民工给予更多的城市社会保障，争取到“十三五”末大中城市农民工普遍得到社会保障；针对农民收入水平低这一现实问题，建议国家实行低费率、低费基政策，提高农民工参保率；基于工伤保险的重要性，地方政府要加大对用工单位督察，特别是强制用工企业最大可能地将农民工纳入工伤保险范围；建立全国社会保障信息化管理系统，完善县级以上社保经办机构联系方式信息库，建立全国性对跨省流动务工人员的养老保险关系异地转移接续制度；中等以上城市参照现行城镇职工医疗保障制度，以解决重病和大病农民工的当期治疗为重点，加快建立农民工大病医疗保险制度；加强对农民工参保教育和法制教育，增加其对国家政策的公信力，提高参保信心，提高参保率。

七、完善行政区划管理制度

依据我国《行政区划管理的规定》等法律法规，因地因时制宜探索新形势下行政区划管理制度。着眼我国经济社会发展的需要和日新月异的城市化趋势，科学调整我国行政区划，促进城乡统筹发展、区域协同发展、资源合理布局。在尊重历史、民族和文化传承的前提下，建立全国动态行政区划调整制度，重点是控制东部沿海地区的城市规模和数量，支持西部地区城市化规模和数量适度扩充，支持中小城市完善区划管理体制，推动城市人口、资源、经济在地理空间上更加均衡配置。建立全国性行政区划与经济区划协同管理制度，减少因区划带来的争端与冲突。针对我国规模与层次差异较大的城市群，探索建立城市群区划优化制度，促进大中小城市和小城镇协同发展。针对“城市病”突出的大城市，要调整市区、县域区划格局，优化区域管理权限，特别对人口超过1000万的城市，可适度增加市区管理范围，降低“城市病”，保持城市规模经济。针对一些小市、小县，适度扩大区域管理空间；对一些大市、大县，适度减少区域管理空间。具备行政区划调整条件的县，要加快县改市工作进度。针对经济实力强、吸纳人口多的县级市，探索县级市升级地市的试点制度；针对综合实力强、带动腹地大的镇，探索镇升级县（市）的试点改革。

第九章

中国现代农村发展的制度安排

加快现代农村发展是推进中国新型城市化发展的必要支撑条件。要坚持政府改革引领现代农村发展，强化供给侧制度创新，从制度上设计现代农村的发展路径，不但可以改造和升级传统农村经济社会，不断缩小城乡发展差距，而且还能为现代城市发展提供动力支持和要素支撑，有效促进城市化和工业化互动发展。

第一节　中国现代农村发展定位

一、现代农村构成

1. 现代农村内涵

如同研究现代城市一样，现代农村是相对传统农村而言的概念。传统农村一般具有农村基础设施功能缺失、农业技术基本不变、农民收入增长迟缓、农村社会保障覆盖率低、农村社会事业发展严重滞后、农村对外交流比较封闭等问题。而现代农村建设立足于中国农村现实，顺应工业化、城市化、国际化的发展趋势，着眼于解决传统农村的长期性问题和现今“农村病”等新问题，在城乡统筹中建设有中国特色的现代农村。现代农村，是指以现代农业为内生动力，以现代农村社会保障为发展防线，生产较快发展、生活普遍宽裕、社会事业进步、易于文明管理、居住条件改善的农村。与传统农村相比，现代农村具有鲜明的开放性、内生性、消费性特征。（1）开放性。现代农村发展面向市场、面向城市，注重生产要素的自由流动，积极承接城市的产品、资金、技术等要素的反哺和辐射，并主动把农产品、劳动力、原料等向农村外输送，确保农村与外界特别是与城市源源不断地相互交流。"开放性"使现代农村成为城乡统筹和区域一体化发展的重要有机组成部分。（2）内生性。现代农村在接受城市支持、工业反哺的同时，主要通过培育现代农民、使用现代农业技术、发展现代农业来形成内生增长机制，只有这样才能增产丰收、提高农民收入，激发农民的生产积极性，并通过农业积累扩大再生产，从而使现代农村形成良性的内生循环系统。（3）消费性。随着现代农民收入的普遍较快增加和现代农村社会保障水平的不断提高，现代农民的消费能力大大增强，农村消费市场势必全面扩大，无论是生产性消费还是生活性消费，无论是物质消费还是精神消费，现代农村消费市场比以往传统农村市场表现得更为活跃和繁荣，农村消费将成为拉动现代农村经济发展的重要力量，成为优化现代农村经济结构的重要手段。

2. 现代农村构成

（1）现代农村产业。现代农村产业主要包括现代农业和农村非农产业。发展现代农业是建设现代农村的中心任务。现代农业是以高产、优质、高效、生态、安全为要求，以市场需求为导向，以科技创新为手段，广泛采用现代科学技术、生产装备和现代管理方法的社会化农业。现代农业具有较高的农业劳动生产率、合理的产业结构、完善的农产品市场、成熟的产业组织方式，具有较强的农业抗风险能力、国际竞争能力、可持续发展能力。由于我国地域广阔，地理特点因地而异，气候也差异性大，那么我国现代农业发展既要注重规模化、专业化生产，又要考虑特色化、区域化生产。从本质上看，发展现代农业是改造传统农业、发展农村生产力的过程，也是转变农业增长方式、优化农村经济结构的过程。从经济形态看，现代农业主要表现为生态农业、循环农业、观光农业、精准农业等。农村非农产业主要指农村工业和农村服务业，它们是现代农村产业的重要组成部分，能有效维持和促进现代农村的生产、生活和学习，是现代农村经济发展的重要支点。

（2）现代农村基础设施。农村基础设施是指为农业生产和农民生活的公共服务设施的总称，主要包括农田水利、供水供电、交通邮政、清洁能源、农产品流通、农村社会事业等公共服务设施。农村基础设施是农村各项事业发展的物质基石，也是农村经济的重要组成部分。现代农村基础设施建设，要坚持统筹规划、合理布局、适度超前、安全可靠的原则，顺应城乡一体化的方向，满足现代农业发展需求，适应农村居民生活方式，与城市现代基础设施向农村延伸进行对接，切实有效促进农业生产、便捷农民出行、服务农民生活。基于中国长期落后的农村基础设施现状，现代农村基础设施建设应构建以政府为主导、公共财政为支撑、农民为主体的建设和经营模式。当前和今后一个时期，农村饮水设施与农田水利设施是现代农村基础设施建设的重中之重。

（3）现代农业技术。现代农业技术主要指现代农业装备、农产品的冷藏与加工、农业栽培与育种、农业信息、农业节能与节水等技术，其发展过程是农业技术集成化、劳动过程机械化、生产经营信息化的过程。美国著名经济学家舒尔茨认为，改造传统农业的关键是要引进新的现代农业生产要素，而现代农业要素中最重要的是现代农业技术。可以说，现代农业技术是农业现代化发展的核心动力。立足当前国情，中国现代农业技术发展要以种植出更多粮食、生产出更健康食品、创造出更高农业效益为目的，重点突破生物技术、良种培育、丰产栽培、农业节水、疫病防控、防灾减灾等领域的技术，开发出多功能、智能化、经济型的农业装备设施。中国现代农业技术发展要适应世界科技发展潮流，加强农业技术的基础性和前沿性研究，加快农业科技的自主创新步伐，搞好农业技术的原始创新、集成创新和引进消化吸收再创新。

（4）现代农民合作组织。农民合作组织是现代农业发展的必要要求。现代农业生产正不断地由农户单一经营向农户联合经营方向转变，多元化新型农民合作组织正成为现代农业生产和管理组织的重要方式。农民合作组织是在农村家庭承包经营基础上，同类农产品的生产经营者或者同类农业生产经营服务的提供者或利用者自愿联合、民主管理的互助性经济组织。现代农民合作组织，坚持服务农民、进退自由、权利平等、管理民主的原则，注重技术、资本、管理等现代生产要素融入农业生产，注重农民与龙头企业建立密切的合作关系，注重利用市场手段和法律手段抗击农业市场出现的风险，能够调动和激发农民的生产的积极性，提高农业生产效率。现代农民合作组织是发展现代农业的有效生产和经营组织形式。

（5）现代农民。传统农民一般具有思想观念陈旧、文化知识层次较低、市场经营意识缺乏、现代农业技术利用很少等特点。相比较，现代农民是有知识、懂技术、善经营、讲文明的新型农民群体，是用现代文明和市场意识武装起来的农民群体。现代农民是发展现代农业、建设现代农村的主导力量，若没有现代农民，建设现代农村如同空中楼阁。舒尔茨认为，“一个受传统农业束缚的人，无论土地多么肥沃，也不能生产出许多食物。节约和勤劳工作并不足以克服这种类型农业的落后性。为了生产丰富的农产品，要求农民获得并具有使用有关土壤、植物、动物和机械的科学知识的技能和知识。”① 所以，现代农民要有一定知识基础，能领会农业生产过程，参与农业生产；能够主动跟踪和把握农业科技动向，自主学技术、懂技术、用技术，把农业技术变成提高劳动生产率、扩大再生产的重要手段；能够学习运用现代农业生产管理知识，及时适应和跟踪市场变化，生产和销售适销对路的产品，通过现代经营管理手段提升产品价值链。同时，现代农民要自觉遵行现代文明风尚，不断摆脱封建和粗俗陋习，注重提高文化、道德和民族素养，勇于维护家风、族风和乡风文明。培育现代农民是建设现代农村的最艰巨、最长期的任务。

（6）现代农村社会保障。农村社会保障是农村居民安身立命的底线、社会公平正义的体现、撬动农村消费的杠杆。在我国，农村社会保障主要包括农村最低生活保障制度、农村合作医疗制度、农村居民医疗救助制度、五保供养制度、自然灾害生活救助制度等。而现代农村社会保障，着眼于现代农村居民生活方式的变化和农村城市化的发展需求，是以人人享有基本生活保障为目标，坚持广覆盖、保基本、多层次、可持续的原则，在原有农村社会保障基础上形成的新型农村社会保障。现代农村社会保障，注重通过农民、集体、政府多元化的合作医疗资金筹措手段来构建农村医疗保障筹资新模式；注重农村最低生存和生活保障，通过提高公共财政补助标准确保贫困家庭维持基本生活；注重被征地农民的社会保障问题，坚持先保后征，使失地农民能够长期得到保障；注重农村老龄群体的服务保障，通过社会救助使农村这一弱势群体得到社会帮助；注重与现代城市社会保障政策衔接，使保障关系得以顺延，使保障水平不断向城市看齐。

（7）现代农村教育。如同城市教育功能一样，发展现代农村教育是改变农村无知落后、成就无数农民子女梦想、提高农村人力资本的根本途径。现代农村是体现中国教育最大公平之所在，它注重教育资源的均衡分配，把更多教育资源投向西部地区、民族地区、革命老区的农村；现代农村教育应有较高素质的农村教师群体，有较完善的校舍等硬件配备，使农村中小学都能得到义务教育，农村孩子人人有学上；现代农村教育以城市中小学学科体系为参照，不

① ［美］西奥多·W. 舒尔茨：《改造传统农业》，商务印书馆2003年版。

断完善以素质教育为导向的教育学科结构；现代农村教育为直接服务农村经济发展，注重加强农民的文化、技术等方面的继续教育，普遍提高农民科学文化素质；现代农村教育善于借助现代科技手段，进行现代远程教育，使农村孩子和农民都能了解外面世界，获得现代文明传播。现代农村教育是我国现代教育的薄弱环节，主要靠公共财政的支持。

（8）现代农村生态环境。农村是以农田和村落组成的有机系统，之所以能生产和居住，关键在于有赖以生存和发展的生态环境为屏障，良好的生态环境是现代农村的重要组成部分。现代农村生态环境，首先是使农村周围没有工业污染，确保农村饮水安全、空气干净、远离噪声，农民能够安然生产与生活，这是农村维持生存的重要条件。现代农村生态环境，要确保现代农业可持续发展，农村土地可持续利用，土壤能够种植农作物，有地下水或其他水源浇灌农田，病虫害能够及时预防和治理。现代农村生态环境，注重村容整洁，农村街道平整，农村厕所、畜圈设置规整且卫生达标，村庄绿化较好，居住条件比以往有很大改善。保持良好的现代农村生态环境不但要加强农村内部的生态保护与建设，还要加强与城市的协作，防止城市污染源向农村蔓延和渗透。

二、现代农村发展定位

1. 现代农村是国家现代农业的主要载体

作为世界上人口最多的发展中国家，解决中国 13 多亿人吃饭问题是国家生存与发展的头等大事，这一问题必须靠中国自己发展农业特别是发展现代农业来解决。改革开放以来，我国农业生产力实现了巨大发展，生产的粮食基本解决了中国人的吃饭问题。而随着城市化的发展和居民收入的不断提高，人们对农产品的需求结构在发生变化与升级，由对粮食的需求不断转向对肉蛋奶、果蔬的需求增多，转向对生态绿色农产品的需求增多，转向对观光农业产品的需求增多，传统农业生产难以满足今后发展的需求，我国对发展现代农业的需求越来越迫切。众所周知，农村拥有广阔的土地，是农业发展的载体，是国民经济得以发展的根基，其战略性和基础性地位不能被动摇，不能被替代。同样，现代农村是现代农业的成长空间，如果没有现代农村，中国现代产业体系是残缺的，现代经济和社会结构是失衡的，全面建设现代化国家是空谈。

为此，在全面建设小康社会进程中，现代农业是安天下、稳民心的战略性产业，现代农村是国家现代农业的主要载体，是国民经济社会必不可少的重要组成部分。

2. 现代农村是向现代城市输送劳动力的源头市场

城市化肩挑两头，一头是城市——承接外来转移人口，另一头是农村——输送人口向城市转移。如果没有农村输送转移人口，城市化等于无源之水，无本之木。美国著名的农业经济学家迪．盖尔·约翰逊（D. Gale Johnson）教授指出，“当经济增长时，农业必然变革。变革的一部分与农业对经济增长贡献有关……变革的另一部分内容是，如果农民要分享经济增长成果的话，农业就必须调整或变革。不幸的是，农业生产率增长的幅度越大，农业所需做出的调整也就越大。为了经济增长，农民所需要作出的最主要也是最困难的改变就是减少从事农业生产的劳动力。”① 显然，约翰逊认为农业劳动率的提高一方面要求农村的农业劳动力减少；另一方面也暗示出农村劳动力要向城市转移。发展经济学也认为，农村可通过发展现代农业，提高农业劳动生产率，出现农业剩余，产生农村剩余劳动力，为城市化提供可转移的富余劳动力。现代农村拥有数以万计的有知识、懂技术、善经营、讲文明的现代农民，这些人能够自我学习，适应性强，具有市场意识，随着城市化的发展，现代农民为今后进城生存和打拼奠定了好的基础，将成为现代城市发展的生力军。我国是农民大国，从人口迁移的战略视角看，现代农村是培育和输送现代农民的摇篮，是城市化的源头活水，能够不断地为现代城市输送优质的劳动力资源。

3. 现代农村是城市发展的土地和原料的供应者

现代农村拥有广阔的土地和现代农业，是城市发展要素的必要来源。农村土地转化为城市土地是城市化进程中的最大特征之一，无论是农田用地还是农村其他土地在城市扩张中都做出了很大贡献，没有农村土地的供给，城市化几乎寸步难行。现代农村的土地收缩与现代城市土地的扩张构成了城市化的重要运动关系，就是说土地城市化的发展必定造成对农村土地的吞侵，因此土地构成了城乡发展中的利益交汇点。同时，现代农村是城市发展的重要原料来源地，其中现代农业对城市产业布局、城市产品生产成本和价格具有很大影响，

① ［美］D. 盖尔·约翰逊：《经济发展中的农业、农村和农民问题》，商务印书馆 2005 年版。

不但能制约一些重要产业的正常生产，而且对整个宏观经济能产生重大冲击，比如，自然灾害的发生时常引起粮食、棉花、油料等农产品价格的波动，对城市的正常生产和生活形成干扰，增加生产和生活成本，扭曲价格体系。可见，现代农村的生产活动与现代城市的生产活动休戚相关，难以割离。所以，现代农村是城市化发展的土地直接供应者，也是重要原料的供应者。

4. 现代农村是国家改革发展的战略重点

改革是破除低效制度约束的最有效办法。为减少我国城乡发展失衡的局面，我国在推进城市改革和发展的同时，还要注重加快农村的改革发展，二者并行不悖。党的十七届三中全会决议指出，“坚持改革开放，必须把握农村改革这个重点，在统筹城乡改革上取得重大突破，给农村发展注入新的动力，为整个经济社会发展增添新的活力。”由于“农业、农村、农民问题关系国家事业发展全局”，建设现代农村、全面解决“三农”问题将成为我国改革发展的战略重点，将有效破解城乡二元结构深层次矛盾。今后，我国现代农村改革发展领域的重点是，完善农村基本经营制度、创新农村土地管理制度、建立新型农村合作组织、构建新型农村金融体制、完善农村社会保障制度、健全现代农村教育制度、完善农业技术推广机制、构建农村人才培养机制等。通过加快现代农村改革，形成现代农村经济社会发展的新体制新机制，并与现代城市体制加强衔接和协调。现代农村既是国家改革发展的难点，又是国家改革发展的战略重点。

5. 现代农村是保持经济社会稳定的重要基石

长期以来，农村社会管理是我国社会建设的薄弱环节。从历史上看，我国的西南、西北、民族、边疆等地区的农村社会问题和矛盾更为突出，农村社会管理工作不容忽视。维护好农村的稳定事关国家的生死存亡。毋庸置疑，没有农村的稳定就没有全国的稳定。中国现代农村发展的主旨是经济发展、农民富裕、管理民主，只有这样才能稳定民心、团结民众、心系发展，才能减少大规模的农民上访事件，减少农村犯罪活动，减少对城市社会的积怨仇视，减少对民族团结的破坏，减少边境恐怖主义的出现。建设现代农村，就意味着农村矛盾因素逐渐减少，农村社会和谐因素逐渐增加。中国星罗棋布式的农村如同无数个稳定的支点，组成了中国城乡稳定发展的磐石，对维护和促进整个经济社会发展意义重大。

第二节　现代农村构建与制度安排

一、现代农村构建是制度变迁的过程

犹如现代城市的构建，现代农村是在传统农村基础之上形成的，它是由现代农业、现代农村基础设施、现代农业技术、现代农村合作组织、现代农村教育、现代农村社会保障、现代农民、现代农村生态环境等构成的新型农村综合体。建设现代农村是传统农村进行现代化的过程，是经济、社会、生态制度变迁的过程，根本上是对传统农村制度的扬弃和创新。作为新型城乡二元结构的主要组成部分，现代农村的建设对构筑新型城乡二元制度体系作用重大。在我国城乡二元结构中，农村长期以来处于弱势地位，农村建设和管理制度滞后于城市建设和管理制度，农村制度供给显得更加有缺陷和不足，今后在建设现代农村过程中需要更深刻的、复杂的制度变迁。建设现代农村，一方面需要对传统农村的产业、教育、社保、合作组织等制度进行着力创新；另一方面需要与现代城市制度建设有力配合，相互支撑，相互协调，构筑完善的新型城乡二元制度体系，切实保障和促进中国新型城市化发展。

二、产权制度、产权失灵与农村产权保护

1. 产权与产权制度

产权一般是指对财产的权利，包括财产的所有权、占有权、支配权、使用权、收益权和处置权，在直观形式上它是人与物的关系，而在本质上是物的存在及关于他们的使用所引起的人们间相互认可的行为关系。产权是一种权利，会影响人们的激励和行为。道格拉斯·诺斯教授曾指出，“理解制度结构的两个主要基石是国家理论和产权理论。”① 产权制度是制度集合中最基本、最重要的制度，对人们的生产和生活影响很大。产权制度认为，只要存在交易费

① ［美］道格拉斯·C. 诺斯：《经济史上的结构和变革》，商务印书馆 2007 年版。

用，产权制度就对生产和资源配置产生影响，当交易费用不为零时，产权规则是至关重要的，这是产权制度的中心问题。不过，在现实世界中交易费用为零的现象几乎很少。

2. 产权失灵

产权失灵是指产权不存在或者产权的作用受到限制而出现的资源配置低效甚至无效的现象。美国经济学家约瑟夫·斯蒂格利茨（Joseph Stiglitz）教授在他的《经济学》中指出三种情况会出现产权失灵，一是范围不明确的产权，二是有限制的产权，三是作为产权的法定权利。发展经验表明，宏观上的产权失灵比微观上的产权失灵范围更广、对经济的影响更大。产权失灵与国家制度有很大关系，主要原因是，国家为自身利益最大化强化了行政权而弱化了财产权利制度，国家对产权形式有选择和歧视，国家的干预和管制导致所有制残缺。

3. 农村产权保护

从我国城市化进程看，我国农村要素之所以被城市不断地蚕食和占用，根本在于农村的产权失灵，主要表现为农村耕地和宅基地产权失灵、环境产权失灵等，原因是产权不清。市场经济是一种产权经济，即市场是建立在产权清晰、产权有效转让、对产权的法律保护基础之上的经济，而由于我国农村产权没有彻底划清，导致了农村在市场化、城市化、工业化的发展浪潮中屡屡遭到冲击和损害，特别是农村土地集体所有制的含糊不清导致了我国城乡矛盾的不断激发。就我国农村产权失灵的深度和广度而言，我国农村发展的当务之急是要坚决保护农村产权。主流制度经济学家们认为，有益的经济制度必须要保护产权，确保人们得到回报，通过签订合约来解决纠纷问题。与西方社会不同，中国社会构造的根基在于家庭，家庭在我国产权结构中是很重要的组织单元，因而，我国须要通过有利于家庭产权安排来构建农村产权保护制度。

三、中国现代农村更需要有效的制度安排

我国农村虽处于城乡结构的弱势地位，但作为一个有机系统，需要有一个健全、长期、有效的制度体系支撑农村发展、推动传统农村向现代农村转变，在制度安排上要注意三个问题。一是加强组织建设。如同现代城市体制构建一

样，现代农村建设既需要强制性制度变迁，又需要诱致性制度变迁，值得提及的是，有效的组织是制度变迁的关键，在现代农村建设中非常需要地方政府的全程指导和大量参与，需要农村党支部、村委会、农村合作组织发挥更大的作用。二是加强产权保护。我国是社会主义公有制国家，加强对农村产权的保护特别是土地产权的保护是建设现代农村制度的首要任务。三是保持与现代城市制度建设的协调性。就新型城乡二元制度形成看，既要进行现代城市制度建设，又要进行现代农村制度建设，这个制度变迁是一个“非帕累托改变”的过程，即每项制度创新不可能在不减少任何当事人的局部福利的条件下使全部社会福利最大化，局部利益的增加可能以另一部分的利益损失为代价，要求全体对每一制度安排作出一致协议几乎很难，就是说，农村的制度建设与城市的制度建设难以同步、同等推进，城市居民与农村居民也不能获得同样的收益。现代农村制度建设不能完全以现代城市制度为标准，二者都需要制度变迁，不均等的制度供给在所难免，但还需要保持现代农村与现代城市建设的协调性。

第三节　中国现代农村发展的制度安排

基于中国现代农村的发展定位和我国城市化发展的农村管理制度缺陷，中国现代农村发展必须从供给侧方面改革创新，从服务新型城乡二元关系出发，创新管理体制，构建有利于中国新型城市化发展的现代农村制度新空间。

一、创新农村土地管理制度

当前构建符合市场经济规律的现代农村产权制度最为紧迫。国家要以维护集体土地所有者和使用者权益为目的，以土地产权界定为重点，以服务现代农业为方向，加快推进农村土地产权改革。要强化土地利用规划的约束和用途管制，改非公益用地征用为征购，健全和完善补偿制度，合理制定征地综合补偿标准，依法保护被征地农民合法权益；国土、规划、建设、经济等部门加快建立反映市场供求的土地价格评估机制，建立农用地转为非农用地、集体用地转换为国有用地的制度准则，完善科学的征地制度，并妥善处理失地农民的补偿安置问题。强化农民的土地承包权益，使农户真正享有占有、使用、收益和处置“四权统一”的承包经营权，并可以继承、抵押、转租、转让和互换，形成依法、自愿、有偿的土地流转制度。在毫不动摇地坚持不得改变土地集体所有性质、不得改变土地用途、不得损害农民土地承包权益前提下，各省区市要重视整合土地资源工作，加快推动土地流转，重点加快推进农村集体土地和房屋确权登记，加快建立产权流转制度，探索不同流转形式、不同产业周期、不同地理条件下的土地经营制度。建议我国改革地区学习成都温江、上海金山、佛山南海等土地流转成功经验，结合实际再创新，逐步构建起各具区域特色的土地流转制度。

二、健全现代农村合作组织

要把发展现代农村合作组织作为优化农业资源配置、降低农业风险、提高农村经济竞争力的重要手段，作为创新我国农村基本经营制度的亮点。在坚持集体经济前提下和农村家庭承包经营基础上，要培育适应现代农业发展需求的现代农民合作组织，壮大各种农业社会化服务组织，加快农民的单体组织、单一经营向集中组织、集约经营转变。在不断提升我国农民专业合作社的法定地位下，要强化农民的主体地位，激发农民的合作创新能力，突出“能人”领导与合作，不断创新适应市场、运行顺畅、风险共担、农民收益的专业合作社的组织形式。在现代规模农业条件下，要建立以龙头企业为牵引的合作组织链条，以专业合作社为桥梁，依托农民专业合作社的法律诚信和社会地位，促进农户与龙头企业建立利益联结机制，打造“公司—合作社—农户”典型合作模式，使公司、合作社、农户与农村金融机构、合作社服务中介、技术推广平台、产品流动市场组成紧密型的合作组织链条，在合作链条上完成现代农业的购买、生产、组织、销售、服务等重要环节，切实推动农业合作组织参与国内外市场竞争。在遵循合作社成员共同对合作社财产占有、使用和处分的权利下，健全合作组织的权益分配机制，重点是建立合作社科学的财务管理和财务披露制度，建立以县为督导、以县镇为监察的政治约束制度，确保合作社成员权益平等分配，确保合作社财产不流失。要健全政府扶持机制，建议建立全国性农民专业合作社的监测数据库，对运行良好、经验丰富的专业合作组织，国家可以支持其一批有利于加快农业发展和农村建设的项目；建议国家、省（自治区、直辖市）、市（地级）三级公共财政共同成立农民专业合作社发展基金，支持农民专业合作社开展信息、培训、农产品质量标准认证、农业生产基础设施建设、市场营销和技术推广等服务项目。

三、构建现代农村金融制度

农村金融制度构建要立足于服务现代农业发展、服务现代农村建设、服务现代农民生活，重点是构建合作性金融、商业性金融、政策性金融等组成的多元化、多层次的现代农村金融体系，形成功能完善、运行高效、资金充裕、监管有力的金融运行机制。加快推进农村金融改革步伐，加强政府的政策支持力度，放低农村金融准入“门槛”，运用税收减免、利率调控、财政补贴、项目倾斜等手段引导资金投向农村。积极发展多样化新型农村金融机构，地级城市要普遍成立地方农村商业银行，县级市和县大力发展村镇银行。基于中国农村金融需求的多样性和差异性，加快创新农村合作金融模式，完善法人治理结构，积极发展农村信用合作社、农村合作银行、农村资金互助社、农村合作基金会等农村合作金融机构，在纵向上加强多级垂直管理，在横向上加强合作成员的民主管理，在空间上突出金融需求的区域特色。建议国家尽快制定《农村合作金融法》，通过立法既能保护农村金融组织及社员的利益，又能使农村合作金融为服务现代农村大显身手。强化农业发展银行为主的政策性金融支农的社会责任，为现代农村基础设施建设搞好中长期贷款服务。大力发展小额信贷业务，重点面向农村贫困人口提供低息、无抵押的、连续的信贷服务，建立以政策性小额信贷为主导、合作性小额信贷为基础、商业性小额信贷为辅助的小额信贷模式。积极发展产权抵押融资，在对土地、宅基、林地、海域确权的基础上，加快构建科学的产权评估机制，促进农村产权融资业务顺利开展。加强农民诚信体系建设，搞好“三农”贷款项目评估，降低农村金融风险。以服务现代农业为重点，以市场化为导向，构建采取强制保险和自愿保险相结合，政府诱导和商业化运行相结合的农业保险机制。①

四、完善农业技术创新和推广制度

技术变迁是农业经济增长的最重要因素之一，而为加快农业技术创新活

① 谢家智：《中国农业保险发展研究》，科学出版社 2009 年版。其中，政府诱导主要指通过法律、政策、财政、再保险等诱导机制激发各农业保险组织经营农业保险的积极性，以放大农业保险市场化的规模和功效。

动，构建技术创新和推广制度更为重要。一是形成农业技术创新的主体组织。尊重农民群众的创新意识，把对有市场压力感和有创新需求的农业组织或农民纳入创新主体地位，建立以政府引导、农业科技企业为主体、具有技术创新要求的农业组织或农户为辅助的创新主体组织，形成政府、企业、农民结合的创新主体。二是强化农业技术创新激励政策。政府要将农业技术创新的战略地位与工业技术创新的战略地位等同对待，建议参照工业创新的标准，采用资金、产权、晋升、荣誉等激励办法对农业创新有贡献的农业科技人员进行奖励，提高农业技术创新热情。三是健全农业技术投入制度。政府要全面提高农业科技产品及服务具有“公共品”属性的认识，加大农业科技研发的新产品试制费、中间试验费和重大科研项目补助费投入力度，重点对国家和省研究院所、高等院校、企业承担的重大农业科技项目进行支持，并探索为农业合作组织或农户提供技术创新的经费保障机制。对成长性好的农业科技企业，引入创业投资机制，政府加强引导和服务，通过农业投资有限公司或风险投资公司对农业科技企业进行融资，解决农业研发经费短缺问题。四是搭建基础创新平台。建议国家和省农业、科技、发展改革等部门规划建设一批重点实验室、工程（技术）中心、企业技术中心、博士后流动站，围绕国计民生或市场需求大的农业产品，尽快研制一批实用技术，加快科技成果向现实生产力转化。五是健全农业技术推广制度。建立县农业信息中心、镇农业信息站、村农业信息集散点，形成三级联动的运行组织体系。以农村为重点，通过宣传人员的科学宣传和技术人员的定期讲解，形成上下互动的信息传递和反馈机制。加快现代农业技术运用到农业生产，使工业先进适用技术嫁接和开发竞争力强的农产品，使现代工业技术改造和提升农业装备，使高效生态农业生产资料提高农业产出效益。

五、完善农村社会保障制度

完善的农村社会保障制度是建设现代农村、推进城市化的基本生活保障和发展防线。一方面，建立妥善的失地农民的社会保障制度。把城市化中出现的失地农民这一特殊群体的社会保障放在农村社会保障的首要位置。建议国家出台《失地农民社会保障条例》，坚持在先保后征的前提下，地方政府要求国土资源、人力与社会保障、住房与城乡建设等部门参与征地活动，重点解决失地农民的基本生活、劳动就业、社会保障等一系列问题，真正完全地实现土地换保障。征地政府或企业要积极履行社会责任，大力开发劳动密集型就业岗位，尽可能为失地农民解决就业问题。参照城市居民待遇，将城郊失地农民的医疗、最低生活标准纳入城市社会保障体系。按照政府、集体、个人的合理筹资比例，对失地农民全部实行养老保险，其中建议个人筹资比重要低于1/3。从政府征地收益中预留出一部分专项资金，重点用于失地农民的就业培训、失业指导、失业救助等。对由于失地而导致住房安置的农民特别城郊失地农民，建议政府或开发商按补偿面积建立两套房制度，一套用于居住，另一套房用于出租，为无工作能力农民提供生活费来源。另一方面，大力完善农村社会保障制度。坚持广覆盖、保基本、多层次、可持续的原则，加大中央和地方财政对农村社会保障投入力度，健全农村社会保障体系。要不断完善由政府、村集体和农民个人共同负担的大病住院保障为主、兼顾门诊医疗保障的新型农村互助合作医疗制度。加快形成以社会养老为主方向、个人养老为支撑、家庭养老和社区养老为辅助的农村养老保障制度新格局。积极创造条件，探索城乡养老保险制度接轨制度，发达地区农村、城郊村率先搞试点。根据地方经济发展水平，政府不断完善农村最低生活保障制度，逐步提高农村社会保障标准，保障农民基本生活。继续落实好国家的农村五保供养、社会优抚、社会福利、慈善事业等政策。

六、构建现代农村教育发展制度

建立城乡一体化的义务教育发展机制是发展现代农村教育的核心任务。要继续执行国家义务教育法，确保义务教育制度深入实施，使所有农村适龄儿童少年有学可上、上学免学杂费。根据城乡差异、地区差异情况，进一步完善中央财政和地方财政分项目、按比例分担的农村义务教育经费保障机制，财政拨款重点向农村倾斜，特别是向革命老区、民族地区、边疆地区、贫困地区的农村倾斜，逐年提高农村教育支出资金。强化省级政府担负农村教育发展的职责，构建合理稳定的省级教育资源均衡配置制度，在资金、教师、项目、学科上全面支持本省（市、区）农村发展，率先在县（区）域内实现城乡均衡发展，逐步在更大范围内推行。大力发展职业中学、农业中学和中等农业专科学校，在农民基础教育和职业教育基础上建立针对农民的劳动就业服务体系，以县为组织单位搞好教育服务“三农”的试点。大力推进农村教育信息化工程，探索推行信息化教学，使更多的农村中小学获得远程教育资源。建议地方政府实施农村义务教育学校教师特设岗位计划，将农村教师岗位纳入县级以上教师编制，吸引师范生、支教生等人才入驻农村，形成良好的定期轮换机制。创新农村教师补充制度，把优秀的民办中小学教师逐步纳入具有正式编制的教育队伍。完善农村教师培训制度，将教师培训经费列入政府预算，对教师进行定期轮训。继续坚持区域对口帮扶制度，加大中小学教师、教育资金向西部地区农村特别是贫困农村的支援力度。完善农村教育资助政策，对农村无力供子女上学的困难家庭予以资助，提高农村家庭经济困难寄宿生生活补助标准，改善中小学生营养状况。高度重视农村学前教育，研究制定国家统一的农村学前教育计划，有条件的地区率先发展农村幼儿园，逐步完成农村学前教育。

第十章

中国新型城市化发展的机制设计

现代城市和现代农村的制度安排是新型城市化战略得以推进的正式行为规则，而实施机制是正式行为规则得以实现的必要手段。深入创新中国新型城市化战略制度，必须进一步从供给侧方面以政府为主导设计科学的实施机制，构建完善的战略制度体系。

第一节　机制与机制设计

一、经济机制

机制一词最早源于希腊文，意指机器、机械、机构，即人们制造的、供自己使用的、以达到预期目的的工具或手段，或者说指机器的构造和工作原理。这一概念不断被引用到生物、物理、化学等学科领域，来表达事物的构造、功能及其相互关系。后来，人们将机制一词引入经济学研究，产生了经济机制这一概念。

在经济机制认识上，有的学者认为，经济机制是组织和管理社会经济的一种内在功能；有的学者认为，经济机体结构之间、系统之间、部分之间的这种互相依存、制约、影响关系，就是经济机体内在的运动机制，即经济机制；有的学者认为，所谓经济机制是指一定社会经济结构基础上形成的经济机体中的各种因素，在运动中相互关联、相互制约的作用过程，以及由此决定的社会劳动分配所采取的调节形式、方法、手段和实现途径的行为总和。经济机制有如下主要特征：（1）它是主观因素和客观因素相互作用的结果；（2）它是经济基础和上层建筑之间的一种特殊社会现象，是二者的结合体；（3）它发挥作用的过程总是同物质利益相联系。关于经济机制的认识尽管见仁见智，但其概念内涵大体一致。可以认为，经济机制是指一定社会经济结构中各要素之间相互联系、相互作用、相互制约的关系，以及保障经济运行所采取的管制手段的构成体，它存在于经济活动的生产、分配、交换、消费的全过程。经济机制的形成一方面取决于经济规律的客观要求，另一方面取决于经济活动的主体能动需求。

二、机制设计思想

经济学家通常认为一个好的经济制度应满足三个要求：它导致了资源的有效配置、有效利用信息及激励相容。机制的有效资源配置要求资源得到有效利用，有效利用信息要求机制的运行具有尽可能低的信息成本，激励相容要求个人理性和集体理性一致。这些要求是评价一个经济机制优劣和选择经济机制的基本判断标准。

20 世纪 70 年代，美国著名经济学家利奥·赫维茨对经济机制理论做了开创性研究。其研究对象大到对整个经济制度的一般均衡设计，小到某个经济活动的部分均衡设计。机制设计理论能系统地比较各种经济制度的优劣和研究不同的经济制度是如何影响人们的相互行为和资源配置结果的。机制设计理论认为，对于任意的一个想要达到的既定目标，在自由选择、自愿交换的分散化决策条件下，能否并且怎样设计一个经济机制（即制定什么样的方式、法则、政策条令、资源配置等规则）使得经济活动参与者的个人利益和设计者既定的目标一致，即每个人主观上追求个人利益时，客观上也同时达到了机制设计者既定的目标。利奥·赫维茨机制设计需要解决两个突出问题：一个是信息效率问题，即所制定的机制是否只需较少的信息传递成本，较少的关于消费者、生产者及其他经济参与者的信息；另一个是机制的激励相容问题（也就是积极性问题），即在所制定的机制下，每个参与者即使追求个人目标，其客观效果是否也能正好达到设计者所要实现的目标。那么，为完成一个有效机制设计，需要强化信息的有效传递和实现目标的激励相容。

新制度经济学认为，实施机制是正式约束制度得以实现的重要制度手段，离开实施机制很多正式约束制度难以实现，它能够有效补充和丰富制度结构，加快实现制度绩效。

基于经济机制内涵、机制设计理论和新制度经济学主要思想和观点，为加快我国新型城市化发展，需要在现代城市和现代农村发展的制度安排框架下进行必要的机制设计。

我国新型城市化的机制设计是对城市化在动力、运行、管理、保障等方面的机制设计，是城市化创新制度的深度延展。

第二节　中国新型城市化发展的机制设计

一、城市化决策与组织机制

2013 年我国召开了中央城镇化工作会议，2015 年又召开了中央城市工作会议，对城市化与城市发展的重视程度提升到前所未有的高度，这意味着城市化工作已成为国家重要战略任务。那么，首先需要在国家层面上构建决策与传导机制，加强对城市化发展的战略性指导，有效推进城市化。

一是建立国家城市化工作会议机制。建议中央每 5 年召开一次中央城市化工作会议，对全国城市化提出战略性指导和要求，使全国在城市化问题上思想统一、认识一致、行动一致。建议国务院定期召开城市化专题工作会议，对我国城市化发展的重大问题进行研究和部署，重点研究城市化发展定位、城市化空间布局、城市产业发展、农民工市民化、城乡土地利用、城市群发展、城市公共服务体系建设、“城市病”治理、城市住房制度创新、行政区划调整等问题，形成科学的城市化发展思路和发展措施，减少地方城市化发展中的粗放、蛮干和违法行为。

二是成立城市化领导机构。有效的组织是制度变迁的关键。考虑城市化工作的复杂性、系统性和归属性，建议由国务院直接牵领此工作，住房与城乡建设部、发展和改革委、国土资源部、人力资源与社会保障部、环保部、公安部、计生委、各省自治区直辖市等相关部门组成国家新型城市化工作领导小组。领导小组主要职能是，对全国城市化工作进行宏观战略指导，研究制定全国中长期城市化规划、年度城市化发展意见、城市化领域相关法规条例；建立强有力的管理机制，加强全国城市化的空间管治，协调跨区域城市化的棘手工作；对全国城市化工作进行定期督察和调度，建立全国城市化动态预警机制。

三是加强省部级工作协调。国家相关部委应各司其职，落实中央要求精神，落实领导小组交办的任务，搞好部委之间配合，减少部门利益争执，增强部委协作意识，积极发挥部委职能，出台有效的政策措施，切实解决城市化中存在的新老问题。各省、自治区、直辖市等要成立相应的城市化工作领导和推进机构，与国家部委搞好衔接，不折不扣地落实国家及区域城市化战略的部署工作，并结合地方实际创造性开展工作，探索富有区域特色的新型城市化新路子。

二、规划引领与落实机制

一是落实城乡规划法。美国制度经济学家康芒斯认为，制度是约束个人行动的集体行动，而在集体行动中最重要的法律制度。各省级、市、县、镇等各级要严格贯彻国家《城乡规划法》，赋予乡村与城市同等的战略地位和重要职能，将“城乡一体化”的发展规划、产业发展、市场体制、基础设施、公共服务、管理体制等思想渗透到城乡化相关规划中去。坚持因地制宜、因时制宜地将乡村发展列入城乡发展规划体系，以中心城市为核心的城市区域规划要考虑城郊周边农村地区，城市体系或城市群发展规划要考虑城市网络中的众多农村节点。要按照国家20年战略规划期要求，使城镇体系规划、城市规划与乡村发展统筹起来，使乡镇规划和村庄规划能够对接城市区域规划，充分体现“六个一体化”的要求。

二是加强相关规划衔接。各城市务必将城乡发展规划与其他规划衔接，有条件的地区将城市规划、乡村规划、土地总体利用规划、国民经济和社会发展规划统一由政府主要部门牵头管理，减少因政出多门而出现的规划交叉问题，避免部门间摩擦或利益冲突，达到“四规合一”的良好效果。

三是加强地方城市化规划。按照中央城市化工作会议精神和国家新型城市化发展规划指导，地方政府搞好本区域城市化发展规划，以农民市民化为核心，以产业为支撑，因地制宜，突出特色，引导居民就近就地转移。基于中小城市、小城镇是我国规划的薄弱环节，县、镇级政府科学编制县域、镇域城镇化发展规划，重点是强化产业功能、居住功能和空间布局。

四是加强规划保障。各级城乡发展规划要反映民众意志，突出法律地位，最好以地方人民代表大会通过的方式确立下来，使规划不因地方政府换届或领导变化而变化，保持规划的权威性。各级应高度重视城乡规划的战略作用，将规划的编制经费纳入本级财政预算，确保乡镇以上政府都有高水平的城乡发展规划，科学指导地方发展。

三、城市化协同发展机制

一是保持城市群协同发展。以协同共赢、融合发展为导向，分别在国家和省级层面探索建立城市群决策协调机制和执行监督机制，对城市群发展的任务、目标、重点、阶段、政策、绩效、约束等给予通盘规制，对城市群内各方主体的权利、义务给予界定划清，协调解决城市群发展的重大问题，加快推进城市群一体化进程。在城市群内，以人口规模、产业结构、交通通讯为治理重点，切实解决大城市与中小城市、小城镇之间的协同发展，减少城市间盲目竞争和冲突。加强城市群发展的法制化建设，可借鉴《湖南省长株潭城市群区域规划条例》经验，制定不同区域城市群规划实施条例，推动城市群发展与治理协同化、法制化。

二是保持城乡协同发展。将构建新型城乡关系、工农关系作为城市化发展的重要战略任务，健全以城带乡、以工促农长效机制。坚持城市化与农业现代化、工业化相互协同，以县域为重点，不断在城乡规划、产业布局、基础设施建设、公共服务一体化等方面取得突破，促进公共资源在城乡之间均衡配置、生产要素在城乡之间自由流动，加快城乡经济社会发展融合。完善强农惠农政策，加大农村投入，提高农民收入，改善农村生活质量，缩小与城市差距。复制我国部分省市统筹城乡综合配套改革成功经验与模式，逐步在全国推行。

三是保持产业协同发展。着力构建现代产业体系，强化农业、工业和服务业协同和融合发展。加大服务业投资力度，提高服务业产业比重和质量层次。坚持因地制宜，科学降低重工业比重，提高轻工业比重。着眼现代农业、农村和农民发展，强化工业和服务业的“三农”服务功能，拉长和延展三次产业的产业链和价值链，打造“捆绑式”现代产业形态。

四、农业转移人口成本分担机制

一是测算转移人口成本。基于过去城市化发展速度与质量和今后10年经济发展态势，镇、县、市、省级四级地方政府各自测算本行政区农业人口向城镇转移的成本，自下而上逐级报送省政府汇总、测算，同时国务院分类测算全国农业转移人口进城成本，然后根据各省级上报成本，再进行科学修正和综合测算，最后形成一个分类测算的农业转移人口成本指标体系。基于农业转移成本测算，建议地方政府构建由政府、企业、个人共同参与的农业转移人口市民化成本分担机制。

二是建立分摊模式。国务院和地方政府基于农业转移人口市民化测算成本，明确成本承担主体和支出责任。在公共财政支出上，国家部委、各级地方政府要承担农业转移人口市民化在保障性住房、义务教育、劳动就业、基本医疗卫生、基本养老以及市政设施等方面的公共成本支出。参照地方城镇职工待遇，地方政府监督和引导企业落实农民工同工同酬制度，依法为农民工缴纳养老、医疗、工伤、失业、生育等社会保险费用，并加大职工技能培训投入。按照国家和地方相关规定，农民工主动承担相关市民化费用，积极参加城镇社会保险、职业教育和技能培训，提升融入城市社会的能力。

三是责任方相互制衡。重点划清地方政府、企业、农民工成本分摊机制的职责与权限。地方政府应定期为农民工拨付专项公共财政支出，若不到位，农民工可监督地方政府及部门，通过法制手段向上一级政府反映，由上一级政府督促办理。企业要按照国家政策法规为农民工提供各类社保、培训等服务，若不执行，政府可以按照行政法规惩戒企业，或通过经济手段限制企业发展。农民工要积极参与各类城镇社会保障与服务活动，政府有义务定期督导其参加，若不主动参与，地方政府可以限制农民工在城镇发展的若干权限，用工企业也可以约束其在企业发展。

五、城市化投融资机制

一是多样化融资。地方政府要围绕能源供应、给水排水、交通运输、邮电通讯、环境保护、垃圾处理、防灾安全等工程性城市基础设施和文化教育、医疗卫生等社会性基础设施，面向国内外公开招标，引入竞争机制，建立政府特许经营制度，鼓励国内社会资金和外国资本采取独资、合资、合作等多种形式，采用 PPP（公私合作）、BT（建设、转让）、BOT（建设、经营、移交）、BTO（建设、转让、经营）、BOO（建设、拥有、经营）、TOT（移交、经营、移交）等融资模式，参与市政公用设施的建设投资、经营和管理，形成多元化融资结构。

二是间接融资。对于亟待加快城市建设而市级财政短缺的城市，设法进行银行贷款是一种又快又有效的手段，以未来财政收入、政府信誉、国有土地等为支撑和担保，可以向国家开发银行或商业性银行贷款，也可以争取国外银行的低息贷款。

三是产权融资。地方政府要善于经营城市，可以把城市土地开发权进行公开拍卖，可以把城市出租车经营权、城市公交线路专营权、道路、桥梁、绿地、广场、公园、雕塑的冠名权、城市重要路段路标的广告设置使用权进行拍卖或转让，不断挖潜与提升城市有形或无形资产价值，然后把城市的资产收益再投入到城市建设中去。

四是直接融资。高度重视直接融资，对于有条件上市的城市港口、公路、城建、能源等企业，地方政府要重点给予上市辅导，早日通过资本市场获得融资。在国家优化和规范城投债市场形势下，地方政府运营好城市建设投资公司，做实城投公司资产，坚持募集资金用于工程性基础设施为主，积极发行城投企业债券、中期票据、短期融资券等，以 AAA 级企业信用为方向，走以企业信用为主、政府信用为辅的融资路子。大中城市要积极发展城建信托融资业务，通过贷款信托、股权信托、债券信托、财产信托、权益信托等手段，募集大量城建资金。地方政府还可以通过资产证券化或者集合发债等市场化手段进行融资，提高地方政府直接融资的比重。

六、商品房价管控机制

一是加强行政约束。国家、省级、市三级政府应继续采取行政、税收、信贷、土地、法律等强有力的手段进行全方位调控，坚决对商品房价格水平“降温”，逐步使房价水平回落到合理范围内。对当前经营房地产业务的中央企业，国家强令让其彻底退出房地产行业，对有令不执行者给予行政制裁。在国家各类房地产调控基础上，继续加大“限购令”执行力度，建议对房价增长过快、房价过高的二三线城市进行普遍限购，强令一个家庭最多拥有两套住房。加大对“炒房团”的密切监控，对非法炒房行为进行严厉处罚。

二是进行金融和税收调控。金融机构要继续提高房地产开发贷款的项目资本金比例，并根据地区发展水平适度提高贷款利率，加强对房地产企业的贷款风险管理；对贷款购买第二套住房的家庭，要求其首付款比例在 60% 以上，贷款利率在基准利率的 1.1 倍以上。基于我国《房产税暂行条例》和上海、重庆对房地产征税的试点经验，建议逐步对我国房价增长过快的城市征收个人房地产税，并将此部分财政收入用于保障性住房特别是廉租房和公共租赁住房建设。适时将房地产税试点成功经验逐步复制推广。

三是进行土地管制。对商业开发的房地产企业用地，地方政府要从规划、土地、投资、环评等环节全方位严格监管，减少违规违法批地、改变土地用途等情况。房价高的地区，地方要增加中小套型住房建设供地数量。在商业土地竞买过程中，地方要执行严格的土地竞买资格审查程序。对房地产企业超过两年没有取得施工许可证进行开工建设的，及时收回土地使用权，并处以严厉的罚款；对企业无故拖延开竣工时间的“圈地行为”，要坚决收回土地，给予严厉的罚款。对部分特大城市，应超前适度增加土地供应量，缓解因土地不足引起的房价高居不下问题。

四是进行价格限制。在房地产开发企业取得土地使用权时，政府可给予稍低的土地价格，并令其为中低收入家庭建设一批“限价房”，住房出售价格可稍微高于企业的建设成本，大幅低于市场商品房价格。

七、城市化保护与补偿机制

一是开发须保护。在城市化推进过程中，各级政府要坚持“在保护中开发，在开发中保护”，建立严格的保护机制。严格落实我国主体功能区规划，将绿色发展理念贯穿各区域城市化工作，建立区域自然和人文环境保护为底线的工作规则。出台城市化保护激励办法，重点加大对生态环境、人文古迹、自然资源的保护力度，在物质和精神方面给予保护人激励。要防止违民意、违法规大拆大建，防止因城市建设而破坏草地、湿地、海洋、湖泊、河流等行为，防止破坏人文景观、历史古迹、特色建筑等行为，让老百姓能够望得见山、看得见水、记得住乡愁。

二是受损须补偿。在城市化推进中坚持谁受益、谁补偿。基于生态损害、拆迁失地等问题，地方政府统筹各方面利害关系，形成一套行之有效的利益补偿办法，维系城市化稳定推进。在城市化补偿中要依据法规划清受损方、受益方的城市、行业、部门或个人的得失，明确补偿对象，重点为受损方给予公平、公正、公开的补偿。创新补偿方式，在政府财政转移支付补偿基础上，创新受益方补偿、公益性补偿等方式；在资金补偿基础上，创新产权补偿、精神补偿、职位补偿等方式。

三是责任须追究。以法律法规为准绳，建立城市化环境损害责任终身追究制。在城市化进城中，对生态环境出现恶化、人文古迹遭到破坏、社会反响较为恶劣的事件进行责任追究，依托环保、建设、公安、审计等部门对责任单位或个人一追到底，绝不姑息。对违法者依法处理，对违纪者按规处理。

八、城市化信息传递机制

一是信息采集。信息有效传递不但能大幅度降低信息交易成本，还能迅速提高城市化领域工作效率。国务院和省级政府要借助现代网络信息技术，建立国家、省级城市化大数据库，真实、准确、搜集相关数据，重点是汇集和整合规划、人口、产业、住房、投资、土地、环保、交通、民意等城市化相关信息。

二是信息传递。系统整合城市化中分散化信息问题，构建良好的传递渠道。在政府内部管理层面，依托国家城市化大数据库，将重大决策部署、规划意见等率先在国家部委之间传递，然后尽快传递到各省区市；依托省级城市化大数据库，各省级一方面将国家部委信息和省级信息传递到市、县、镇，另一方面将市、县、镇的数据信息不断传送到省级城市化数据平台，然后将省级数据输送到国家城市化数据库。这样就可形成城市化信息下达与上报的双向传递机制。在对外社会服务层面，地方政府要按照法规及时公开城市化发展相关数据信息，将数据信息通过网络、热线、电台、手机等信息平台及时发布，实现全民城市化治理信息共享。

三是信息更新。国家和省级的城市化大数据库要有专职工作人员对城市化数据信息更新和传递，及时监测发展动态，第一时间掌握实情，以供管理部门对城市化动态预警和决策部署。

九、城市化民众参与机制

一是参与决策与听证。积极营造以人为本的城市化发展氛围，充分调动和凝聚社会民众力量参与城市化发展全过程，对涉及规划、环境、住房、社会保障、交通收费等与人民群众生产生活密切相关的重大决策，必须按规定履行听证程序，听取城市居民意见，接受社会监督，尤其注重让农民工参与进来。对重大城市建设项目要进行社会稳定风险评估，通过公开媒体实现听取民众意见，项目建设的事中和事后接受民众监督，确保其合法性、合理性和安全性。

二是推动融入城市社会。推动农民工融入企业、子女融入学校、家庭融入社区、群体融入社会，共同建设包容性城市。提高各级党代会代表、人大代表、政协委员中农民工的比例，积极引导农民工参加党组织、工会和社团组织，引导农民工有序参政议政和参与社会管理。加强科普宣传教育，提高农民工科学文化和文明素质，营造农民工参与社区公共活动、建设和管理的氛围。城市政府和用工企业要加强对农民工的人文关怀，丰富其精神文化生活。

十、城市化监督与考评机制

一是社会监督。好的机制是集体行动控制个体行动的表现，集体的监督是社会治理的有效发展方式。针对新型城市化发展，各省市要搭建城市化治理与监督的平台，对于城市化中存在的重大问题，全社会成员可通过信函、热线、电台、网络等平台提供监督或举报消息，有效提升城市化发展水平。

二是考核与评估。城市化规划与建设效果如何需要科学的考核评估制度来衡量，那么基于考核评估结果可有针对性指导区域发展与治理。根据城市化的目标，坚持全面统筹、分类指导、突出重点原则，依据相关法规建立国家级、省级、市级三级考核办法。在国家层面上，主要考核国家主导或省际主导的区域城市化，比如国家可以考核京津冀、长三角区域的城市化发展绩效；在省级层面上，主要考核本省城市化发展或本省重要区域城市化发展，比如广东省可以考核珠三角城市化发展绩效；在市级层面上，主要考核本市城市化或进入省级战略的区域城市化。

三是约束与激励。建立国家、省级、市三级关于城市化发展的权责清晰的权利执行和义务承担机制，强化激励与约束并重的考评办法。依据城市化考核评估结果和相关规章，城市化考核主体要对在城市化工作中不力或违法犯纪的部门、组织或个人给予约束与惩戒，在城市化工作中表现优秀的部门、组织或个人给予肯定和奖励。

第十一章

中国新型城市化发展的有效路径

在中国当下声势浩大的“转方式、调结构”战略背景下，饱含亿万中国人民期望和梦想的新型城市化无疑将是一场催生深刻经济社会变革的战略工程。按照中国新型城市化的战略思路和制度框架，要抓住中国新型城市化发展的战略重点，探索农业转移人口市民化的有效路径，使全体居民共享现代化建设成果。

第一节　构建现代城市网络

坚持产城融合，以大城市为核心，培育一批富有特色的规模化、集群化、网络化的城市群，形成具有较强带动力的城市网络和区域增长极，增强经济社会发展的极化效应，增加更多就业岗位，提升城市综合承载力。

一、建设网络化现代城市群

一是培育不同等级城市群。在坚持大中小城市与小城镇协调发展模式下，把城市群作为我国城市化进程中聚集财富、吸纳人口、带动发展的主要载体。按照世界级城市化形态，以国家力量为主导，打造长三角、珠三角、京津冀、成渝四个区域特大城市群，成为带动我国经济发展的四只巨大引擎；以省级力量为主导，培育正在崛起的山东半岛、辽中南、海峡西岸、中原、长株潭、哈大齐、吉林中部、北部湾等地区城市群，支撑我国区域经济发展；总结国际大都市区的经验和教训，以城市力量为主导，加快发展具有区域特色的武汉、关中、乌昌、兰州等大都市区，成为我国城市化的战略支点。

二是提升城市群“同城效应”。着眼城市群之间发展合作，基于城市群发展的规划，强化城市群的功能分工、产业定位、项目布局、政策扶持、区域合作等；合理控制城市群内特大城市的人口规模和建成区面积，疏导特大城市的人流物流，注重提高大中城市的综合承载力，注重完善中小城市功能；加强城市群之间的交通、通信、能源、环保、防灾等基础设施的统一规划和建设，重点是加大城际之间的高速铁路开通，取消城际之间通信的长途费和漫游费，加快实现城市群一体化、网络化发展，提高通勤效率和协作效率。

三是建设紧凑型城市群。基于人口、资源和环境承载力现状，树立城市群“精明增长”理念，推行高效、集约、紧凑的城市发展模式。整合用足城市群、城市区域的空间资源，提高建成区面积密度，保护城市周边农田和生态环境。对低密度、蔓延式发展的城市群空间进行科学的填充式开发、再开发，提高城市容积率。大中城市要从战略上划定城市增长区域，设定城市发展边界，根据城市规划严格控制边界的内外范围。

二、提升城市发展动力

一是加强产业与城市融合。城市是非农产业的载体。各城市都要坚持“产业兴城”的战略导向，在规划建设上使城市空间布局与产业布局相融合、产业布局与城市人口相协调，根据城市发展战略定位，发展不同特色产业。依托城市经济集聚区，比如经济技术开发区、高新技术产业开发区、中央商务区、物流园区、总部经济基地等，拉长产业链条，有效促进企业在园区集中，项目向产业链补位，产业向城市集聚，提高城市规模经济，创造更多就业岗位，吸纳更多农业转移人口进城。重点发展中小城市工业，并把工业聚集区与城镇功能区有机结合起来，提升城镇吸纳农村劳动力的能力。[①] 对于城市群，优化产业布局，突出发展优势，形成各具特色的城市群产业格局；对于老城区，要注重传统产业结构换代和升级，积极发展吸纳更多人就业的轻工业和商业；对于新城区，要注重城区建设、产业发展与人口聚集一体化推进，防止出现“产城分离”或城市“空心化”。

二是培育特色城市。坚持产城融，发挥优势，因地制宜打造较强富有活力

① 赵曦：《县域经济是重要抓手》，载《改革》，2009 年第 5 期。

的特色城市。(1) 建设绿色城市。把城市建设与山水林田湖系统保护紧密结合起来，融合田园、滨海、山水、文化等多种元素，搞好城市及周边湿地保护和开发，适度增加城市休闲绿地，打造人与自然和谐相处的绿色城市。加大绿色清洁项目生产，推动城市产业转型升级。生态条件好的城市积极争创国家森林城市。(2) 建设智慧城市。依托大数据、云计算、物联网等新一代信息技术在城市建设管理中的应用。推进城市规划、土地利用、地下管线、空间管理等方面的信息化建设，加快智慧城市时空信息云平台建设，大力发展智慧市政、智慧交通、智慧港口、智慧能源、智慧社区、智慧园区。(3) 建设人文城市。深入挖掘城市历史、民族、文化资源特色，极大城市文化与经营投入，积极发展文化教育、文化旅游、文化创意产业，争创历史文化名城、名镇、街区等城市品牌，延续城市文脉，留住城市记忆。

三是增强城市创新动力。城市发展的根源动力在于创新。每个城市都要坚持创新驱动战略，依托一批城市高新技术产业开发区、经济技术开发区或高校科研院所，以科技型企业为主体，在政府的支持下完善城市区域创新网络，整合创新资源，加强知识创新、技术创新、产业创新和管理创新，提升城市创新能力。在城市群发展中，既要强化核心城市创新引领，放大创新溢出效应，又要加大城市之间协同创新，加快创新要素在城市间有效流动，形成创新合力，打造创新集群，构建竞争力强的城市创新网络，强力支撑城市群发展。

第二节　加快农村城市化发展

农村城市化是指农民向以小城市、县城、乡镇转移和发展为载体的城市化发展模式。基于前面章节分析的中国国情，中国城市化绝不盲目跟从西方发达国家的大城市发展的道路，应高度重视农村城市化发展，把推进广大农村的城市化作为中国新型城市化发展的重要载体和基本形式。发展经济学理论认为，农业生产率的增长是保证工业部门扩张和劳动力转移的必要条件，国外实践也表明，只有提高农村劳动生产率，农村才能有农村剩余劳动力向城市正常转移，城市的工业才能获得农业的支持。所以，加快农村城市化发展，关键要积极发展现代农业，提高农业劳动生产率，产生农村富余劳动力，并有效把农村剩余劳动力向小城市和乡镇转移。

一、提高农业劳动生产率

农业增长的效率关键取决于土地、资本、技术和劳动力的投入和产出比，那么要加快提高农业劳动生产率须做好如下几点。

一是增加现代农业投入。根据我国《农业法》规定，国家应采取财政投入、税收优惠、金融支持等措施，扶持农民和农业生产经营组织发展农业生产，中央和县级以上地方财政每年对农业总投入的增长幅度应当高于其财政经常性收入的增长幅度。那么可以肯定地说，加大对农业、农村和农民的投入是政府和相关部门义不容辞的法律义务。县级以上政府都应建立健全财政支农资金增长机制，确保财政对农业投入大幅度增长，重点是，逐年提高政府土地出让收益和耕地占用税新增收入用于农业的比例，加大国家对农村基础设施建设和社会事业发展的投入，加大对中西部地区农村公益性建设项目的投入。

二是实施规模化生产与管理。土地规模经营是我国今后实施机械化生产、发展规模化农业的重要突破口，而加快土地流转是实现土地规模经营的重要手段。一方面，认真贯彻党的十七届三中全会关于土地制度创新要求的精神，按照第九章关于土地创新制度安排的思路，在尊重农民意愿的前提下，加快完成农村集体土地的所有、使用等确权工作手续，在条件完善的市建立农村产权交易中心，在县或乡镇建立农村土地流转市场，在村庄建立农村土地流转服务站，构筑土地流转的有效平台，支持土地向种粮大户、家庭农场、农业合作社等合法形式有效流转，把更多的闲地、散地变成“活地”，把更多的荒地、贫地变成“肥地”。另一方面，积极引进国外先进农业技术和农机设备，提高我国农业机械化生产能力，建立不同地形、不同农作物、不同规模的机械化生产模式，普遍开展农场化、专业化、机械化生产和管理，提高农业生产水平和效率，解脱出部分农村劳动力，尽快摆脱以农户为单元的手工农具或简单农机生产的手段。

三是突破发展现代农村金融。在土地规模经营条件下，建议地方政府每年都要规划启动一批现代农业生产项目、农产品流通项目等，以政府信誉为担保，以土地、林权、海域等使用权为抵押，以企业偿还为底线，通过向开发银行、农业投资有限公司、农村信用社、村镇银行、其他商业银行等贷款，探索“政府—银行—企业—农村”合作的金融发展路子。以现代农业项目为支撑，强化国家对保险业政策的激励，促进保险机构大规模进军各类现代农业领域。

四是提高现代农民生产和经营技能。现代农民是现代农业生产的核心主体。要加大对农民的技术帮扶，建议省级、市级、县级、乡级农业技术推广部门与科研院所联手建立农村帮扶“对子”，保证每个村有一名农业技术专家定期对农村进行技术和管理指导，保证每年有一次农业科技集体下农村活动，把先进适用农业技术从实验室直接带到农田，提高农民对技术的学习、掌握和应用能力。以乡镇政府为主体，定期对本地农业“生产能手”进行轮训，把国内外现代农业生产和管理知识输送给农民，提高其农业知识水平。以农村党组织和村委会为主导，激励和带动农村“生产能手”把生产技能和知识向广大村民传授。

二、加快县域城市化发展

县域经济是联系城乡、联系农业与非农业的经济。县域是我国农村城市化发展的最直接腹地，加快县域经济发展，创新县域管理体制，构建县域城镇网络，将有效加快农村城市化发展。

一是不断推行强县扩权。在国家多年强县扩权试点基础上，积极向全国推广成功经验，对条件成熟的县进行省直管县改革，在财政上加大对县的一般性转移支付，促进财力与事权相匹配，在税收、经贸、投资、建设、户籍等经济社会管理权限上要不断放开，尽可能享受到市级管理权限，提高行政管理效率，增强县域的经济发展动力、人口吸纳能力、宜居环境魅力。同时，加快乡镇综合改革，理顺上下管理体制，重点是公共服务能力和管理农村事物能力，使乡镇成为统筹城乡发展的重要纽带和桥梁。

二是完善小城镇发展功能。小城镇发展应把重点放到县城和部分基础条件好、发展潜力大的建制镇上，加大住房建设投入，优化居住环境，改善就医、教育、文化等服务条件，切实提升小城镇公共服务功能和居住功能。要坚持以产业为依托，搞好与大中城市的产业衔接与市场衔接，充分发挥自身特色资源和特色产业优势，引导乡镇企业、民营企业集中连片发展，通过凝聚工商企业来集中适度规模的人口，把小城镇建设成为农产品加工中心、农业科技服务中心和农产品贸易中心，发挥其乡村地域性经济、文化中心作用，逐步发展成为大中城市经济辐射的接续地带和为大中城市生产与服务的腹地。①

三是强化县镇村协调发展。坚持县城、小城镇和乡村协调发展的方针，按照循序渐进、节约土地、集约发展、合理布局的原则，在县域内积极稳妥地推进城镇化。建立和完善县、镇、村三级联动发展机制，提高小城镇综合承载能力，以县城和中心镇为重点、广大农村为腹地，构建重点城镇带动、多点农村支撑的小城镇协调发展网络，为农村剩余劳动力就近转移开辟新的战略空间。

四是加强基础设施建设。着眼强化城乡设施衔接、互补，加大对农村基础设施投入的力度，提高建设质量和服务功能，加快电力、自来水、天然气、电话、广播、电视、互联网等市政公用设施向乡村逐步覆盖，努力实现城乡共建、城乡联网、城乡共享，让乡村分享城镇现代文明的更多硕果。

第三节　创造更多就业岗位

劳动就业是创造社会财富的真正源头，是城乡发展活力的最直接体现。加快城市化发展要不断地扩大农民进城就业的机会，不断地让城市中的无业群体找到就业岗位，尽可能使城乡劳动力人人有活干、人人有饭吃，实现充分就业。

一、加大就业扶持力度

一是加强农民工就业服务。农村劳动力富余地区要把农民外出就业作为缓解社会压力、发展地方经济的重要手段，县和乡镇政府要积极加大与经济发达地区的劳务合作，建立稳定的农村劳动力输出平台，定期有组织地输送农民到城市就业。同时，各省市要依托人力资源部门建立农民工就业服务机构，搭建就业信息服务平台，及时发布农民工就业信息，定期召开农民工专场招聘会，这样既能缓解我国部分城市“用工荒”问题，又能解决农村“就业无门”问题。

二是鼓励和扶持创业。创业带动就业。每个城市要高度重视创业问题，尤

① 赵曦：《县域经济是重要抓手》，载《改革》，2009年第5期。

其是鼓励能人创业。针对当前我国高校毕业生、返乡农民工、城镇失业人员等群体，政府要鼓励其发挥特长、大胆创业，以创建小企业、微型企业为重点，降低创业者市场准入“门槛”，加大创业培训，建立城市创业引导基金，健全和落实税费减免、小额担保贷款、场地安排等扶持政策。总结一批国家级、省级创业型城市试点成功经验，向全国城市推广。

三是加大就业援助力度。建议每个城市建立困难群体信息库，加大对“4045”人员、“零就业家庭”、残疾人、单亲家庭、失业农民工等就业困难人员的社会援助①，对这些群体进行动态管理，及时发放社保补贴，免费进行技能培训，并通过政府就业平台优先推荐工作，促进充分就业。

四是强化企业社会责任。政府可通过道义、行政、税收等激励或约束手段进一步提高企业的社会责任感，主要是鼓励企业加大对无业人员、就业困难群体的就业支持，使更多的企业都参与全社会就业扶持行动中来，这既能解决大量无业人员的就业问题，又能提高企业的社会信誉度。

二、保持经济平稳较快发展

一是保持经济较快增长。经济增长是扩大就业之本。今后我国要加快经济发展方式转变，构建扩大内需的长效机制，促进我国经济增长主要由依靠投资拉动为主向依靠消费、投资、出口协调拉动转变，保持经济持续较快增长。在投资需求上，要加大投资向现代农业、农村基础设施、服务业、社会事业、西部地区等领域投资，要善于发挥民间资本作用，加快民间资本向一些垄断行业、高端产业进军，减少汽车、钢铁、船舶、风电等产能过剩产业的投资；在消费需求上，要逐步提高居民收入水平，把扩大消费的战略空间拓展到农村地区，积极跟踪消费热点，培育消费亮点，不断满足和扩大城乡居民的消费需求；在出口需求上，企业要瞄准国际需求市场，发挥比较优势，搞好“订单出口”，增加具有自主知识产权的产品出口，减少高能耗、高污染、资源型产品出口。

二是优化产业结构。就业结构取决于产业结构，优化产业结构是扩大就业

① “4045”人员，在我国特指女性40岁、男性45岁以上的下岗失业或再就业困难群体。“零就业家庭”，指城镇非农业户籍家庭中，在法定劳动年龄内有劳动能力的家庭成员进行了失业登记，并无一人就业的家庭。

的重要手段。基于我国目前产业结构现状，今后调整的重点是加快发展服务业，加大服务业投资力度，通过大批服务业新项目尽快扩大服务业的消费潜能，既要继续发展零售批发、大型商场超市、连锁店、配送中心、餐饮等传统产业，又要发展房地产、物业管理、家庭装修、家政服务、旅游、会议展览、物流等新兴产业，不断提高服务业的比重和层次。按照我国“十三五”规划的目标，今后我国服务业比重每年至少提高1.1个百分点。同时，为扩大就业岗位，要优化工业结构，注重扩大轻工业规模，适度降低重工业规模，尤其是减少或杜绝产能过剩的重工业项目上马，同时大力发展食品加工、服装纺织、玩具制造、工艺品制造等具有比较优势的劳动密集型产业。

第四节　缩小区域城市化差距

缩小区域经济差距特别是城市经济差距是遏制中西部地区人口流向东部沿海地区的有效对策，是实现社会稳定的“调节器”。

一、加快区域协调发展

一是建立区域一体化市场。当前我国协调发展的最大障碍是省际行政级别和行政管理壁垒。市场经济是开放型经济，构建一体化的市场对区域经济合作极为重要。各行政区应降低强烈的官本位思想，取消严重的地方保护主义，加强合作共赢的战略思维，树立“大开放、大市场”的合作意识，高姿态融入区域经济一体化发展的大格局。东部、中部、西部地区都须加快市场管理体制和工作机制创新，取消影响统一大市场建设的各种限制条件，重点打破省际商品市场的垄断封锁，关键是加快交通、工商、流通、投资、人事、金融等部门改革，促进各类生产要素有序流动，尽快形成门类齐全、流动顺畅、高效运转的一体化市场体系。

二是加强对口支援与合作。国家要继续发挥政治优势，进一步完善东部15省市对口帮扶西部10省区的机制，把东部帮西部、强省扶弱省的工作长期坚持下去，在资金、项目、人才、技术上要一如既往地支持欠发达地区，特别是做好援助新疆、西藏的省对口市、市对口县工作，加快西部少数民族地区发展。中西部地区要基于发展的互补性，在资源、产业、技术上与东部地区搞好合作，利用东部地区的市场生产适销对路的产品，加快以任务为导向的援助向以市场为导向的合作转变。

三是加快区域产业转移。根据产业梯度转移理论，在总体发展水平上我国东部地区处于产业高梯度区，中部处于产业中梯度区，西部处于产业低梯度区，东部地区以制造业为主导的大中城市要建立产业退出机制，加快部分劳动密集型产业和资源加工型企业向中西部地区转移，同时中西部的城市要积极建立产业承接机制，搞好配套条件建设，加强区域产业合作，为东部产业转移做好准备，形成东中西产业互动发展的格局。不过，产业承接区要严格落实国家环评政策，坚决杜绝严重污染型产业项目落地。

二、加快中西部地区发展

一是加大中西部投资和财税支持力度。中央政府要继续加大西部地区能源、交通、通信、水利等基础设施的投资，把教育、医疗、社保等方面的专项转移支付重点向西部地区倾斜；加快国家资源税改革进度，对西部地区属于国家鼓励类产业的企业，减按15%税率征收企业所得税；对煤炭、原油、天然气等资源税由从量征收改为从价征收，推动西部地区不断把资源优势转化为经济优势。

二是培育一批带动力强的中心城市。以交通干线、流域等经济带为依托，加快把直辖市重庆与成都、西安、兰州、乌鲁木齐、贵州、呼和浩特等省会城市培育成西部发展的龙头城市，加快培育以产业为支撑的人口过100万的中心城市，鼓励中心城市人口适度膨胀，形成一批区域增长极。西部地区中心城市要依托交通优势、沿边优势和沿江优势，积极发展资源型产业、特色产业和基础产业，出台优惠政策鼓励发展民营企业，培育若干中小企业集群，支撑西部城市经济发展，使一批中心城市成为西部地区经济发展的战略支点。

三是加大扶贫开发力度。继续加大国家扶贫开发投入，推进专项扶贫、行业扶贫和社会扶贫，加强扶贫法制化建设，不断实现精准扶贫，加快开发扶贫向发展扶贫、政策扶贫向制度扶贫、纵向扶贫向横向扶贫、局部扶贫向整体扶贫转型[①]，以扶贫人口为核心任务，以南疆地区、青藏高原东缘地区、武陵山区、乌蒙山区、滇西边境山区、秦巴山—六盘山区等集中连片困难地区为扶贫

① 赵曦：《中国西部农村反贫困模式研究》，商务印书馆2009年版。

重点，推进适度经济开发，不断满足贫困人口的基本生活需求，使贫困人口的生产生活进入良性发展循环，逐步实现脱贫。

第五节 解决城市“住有所居”

住有所居是党的“十七大”报告向国民作出的郑重承诺。住有所居是推进中国新型城市化进程中的重要环节，如果城市低收入群体和农民工群体的居住问题解决不了，我国的城市化就成了“有城无家”的城市化。为解决我国城市住有所居住的问题，必须从建设保障性住房和降低商品房价格两方面入手。

一、加大保障性住房建设力度

要对保障性住房建设“升温”，建议将农民工纳入国家保障性住房政策覆盖范围，加大对城市中低收入家庭和农民工群体的保障性住房建设力度，这一问题若解决好，既能有力促进城市化发展，又能遏制商品性住房的投机行为。根据国家关于保障性住房建设的政策导向，地方政府应逐年增加保障性住房建设投入，每年要安排一大批保障性住房项目，经济发达的城市逐步放宽困难群体的申请条件，在准入和审查上务必减少或杜绝非中低收入群体投机钻营享受保障性住房行为，在土地划拨上不能把保障性住房建在城市郊区或城市居住环境较差地段。在政策引导上要鼓励农民工向中小城市定居。建议采取“双轨制”保障性住房建设，即在国家和省的指导下，同一个城市的中低收入家庭保障性住房准入政策坚持一个标准，农民工群体保障性住房准入政策坚持一个标准，农民工准入条件稍低于城市中低收入家庭。

首先，解决农民工群体住房。要按照国务院的要求，用工单位要向农民工提供符合基本卫生和安全条件的居住场所，工业集聚区、城市改造片区的企业要建设向农民工出租的集体宿舍，确保流动性农民工能够短期居住和工作；对于居住期长、收入比较稳定、贡献大的农民工，为其建立农民工住房公积金，提供农民工租房、购房补贴，重点提供农民工廉租房，通过政府资金补贴，让农民工租得起房，同时，政府应不断提供共有产权房、经济适用房、限价商品房，形成以农民工廉租房为核心的多模式并存的农民工住房保障体系。

其次，解决城市低收入家庭住房。省级政府要强化“省级负总责、市县抓落实”的管理体制，探索廉租房、共有产权房、经济适用房等多样化住房保障模式，对城中区、县城符合城市既定条件的低收入家庭群体应保尽保。其中，要以廉租房为重点，通过发放货币补贴和实物配租等方式，保证城市低收入群体有房可租。

最后，解决城市中等收入家庭住房。对一批城市中等收入家庭群体——既买不起商品房又不符合廉租住房、经济适用住房条件的“夹心层”群体，政府要重点提供政策性租赁房、共有产权房，其租金要低于市场价格，切实解决这一群体的过渡性居住问题。

二、降低商品房价格水平

要坚决对商品房价格水平“降温”，各级政府应继续采取行政、税收、信贷、土地、法律等强有力的手段进行全方位调控，逐步使房价水平回落到合理范围内。

一是加强行政约束。对当前经营房地产业务的中央企业和省管制造业企业，国家必须强令让其退出房地产行业，对有令不执行者给予行政制裁。在国家房地产调控的基础上，继续加大“限购令”执行力度，建议对房价增长过快、房价过高的二线、三线城市进行普遍限购，强令一个家庭最多拥有两套住房。加大对“炒房团”的密切监控，对非法炒房行为进行严厉处罚。

二是进行金融和税收调控。金融机构严格控制房地产开发新上项目，继续提高房地产开发贷款的项目资本金比例，并根据地区发展水平提高贷款利率，加强对房地产企业的贷款风险管理；对贷款购买第二套住房的家庭，要求其首付款比例在60%以上，贷款利率在基准利率的1.1倍以上。基于我国《房产税暂行条例》和上海、重庆对房地产征税的试点经验，建议逐步对我国房价增长过快的城市征收个人房地产税，并将此部分财政收入用于保障性住房特别是廉租房和公共租赁住房建设。

三是加强土地管控。对商业开发的房地产企业用地，地方政府要从规划、土地、投资、环评等环节全方位严格监管，减少违规违法批地、改变土地用途等情况。房价偏高城市，地方要增加中小套型住房建设供地数量。在商业土地竞买过程中，地方要执行严格的土地竞买资格审查程序。对房地产企业超过两年没有取得施工许可证进行开工建设的，及时收回土地使用权，并处以严厉的罚款；对企业无故拖延开竣工时间的“圈地行为”，要坚决收回土地，给予严厉的罚款。

四是进行价格限制。在房地产开发企业取得土地使用权时，政府可给予稍低的土地价格，并令其为中低收入家庭建设一批“限价房”，住房出售价格可稍高于企业的建设成本，大幅低于市场商品房价格。

第六节　保持人口、资源与环境可持续发展

没有人口、资源和环境可持续发展就没有可持续的城市化，保持人口、资源和环境可持续发展是城市化进程中的一项重要而又长期的任务。今后，要切实完善人口政策，节约集约利用资源，加大环境保护力度，营造人与自然和谐共生的环境。由于土地是城市化发展的关键要素，控制住土地就能遏制住城市土地非理性扩张，那么加强土地的节约集约利用是保持城市化可持续发展的重要前提。

一、加强城乡土地节约集约利用

一是严格控制用土指标。在确保18亿亩耕地红线的前提下，按照国家和各省主体功能区的战略定位、发展方向、开发时序、管制原则下，建议国土资源部再综合各省市情况，尤其是经济发展水平、城市建设进度、人口总量、以往用地等情况，严格进行用地平衡和用土指标分配，各省、直辖市同样把用地指标合理分配到市县。

二是提高用地效益。每个城市要把高效利用土地作为推进城市化的重要任务，在坚持工业向集中发展区集中、土地向适度规模经营集中、农民向城镇和新型社区集中原则下，做好城市建设用地规划修编，开辟土地利用新空间，提高土地利用率。无论大城市还是中小城市，要把投资强度作为土地利用的重要考核手段，建立起能够提高本地土地效率的招商引资标准，以工业和服务业投资项目为重点，切实提高土地投资强度。要按照国家规定，确保城市新开发商品住宅90平方米的户型占开发面积的70%以上，严格控制住房建设的大户型比例。大中城市和特大城市提倡高层建筑，小城市和小城镇要杜绝平房建筑项目的审批。要大幅度压缩甚至杜绝大马路、大广场、高尔夫球场、别墅区等项

目的审批。对新城开发要科学论证，防止大规模“圈地”，防止像郑州的郑东新区、鄂尔多斯的康巴什等“空城”现象出现，提高新城、新区的入住率，减少对土地的粗放利用。

三是创新土地利用方式。每个城市都要善于创新土地开发整理方式，重点加强土地供应的综合平衡和统一管理。在保证耕地保有量不减少的情况下，省或市内耕地保有量指标可以跨市县调整，农业区内宜开发为耕地的零星未利用土地开发为耕地后，可对等置换成片未利用地中的零星耕地。推行新增建设用地耕地减少与占用未利用地增加相挂钩。沿海地区的城市，对土地总体利用规划与海洋功能区划实行动态管理，科学适度填海造地。有条件的地方探索村庄合并，有效治理“空巢村”，在保证整理出的农村土地、农村宅基地补充为耕地基础上，部分可适当调剂为建设用地，在县域内按照土地利用总体规划使用，纳入年度土地利用计划，主要用于产业集聚发展，方便农民就近转移就业。

二、确保人口、资源和环境可持续发展

一是完善我国人口政策。人口始终是影响我国全面协调可持续发展的重大问题。基于我国进入老龄化社会趋势，为遏制人口红利减弱，党的十八届五中全会决定“全面实施一对夫妇可生育两个孩子政策”，我国应积极落实，尤其是城市居民尽可能落实这一国策。同时，面对我国农业人口向城市转移的巨大压力，还要继续控制农村地区严重超生现象，须加大基层计生部门对农村监管力度，坚决遏制农村的三胎、四胎现象。对不断膨胀的人口大省或大市，建议国家出台政策予以调控，以优惠政策鼓励向人口稀少地区就业流动或迁移定居。加强流动人口管理，将流动人口纳入流入地人口总数统计，实行以流入地为主的目标管理双向考核。完善各城市流动人口计划生育管理机构和服务网络。

二是集约利用资源。要严格执行国家《矿产资源法》，对矿产资源要进行可持续开发，对企业开发资质进行严格认证，严禁矿产资源滥采。管理部门对开矿企业应要求采用先进的开采技术和工艺，提高矿产的开采回采率、选矿税收率和综合利用率。对资源型城市，按照国务院《关于促进资源型城市可持续发展的若干意见》，大幅降低城市区域的开采力度，建立健全资源开发补偿机制和衰退产业援助机制，加快培育城市产业转型，降低对矿产资

源的依赖。积极倡导全民节水行动，重点是加大城市节水力度，强制推行节水设备和器具，鼓励再生水、中水回用，推进城市尾水资源化利用。推广节水灌溉技术，大力发展节水农业。大中城市要从集约用水出发，推行水资源管理体制改革，建立科学的水价形成机制。缺水的地区要严格控制地下水开采用于工业生产。

三是加强城乡环境污染防治。城市环境保护等部门要坚持预防为主、综合治理的方针，严格执行环境保护标准，加强环境污染防治。健全工业污染防控体系，大幅度减少工业污染物和大气污染物排放量。加强对全国重点河口、湖泊、海域、园区、企业的排污监管和控制。严格控制农村面源污染，减少农村秸秆焚烧，改善农村生产生活环境，及时监测和控制城市污染向农村扩散。城市是节能减排的主阵地，各省市要认真执行国家关于节能减排的法规政策，严把市场准入关，抑制城市高耗能、高污染、资源型项目的过快增长和重复建设。加快淘汰落后产能，关停国家明令的小火电机组和水泥立窑生产线。广泛利用和推广节能技术，大幅度减少城市建设中对建材、能源、资源的无谓浪费。

四是推进城市发展低碳化。各城市以低能耗、低污染、低排放为导向，加快高碳生产和生活方式向低碳生产和生活方式转变。优化能源利用结构，逐步减少化石能源的消耗。加快低碳技术创新，积极运用低碳技术改造提升传统产业，加快发展低碳建筑、低碳交通，培育壮大节能环保、新能源等战略性新兴产业，探索建立具有地方特色的以低碳排放为特征的产业体系。加强国际碳交易合作，积极发展 CDM 项目。加强低碳生产和生活方式向机关、企业、学校、家庭的推行，建设全民参与的低碳城市。加大城市绿化建设投入，不断增加碳汇能力，提高城市生活质量。

参考文献

[1]［美］阿瑟·刘易斯：《二元经济论》，北京经济学院出版社 1989 年版。

[2]［美］阿瑟·奥沙利文：《城市经济学》，中信出版社 2002 年版。

[3]［英］埃比尼泽·霍华德：《明日的田园城市》，商务印书馆 2009 年版。

[4]［法］勒·柯布西耶：《明日之城市》，中国建筑工业出版 2009 年版。

[5]［美］道格拉斯·C. 诺斯：《经济史上的结构和变革》，商务印书馆 2007 年版。

[6]［美］道格拉斯·C. 诺斯：《制度、制度变迁与经济绩效》，格致出版社 2008 年版。

[7]［美］康芒斯：《制度经济学》，商务印书馆 2006 年版。

[8]［德］沃尔特·克里斯塔勒：《德国南部中心地原理》，商务印书馆 2010 年版。

[9]［美］西奥多·W. 舒尔茨：《改造传统农业》，商务印书馆 2003 年版。

[10] 14.［美］利奥尼德·赫维茨、斯坦利·瑞特：《机制设计理论》，格致出版社 2008 年版。

[11]［德］阿尔弗雷德·韦伯：《工业区位论》，商务印书馆年 1997 版。

[12] 邓小平：《邓小平文选（第三卷）》，人民出版社 1993 年版。

[13] 林毅夫：《制度、技术与中国农业发展》，格致出版社 2010 年版。

[14] 黄少安：《产权经济学导论》，经济科学出版社 2004 年版。

[15] 张培刚、张建华：《发展经济学》，北京大学出版社 2009 年版。

[16] 冯云廷：《城市经济学》，东北财经大学出版社 2005 年版。

[17] 蔡孝箴：《城市经济学》，南开大学出版社 1997 年版。

[18] 谢文蕙、邓卫：《城市经济学》，清华大学出版社 2007 年版。

[19] 卢现祥：《西方新制度经济学》，中国发展出版社 2003 年版。

[20] 李小建：《经济地理学》，高等教育出版社 1999 年版。

[21] 许学强、周一星、宁越敏：《城市地理学（第二版）》，高等教育出

版社2009年版。

[22] 庞浩：《计量经济学》，科学出版社2007年版。

[23] 赵曦：《中国西部大开发战略前沿研究报告》，西南财经大学出版社2010年版。

[24] 胡兆量：《中国区域发展导论》，北京大学出版2003年版。

[25] 陆大道：《区域发展及其空间结构》，科学出版社1998年版。

[26] 张敦富、孙久文：《中国区域城市化道路研究》，中国轻工业出版社2008年版。

[27] 赵曦：《中国四川工业化发展研究》，西南财经大学出版社2007年版。

[28] 王缉慈：《创新的空间》，北京大学出版社2001年版。

[29] 周起业、刘再兴、张可云：《区域经济学》，中国人民大学出版社1989年版。

[30] 蔡禾、张应祥：《城市社会学：理论与视野》，中山大学出版社2006年版。

[31] 王克忠、周泽红、孙仲彝、朱惠霖：《论中国特色城市化道路》，复旦大学出版社2009年版。

[32] 周一星：《论中国城市发展的规模政策》，载《管理世界》，1992年第6期。

[33] 王章辉、黄柯可：《欧美农村劳动力的转移与城市化》，社会科学出版社1999年版。

[34] 世界银行：《1992年世界发展报告》，中国财政经济出版1992年版。

[35] 包宗华：《中国城市化道路与城市建设》，中国城市出版社1995年版。

[36] 周志伟：《巴西城市化问题及城市治理》，载《中国金融》，2010年第4期。

[37] 中国发展研究基金会：《促进人的发展的中国新型城市化战略》，人民出版社2010年版。

[38] 陆学艺：《中国城市化路径的再检视》，载《北京日报》，2011年5月23日。

[39] 武力：《城市化：中国实现全面小康社会的必由之路》，载《经济研究》，2003年第6期。

[40] 黎鹏：《区域经济协同发展研究》，经济管理出版社2003年版。

[41] 苏星：《新中国经济史》，中央党校出版社1999年版。

[42] 陈东林：《“文化大革命”时期国民经济状况研究评述》，载《当代中国史研究》，2008年第3期。

[43] 崔晓黎：《新中国城乡关系的经济基础与城市化问题研究》，载《中国经济史研究》，1997年第4期。

[44] 程永宏：《改革以来全国总体基尼系数的演变及其城乡分解》，载《中国社会科学》，2007年第4期。

[45] 吕政、郭克莎、张其仔：《论我国传统工业化道路的经验与教训》，载《中国工业经济》，2003年第1期。

[46] 林毅夫：《中国的城市发展与农村现代化》，载《北京大学学报（哲学社会科学版)》，2001年第4期。

[47] 蔡昉：《刘易斯拐点——中国经济发展新阶段》，社会科学文献出版社2008年版。

[48] 徐康宁：《供给侧改革的若干理论问题与政策选择》，载《现代经济探讨》，2016年第4期。

[49] 贾康、苏京春：《论供给侧改革》，载《管理世界》，2016年第3期。

[50] 陈甬军、景普秋、陈爱民：《中国城市化道路新论》，商务印书馆2009年版。

[51] 郝寿义、安虎森：《区域经济学》，经济科学出版社2004年版。

[52] 赵曦：《中国西部农村反贫困模式研究》，商务印书馆2009年版。

[53] 张广威：《我国城市化与经济增长关系实证分析》，载《山东工商学院学报》，2017年第2期。

[54] 余波：《我国城市化问题讨论综述》，载《经济纵横》，2002年第1期。

[55] 李兴江、张明霞：《我国城市化发展战略模式研究综述》，载《生产力研究》，2007年第11期。

[56] 景普秋、张复明：《工业化与城市化关系研究综述与评价》，载《中国人口·资源与环境》，2003年第3期。

[57] 马保平、张贡生：《中国特色城镇化论纲》，经济科学出版社2008年版。

[58] 叶裕民：《中国城市化之路——经济支持与制度创新》，商务印书馆2005年版。

[59] 王雅莉：《城市化经济运行分析》，上海三联出版社2004年版。

［60］王梦奎、冯并、谢伏瞻：《中国特色城镇化道路》，中国发展出版2004年版。

［61］王章辉、黄柯可：《欧美农村劳动力的转移与城市化》，社会科学出版社1999年版。

［62］国务院发研究中心课题组：《中国城镇化：前景、战略与政策》，中国发展出版社2010年版。

［63］叶裕民：《世界城市化进程及其特征》，载《红旗文稿》，2004年第8期。

［64］袁红：《当代英国社会保障制度的宏观考察》，载《四川师范学院学报（哲学社会科学版）》，2003年第1期。

［65］成媛媛：《德国规划体系及规划中的公共参与》，载《江苏城市规划》，2006年第8期。

［66］中国社会科学院新型城市化研究课题组：《中国新型城市化道路》，社会科学出版社2010年版。

［67］李金昌、程开明：《中国城市化与经济增长的动态计量分析》，载《财经研究》，2006年第9期。

［68］国务院发展研究中心课题组：《中国城镇化：前景、战略与政策》，中国发展出版社2010年版。

［69］新玉言：《国外城镇化——比较研究与经验启示》，国家行政学院出版社2013年版。

［70］段成荣：《我国农村留守儿童生存和发展基本状况》，载《人口学刊》，2013年第3期。

［71］吴敏：《破解农村空巢化、老龄化的对策与建议》，载《知行铜仁》，2016年第1期。

［72］翟春：《房地产调控的长期有效制度选择》，载《中国金融》，2011年第5期。

［73］刘明慧：《城乡二元结构的财政视角研究》，中国财政经济出版社2008年版。

［74］中国人民大学区域经济研究所：《产业布局学原理》，中国人民大学出版社1996年版。

［75］陈秀山、张可云：《区域经济理论》，商务印书馆2005年版。

［76］江泽民：《对中国能源问题的思考》，载《上海交通大学学报》，

2008 年第 3 期。

[77] 李勋来、李国平:《我国二元经济结构刚性及其软化与消解》,载《西安交通大学学报(社会科学版)》,2006 年第 1 期。

[78] 张弥:《城市体系的网络结构》,中国水利水电出版社 2007 年版。

[79] 张明哲:《现代产业体系的特征与发展趋势研究》,载《当代经济管理》,2010 年第 1 期。

[80] 高军波、马海涛、叶昌东:《试论新经济发展条件下城市产业结构演进与空间结构变迁》,载《世界地理研究》,2008 年第 4 期。

[81] 李锐、李平、孔令丞:《产业经济学》,东北财经大学 2010 年版。

[82] 刘子操:《城市化进程中的社会保障问题》,人民出版社 2006 年版。

[83] 中国发展基金会:《促进人的发展的中国新型城市化战略》,人民出版社 2010 年版。

[84] 陆大道:《中国区域发展报告:城镇化进程及空间扩张》,商务印书馆 2007 年版。

[85] 苏杨、肖周燕、尹德挺:《中国流动人口管理报告》,企业管理出版社 2010 年版。

[86] 陆学艺:《中国社会结构的变化及发展趋势》,云南民族大学学报(哲学社会科学版),2006 年第 5 期。

[87] 姚士谋、陈振光、朱英明:《中国城市群》,中国科学技术大学出版社 2006 年版。

[88] 陈吉元:《略论经济机制》,载《经济研究》,1982 年第 8 期。

[89] 田国强:《经济机制理论:信息效率与激励机制设计》,载《经济学(季刊)》,2003 年第 2 期。

[90] 陈斌开、林毅夫:《发展战略、城市化与中国城乡收入差距》,载《中国社会科学》,2013 年第 4 期。

[91] 赖德胜、夏小溪:《中国城市化质量及其提升:一个劳动力市场的视角》,载《经济学动态》,2012 年第 9 期。

[92] 张广威,赵曦:《论新型二元经济战略下中国特色城市化发展的制度安排》,载《武汉大学学报(哲学社会科学版)》,2011 年第 5 期。

[93] 张广威:《在城乡统筹中破解城市化难题》,载《中国城市化》,2011 年第 7 期。

[94] 周沅帆:《城投债——中国式市政债券》,中信出版社 2010 年版。

［95］国家教育中长期发展纲要（2010～2020年），http：//www.gov.cn/jrzg//29/content_1667143.htm。

［96］国家新型城镇化规划（2014～2020年），http：//www.gov.cn/gongbao/content/2014/content_2644805.htm。

［97］中华人民共和国城乡规划法，http：//www.gov.cn/flfg/2007－10/28/content_788494.htm。

［98］林家彬、王大伟：《城市病：中国城市病的制度性根源与对策研究》，中国发展出版社。

［99］David H.，*Urban geography：asocial perspective*. New York：Abbot，1972.

［100］Friedmann J R.，*Urbanization，planning and natinal development*. Sage：Beverly Hills，1973.

［101］Bell D，*The Coming of Post－Ind ductrial Society*. New York：Basic Books，1973.

［102］J. Jaccobs，*The Economy of Cities*. New York：Ranclom House，1969.

［103］Porter，M. E.，*The Competitive Advantage of Nations*. New York：Free Press，1990.

［104］Masahisa Fujita，Paul Krugman，Anthony J. Venables，*The Spatial Economics—Cities，Regions and International Trade*. Cambridge，Mass：MIT Press，1999.

［105］Mcgee T G.，*The urbanization process in the third world*. London：Bell，1971.

［106］Hoover，E. M.，*The Location of Economic Activity*. New York：Mc Graw－Hill，1948.

［107］Isard，W.，*Location and the Space Economy*. New York：John Wiley，1956.

［108］Fujita，M.，*Urban Economics Theory*. Cambridge：Cambridge University Press，1989.

后　记

研究城市化是一件很有意义的事。城市化，跨越时空，跨越城乡，跨越产业，是现代文明史上重要的经济社会现象，时时刻刻进行着，不断影响着我们的生产、生活和学习。而由于城市化现象和过程的复杂性，深入研究城市化问题又是一件具有挑战性的事，想对城市化进行不同程度的创新更是一件不容易的事。

本著作是我在博士论文基础上丰富和修改完成的。此论著的思想和架构得益于我的博士生导师——西南财经大学赵曦教授的设计和指导。正是在他深邃的战略思想引导下，我才开启了中国城市化研究之旅。在此，真诚感谢赵曦教授！

经近几年对城市文献的查阅、论文撰写和现实思考，我对国外城市化发展脉络基本掌握，对中国城市化的独特性及问题深有所思，对当前城市化所出现的问题和困境有所担忧，并不停地思考如何破解当前城市化难题和困境？什么样的发展模式才能代表中国新型城市化道路？如何提出有效措施来推进中国城市化发展战略？

针对中国城市化的复杂现象，我对中国城市化的发展路径进行了系统分析，以独特的视角诊断出我国城市化的深层次问题在于制度缺陷和经济约束，并进一步放大制度视野，提出中国新型城市化发展的战略思路、发展模式、制度安排、机制设计和实施路径。本著作是从制度的视角剖析和解决中国城市化的现实问题，从战略上对中国城市化研究进行有益探索。

我在地方发展和改革委部门工作多年，从事具体的经济管理工作，2014年转行到了高校从事教学和科研工作。职业的转换需要一个过渡期，其中更需要的大块时间来静心思考和潜心撰写。撰写和完善此文需要投入大量时间，家人对我是理解和支持的，感谢妻子张媛媛的默默付出！

著作付梓之际，感谢山东工商学院经济学院的赞助！感谢中国海洋大学刘曙光教授对我学术研究的指导！

张广威
2017 年 8 月